THINK TANK
智库论策

贸易类型视角下的汇率变化与出口企业全要素生产率提升

Exchange Rate Fluctuations and the Enhancement of Total Factor Productivity in Export Enterprises:
A Perspective of Trade Types

李晓静 著

上海社会科学院出版社
SHANGHAI ACADEMY OF SOCIAL SCIENCES PRESS

前　言

全要素生产率是衡量企业经营效率的重要指标,是企业实现长足发展的根本保障,也是一国经济实现高质量发展的重要推动力。出口企业通过提高全要素生产率来增强贸易竞争力、优化贸易结构,是提升出口产品质量、形成品牌效应,进而实现我国经济高质量发展和贸易大国向贸易强国转变的必经之路。随着对外开放程度不断扩大和更高层次开放型经济建设的推进,我国不断融入全球分工体系并扮演着重要角色,汇率对企业乃至经济发展的影响日益受到关注。基于人民币实际有效汇率在波动中升值的背景,探究汇率变化与出口企业生产率提升的相关问题尤为重要,已经成为学术界和政策制定者迫切需要解决的重要命题。

综观国内关于汇率与生产率提升相关研究,多集中于国家或行业层面,少数文献聚焦于微观视角,简单考察汇率变化、汇率波动或冲击对生产率的影响,缺乏坚实的理论基础以及对影响机理的详细探讨,重点考虑出口企业贸易类型并进一步将出口企业尤其是加工贸易企业在融资和全球价值链嵌入两方面问题纳入研究框架的文献,更是尚付阙如。事实上,异质性企业理论经典模型以发达国家经验事实为依据,未将出口企业区分为加工贸易与一般贸易,无法结合中国出口实际,为合理引导加工贸易发展提供切实可行的建议。本书试图对已有研究进行补充,不仅深挖汇率这一外部因素变化通过刺激不同贸易类型出口企业调整内部资源配置进而对生产率的影响,还关注汇率引致的企业生产率分布变化,为新形势下出口企业生产率提升以及贸易转型升级进而经济高质量发展和贸易强国建设提供经验证据。有鉴于此,本书主要开展以下工作:

第一,梳理了国际和人民币汇率制度演变并丰富了有效汇率测算方法。1944年以来,国际货币基金组织(IMF)国际汇率制度分类经历了多轮调整,主要可归纳为名义分类和实际分类两个阶段;1949年以来,人民币汇率制度经历了市场经济过渡期、双重汇率制度时期、汇率"并轨"阶段、有管理的浮动汇率制度阶段和人民币汇率改革新阶段五个阶段。对于有效汇率的测算，本书采用最新海关数据，从进口加权、出口加权和贸易加权维度全面测算了出口企业的名义和实际有效汇率，并对测算结果进行分解，计算行业内差异的贡献率，以论证使用企业层面汇率指标的必要性和合理性。测算结果表明：(1)2000年至2005年，人民币持续贬值，2005年汇率改革之后发生反转，升值趋势延续至2015年，继而又开始短期贬值；(2)细分4分位行业代码下对企业层面实际有效汇率的分解结果表明，行业内差异的贡献率远大于行业间差异，说明我国出口企业的汇率差异主要源自企业自身，实证分析中有必要使用企业层面有效汇率。

第二，从总体分析汇率变化对出口企业生产率的影响。首先，运用局部均衡模型从论证汇率变化对企业生产率的可能影响，并从进入退出效应、规模经济效应、资本深化效应和进口效应四个方面梳理了影响机制。接着，检验汇率变化对出口企业生产率的影响，采用逐步回归法进行中介效应检验。最后，从三个方面进行拓展分析：立足于2005年汇率改革事件，通过构建双重差分模型进一步识别汇率变化与出口企业生产率之间的因果关系；考察汇率升值与贬值对出口企业生产率的非对称影响；探讨汇率变化对出口企业生产率离散程度的影响，以了解汇率变化可能引致的企业间资源配置效率变化。结果发现：(1)人民币实际有效汇率上升可以促进出口企业提升全要素生产率；(2)汇率变化对劳动密集型、东部地区和民营企业生产率的影响更大；(3)汇率变化可通过进入退出效应、规模经济效应、资本深化效应和进口效应来影响出口企业的全要素生产率。(4)进一步分析发现：实际有效汇率暴露程度对生产率的影响显著为正，间接地验证了汇率升值的生产率提升效应；汇率贬值对生产率的抑制效应显著高于升值的促进效应；人民币有效汇率上升有利于降低生产率离散度，提高企业间资源配置效率。

第三，考察汇率变化对加工贸易与一般贸易企业生产率影响的差异性及原因。首先，对异质性企业模型进行拓展，纳入汇率因素以及加工贸易和一般贸易出口企业的本质区别，论证汇率变化对不同贸易类型企业生产率影响的可能差异。接着，描述加工贸易和一般贸易企业的数量、出口国家数量、出口种类等特征事实。然后，构建计量模型验证汇率变化对加工贸易和一般贸易出口企业生产率的影响，并分别对两类企业进行内部异质性分析，之后进行影响机制检验和拓展分析。研究发现：(1)人民币实际有效汇率对加工贸易和一般贸易出口企业生产率的影响均显著为正,加工贸易企业尤其是技术密集型和高科技企业受到的正向激励效应更大;(2)对于汇率变化带来的进入退出效应和进口效应,加工贸易企业的中介效应检验结果大于一般贸易企业,但规模经济效应不显著。(3)进一步地:汇率变化对两类企业生产率的影响均表现出显著的非对称现象,且加工贸易企业的这一现象更明显;汇率升值能显著降低两类企业的生产率离散程度,改善企业间资源配置效率,但加工贸易企业的改善效果更明显。

第四,考虑出口企业尤其是加工贸易企业在融资和全球价值链嵌入方面的问题,分析汇率变化的生产率效应是否会被制约或加强。不仅从理论层面分析了融资约束和全球价值链参与度对汇率变化的生产率效应的影响以及可能表现出的贸易类型差异,还在计量模型中分别纳入融资约束和全球价值链参与度指标,检验二者的调节效应,并分贸易类型进行详细剖析。主要结论如下:(1)加工贸易企业的融资约束程度明显高于一般贸易企业,民营企业和非高科技企业分别明显高于国有企业和高科技企业;(2)融资约束显著制约了汇率变化对出口企业生产率的提升效应,加工贸易企业受到的制约作用更大;(3)提高全球价值链参与度可以增强汇率变化对生产率的促进作用,但对加工贸易企业的调节效果不显著。

第五,从宏观和微观两个维度对国内外经验进行分析。首先,选取有效应对人民币升值的典型企业——鲁泰纺织,分析其典型经验做法。接着,从宏观视角出发,以德国、日本、新加坡和俄罗斯四个国家作为研究对象,分析各国汇率的变化情况,总结各国应对汇率波动和促进技术进步的经验和做法。研究发现:(1)面对人民币升值的压力,鲁泰纺织加快技术创新、提升产品附加值,并优化内部流程和供应链管理,通过提质增效塑造新的竞争优势。(2)从各国的汇率调控经验看,在应对汇率波动的过程中,货币政策独立性和稳健性至关重要,可以避免政策起伏对经济运行产生不可估量的伤害;面对汇率波动造成的影响,各国均重视科技创新,通过技术进步来塑造国际竞争优势。

目 录

第一章 导论 ………………………………………………… 1
  第一节 研究背景及意义 ……………………………………… 1
    一、现实背景 ………………………………………………… 1
    二、理论背景 ………………………………………………… 4
    三、研究意义 ………………………………………………… 7
  第二节 研究方法与思路 ……………………………………… 8
    一、研究方法 ………………………………………………… 8
    二、研究思路 ………………………………………………… 9
  第三节 研究难点与可能的创新 ……………………………… 9
    一、研究难点 ………………………………………………… 9
    二、可能的创新 ……………………………………………… 10
  第四节 研究内容与技术路线 ………………………………… 12
    一、研究内容 ………………………………………………… 12
    二、技术路线 ………………………………………………… 13

第二章 文献综述 …………………………………………… 15
  第一节 重要概念界定 ………………………………………… 15
    一、汇率相关概念 …………………………………………… 15
    二、全要素生产率 …………………………………………… 16
    三、贸易类型 ………………………………………………… 17
  第二节 汇率相关理论 ………………………………………… 18
    一、汇率决定理论 …………………………………………… 18
    二、汇率传递理论 …………………………………………… 21
  第三节 汇率变化与企业生产率 ……………………………… 27

一、汇率变化对企业生产率的影响 …… 27
　　二、汇率变化影响企业生产率的可能路径 …… 30
第四节　贸易类型相关研究 …… 37
　　一、异质性企业理论与加工贸易 …… 37
　　二、加工贸易发展及转型升级 …… 40
　　三、汇率变化与加工贸易 …… 41
　　四、融资约束与全球价值链参与度的影响 …… 43
第五节　文献评述 …… 47
本章小结 …… 48

第三章　汇率制度演变与人民币有效汇率 …… 49
第一节　国际汇率制度演变 …… 49
第二节　人民币汇率制度演变 …… 52
　　一、1949—1978年：向市场经济体制过渡时期的制度探索 …… 52
　　二、1979—1993年：经济转轨时期的双重汇率制度 …… 53
　　三、1994—2004年："并轨"后的钉住汇率制度 …… 55
　　四、2005—2014年：有管理的浮动汇率制度 …… 56
　　五、2015年以来：人民币汇率改革新阶段 …… 58
第三节　企业层面的有效汇率及变化 …… 60
　　一、数据说明 …… 60
　　二、加权的有效汇率 …… 64
第四节　企业层面有效汇率的分解 …… 68
本章小结 …… 71

第四章　汇率变化与出口企业生产率：总体 …… 72
第一节　引言 …… 72
第二节　理论分析 …… 73
　　一、局部均衡模型 …… 73
　　二、影响路径分析 …… 77
第三节　研究设计 …… 80
　　一、计量模型构建 …… 80
　　二、变量定义 …… 80

三、数据说明 …………………………………………… 84
　　四、特征事实 …………………………………………… 84
第四节　汇率变化对出口企业生产率的影响 ……………… 90
　　一、总体影响 …………………………………………… 90
　　二、异质性影响 ………………………………………… 92
　　三、稳健性检验 ………………………………………… 98
第五节　汇率变化对出口企业生产率的影响路径 ………… 101
　　一、进入退出效应 ……………………………………… 102
　　二、规模经济效应 ……………………………………… 102
　　三、资本深化效应 ……………………………………… 103
　　四、进口效应 …………………………………………… 103
第六节　拓展分析 …………………………………………… 105
　　一、2005年汇改的影响 ……………………………… 105
　　二、汇率升值和贬值的非对称影响 …………………… 108
　　三、汇率变化对出口企业生产率分布的影响 ………… 110
本章小结 ……………………………………………………… 111

第五章　汇率变化与出口企业生产率：贸易类型异质性视角 …… 114
第一节　引言 ………………………………………………… 114
第二节　理论分析 …………………………………………… 116
　　一、基础模型 …………………………………………… 116
　　二、考虑贸易类型差异 ………………………………… 119
第三节　不同贸易类型企业的特征差异 …………………… 122
　　一、分年度企业数量和出口额变化 …………………… 122
　　二、分年度全要素生产率变化 ………………………… 124
第四节　汇率变化的生产率提升效应 ……………………… 126
　　一、计量模型构建 ……………………………………… 126
　　二、加工贸易和一般贸易企业对比分析 ……………… 127
　　三、加工贸易企业的内部异质性 ……………………… 131
　　四、一般贸易企业的内部异质性 ……………………… 132
　　五、稳健性检验 ………………………………………… 133
　　六、影响路径的差异性 ………………………………… 135

第五节　拓展分析 · 137
　　　一、考虑贸易类型的非对称影响 · 137
　　　二、考虑贸易类型的生产率分布情况 · 138
　　本章小结 · 139

第六章　出口企业的融资约束和全球价值链嵌入问题 · **142**
　　第一节　出口企业的融资约束问题 · 142
　　　一、理论分析 · 143
　　　二、出口企业的融资约束情况 · 146
　　　三、融资约束的制约效应分析 · 149
　　第二节　出口企业的全球价值链嵌入问题 · 156
　　　一、理论分析 · 157
　　　二、出口企业的全球价值链参与度 · 158
　　　三、全球价值链参与度的增强效应分析 · 159
　　本章小结 · 164

第七章　国内外经验分析 · **166**
　　第一节　应对人民币升值的国内案例 · 166
　　　一、企业背景介绍 · 166
　　　二、人民币升值的影响 · 167
　　　三、打造高币值下的企业生存样本 · 167
　　第二节　汇率调控及提高生产率的国际经验 · 169
　　　一、德国的经验 · 169
　　　二、日本的经验 · 172
　　　三、新加坡的经验 · 174
　　　四、俄罗斯的经验 · 176
　　本章小结 · 179

第八章　汇率波动背景下提升出口企业全要素生产率的对策 · **181**
　　第一节　国家层面 · 181
　　　一、继续深化汇率改革，正确认识汇率变化的生产率提升
　　　　效应 · 181

二、持续推进贸易自由化,健全出口企业优胜劣汰机制 ………… 182
　　三、助力出口企业数字化转型,逐步引导加工贸易企业发展 … 183
　　四、深化金融体制改革,缓解出口企业的融资约束问题 ……… 183
　　五、重点鼓励一般贸易企业积极参与全球价值链 ……………… 184
　第二节　企业层面 …………………………………………………… 185
　　一、提升自主创新能力,重视治理结构改革 …………………… 185
　　二、增强内源融资能力,为生产率提升创造条件 ……………… 186
　　三、重视贸易类型差异,合理嵌入全球价值链 ………………… 187

参考文献 ……………………………………………………………… 189

附录 …………………………………………………………………… 209
　附录 A ………………………………………………………………… 209
　附录 B ………………………………………………………………… 211

第一章 导论

第一节 研究背景及意义

一、现实背景

随着对外开放程度不断扩大和更高层次开放型经济的建设,我国不断融入全球分工体系并扮演着日益重要的角色,汇率对经济发展的影响受到关注,汇率制度改革同步进行。2005 年 7 月 21 日,央行发布了《关于完善人民币汇率形成机制改革的公告》,开始实行"以市场供求为基础、参考一篮子货币进行调节、有管理的浮动汇率制度"。此次"7·21"汇改在人民币汇率改革历程中至关重要,人民币汇率逐渐趋于合理水平业已成为市场共识。为了进一步提高人民币汇率市场化程度,增强人民币的国际影响力,我国于 2015 年 8 月 11 日再次进行汇率改革,人民币中间价报价机制更趋完善。与此同时,人民币国际化进程不断加快,跨境贸易人民币结算规模自 2009 年以来增长迅速。2016 年 10 月,人民币正式纳入 SDR 货币篮子,在全球计价体系中的地位不断攀升,国际市场对人民币升值的呼声不断高涨。

2000 年以来,人民币实际有效汇率虽经历了短期波动,但整体呈现上升趋势。2005 年汇改之前,人民币兑美元汇率几乎呈直线状,人民币实际有效汇率小幅贬值,自"7·21"汇改之日起,人民币兑美元汇率和实际有效汇率均升值明显。2015 年汇改之后,双边汇率浮动弹性增强、波动性加大,实际有效汇率出现短期贬值。受 2018 年中美贸易摩擦影响,全球避险情绪上升导致多个国家货币随着人民币出现竞争性贬值。2019 年 10 月份以来,中美贸易谈判取得阶段性进展,加之中央银行加大逆周期政策调节力度和我国经济基本面长期向好,人民币汇率走势渐强。美国时间 2020 年 1 月 13 日,美国财政部将中国从汇率操纵国的名单中移出,人民币汇率继续升值。受新冠疫情影响,全球经济增长放缓,加上美国2022年以来多次加息,美元升值,人民币兑美元双边汇率和人民币实际有效汇率出现暂时性贬值。随着美联储开启降息周期,加上我国出台一系列政策来推动激发经济活力,经济发展韧性不断彰显,市场对人民币的升值预期逐渐加强。

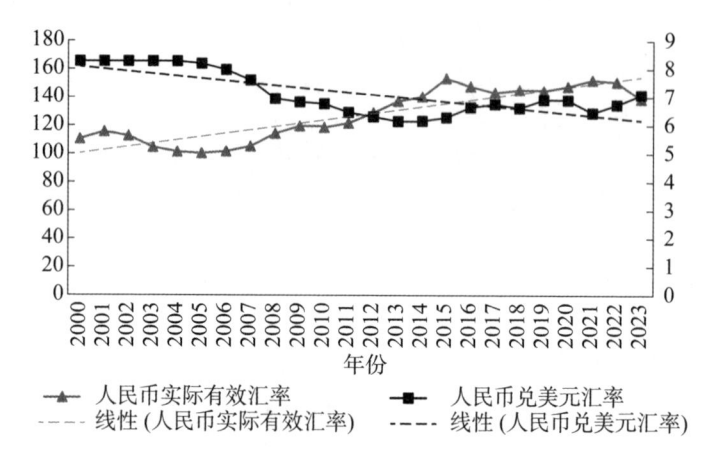

图1-1 2000年至2023年人民币兑美元和实际有效汇率变化趋势

数据来源:人民币实际有效汇率数据来自CEIC数据库,人民币兑美元双边汇率来自国际清算银行(BIS),经作者整理所得。

伴随着人民币实际有效汇率总体升值,我国出口企业的生产率呈稳步上升态势。全要素生产率提升是我国经济实现高质量发展的关键环节,是企业实现价值提升和长足发展的重要保障。党的二十大报告强调,要"加快建设现代化经济体系,着力提高全要素生产率"。2023年9月,习近平总书记在黑龙江考察调研期间指出要"加快形成新质生产力",新质生产力代表先进生产力的演进方向,应当以全要素生产率的大幅提升为标志。2024年7月,党的二十届三中全会进一步明确,要"促进各类先进生产要素向发展新质生产力集聚,大幅提升全要素生产率"。我国正处于新旧动能转换的关键时期,出口依然是经济增长的重要动力源泉,加快建设贸易强国成为我国当前外贸发展的重要目标,而出口企业全要素生产率提升是实现这一目标的关键环节。在人民币有效汇率波动中升值的大背景下,研究汇率与出口企业生产率的相关问题尤为重要,提高出口企业生产率是提升全球竞争力和产品质量进而建设贸易强国的根本途径。

值得注意的是,与发达国家不同,加工贸易在我国出口贸易中一直扮演着重要角色。近年来,虽然我国加工贸易出口企业在总出口企业中的占比呈逐年下降趋势,但加工贸易企业出口额依然保持较高比例,对国民经济的贡献不容忽视。与一般贸易不同,加工贸易企业往往处于价值链低端环节,生产率和出口国内附加值均较低。加工贸易的盛行对本书准确把握汇率对出口企业生产率的影响提出了更高的要求,在研究汇率对出口企业生产率影响的过程中考虑加工贸易和一般贸易的差异有利于为贸易结构转型和加工贸易升级,甚至全面开放现代化经济体建设提供助力。

另外,本书不仅关注汇率升值对出口企业生产率的促进作用,还力图深刻认识升值和贬值带来的非对称影响,以期更全面理解汇率与企业生产率的关系,为国家层面更好地制定相关政策提供经验证据。与此同时,企业自身技术进步固然重要,我们还应注重企业间的资源配置效率,以促进经济实现可持续的内生增长。在完全竞争条件下,资源从低效率企业转移至高效率企业,此时不存在资源错配问题,行业内各企业的生产率趋于一致,离散度持续下降(Syverson,2004)。但现实是,不同程度的垄断势力普遍存在,加之一些宏观或产业政策导致的要素价格扭曲和利用效率低下,资源错配在不同行业已成为常见问题。随着出口企业生产率提升,企业间的生产率分布是否会趋于一致呢?为此,本书还关注汇率变化对出口企业生产率离散度的影响,并分贸易类型进行考察。

最后,出口企业尤其是加工贸易企业面临融资和全球价值链嵌入两方面典型问题,可能会影响汇率变化的生产率效应。一方面,较多出口企业尤其是中小企业面临的融资约束问题日益凸显,不仅对出口企业贸易类型选择产生重要影响,还可能掣肘企业研发资金投入和技术进步。汇率升值带来的生产率提升效应是否因此受到制约?加工贸易与一般贸易企业受到的影响是否一致?汇率变化对出口企业生产率影响的相关研究有必要考虑企业的资金约束,并分贸易类型进行考察,为贸易转型升级、合理引导加工贸易发展提供经验证据。另一方面,随着全球分工体系深化,出口企业的全球价值链参与度整体呈上升趋势,由此带来的学习效应可能会正向调节汇率变化对出口企业生产率的影响。同时,虽然加工贸易企业的价值链参与度明显高于一般贸易企业,但多处于价值链低端环节,产品附加值低,这一调节作用是否显著存在呢?基于有效汇率在波动中升值的背景,结合贸易类型异质性深入挖掘有效汇率的生产率提升效应以帮助出口企业实现价值链分工环节攀升,是当前迫切需要解决的问题。

二、理论背景

在国际经济学领域,汇率相关理论的研究经历了较长的历史,主要集中在汇率决定和汇率传递方面。汇率决定理论产生于金融和贸易活动,对经济实践具有深远影响,是国际金融的核心内容。从最初的铸币平价理论、购买力平价学说和利率平价学说等注重"流量"分析的传统汇率决定理论,到现代汇率理论,Mussa(1977)、Dornbusch(1976)等引入了"存量"分析,开启了汇率决定理论研究新篇章。汇率传递以一价定律和依市定价理论为基础,但由于运输成本、贸易壁垒等因素存在,实际汇率与一价定律相背离,而厂商的依市定价能力则取决于产品的边际成本和需求弹性(Goldberg 和 Knetter,1997)。不同国家的经济发展水平、经济开放度、市场结构、产品价格黏性以及企业依市定价能力等诸多方面的差异,导致汇率传递的不完全性(Betts 和 Devereux,2000;Choudhri 和 Hakura,2006;潘长春,2017)、异质性(Campa 和 Goldberg,2005;Berman 等,2012;Özyurt,2016)和非对称性(Mann,1986;Caselli 和 Roitman,2019)。汇率传递和决定相关理论奠定了汇率相关研究的基础。

关于汇率变化会对生产率影响的研究,已有文献多集中于国家抑或行业层面,从整体分析汇率水平变化或垂直波动带来的影响。随着异质性企业贸易理论的发展以及微观企业数据的可获得性提高,越来越多的研究开始聚焦于企业层面,探讨汇率对企业生产率的影响。部分学者认为,汇率升值会促进企业生产率提升(Schnabl 和 Baur,2002;Jeanneney 和 Hua,2011;Tang,2015)。亦有学者持相反观点,认为汇率变化与企业生产率之间并不存在因果关系(Lafrance 和 Schembri,2000),抑或对企业生产率存在显著的负向影响(Fung 等,2011)。国内学者对这一话题的研究起步较晚,余永定(2010)较早地指出,人民币汇率升值对企业生产率具有正向影响。之后,许家云等(2015)测算了企业层面的实际有效汇率[①],得出了类似结论。张涛等(2015)考虑了不完全竞争市场结构,发现汇率升值对企业生产率产生了抑制作用,且影响大小

[①] 有效汇率包括名义有效汇率和实际有效汇率,其中实际有效汇率剔除了价格变化因素,名义有效汇率未剔除价格因素,本书对这两类指标均进行了测算。在下文,未明确指出哪类指标的表述中(例如"企业层面有效汇率"),指既包括名义有效汇率,又包括实际有效汇率。

与行业集中度和企业的出口依存度相关。国内外学者们在这一问题上得出的相反结论,与企业所处的宏观环境、市场结构以及样本区间等诸多因素密切相关。

上述研究聚焦于汇率对企业生产率的总体影响,那么,汇率通过何种渠道作用于企业生产率呢?多数研究认为,汇率变化通过进入退出效应、规模经济效应和资本劳动比变化等影响生产率。例如,Tomlin和Fung(2010)指出,汇率升值带来优胜劣汰效应,行业生产率门槛变高,低效率企业被迫退出市场,整体生产率得以提升。Fung(2008)发现,实际汇率升值带来的优胜劣汰效应促进留存企业扩大规模,实现规模经济,从而提高了生产率,但Fung和Liu(2009)则得出相反结论,认为汇率升值不利于企业扩大规模。对于企业的资本劳动比变化,Gao(2006)、Landon和Smith(2007)以及田素华(2008)均认为,汇率变化导致资本和劳动要素的相对价格发生变化,企业通过资源再配置改变原有的资本劳动比。值得注意的是,汇率变化意味着进口产品相对价格发生变动,影响企业进出口产品的种类和规模,通过进口效应对生产率产生影响,已有文献却鲜少涉及。进口中间品和资本品不仅可以通过价格效应、质量效应、数量效应、种类效应、学习效应、技术溢出效应和激励创新等途径促进企业提升全要素生产率(Amiti和Konings,2007;张翊等,2015),还可能通过产业关联效应对上下游企业形成垂直溢出(Altomonte和Békés,2009;Olper等,2017)。因此,在探究汇率变化影响企业生产率的作用机制时,有必要纳入进口效应这一重要渠道,从而对已有研究形成良好补充,还能丰富本书研究。

同时,考虑我国出口现实,加工贸易在出口贸易中一直占据着重要地位。鉴于加工贸易和一般贸易的本质区别,学者们探讨了汇率变化对不同贸易类型企业的进出口(Marquez和Schindler,2007;Cheung等,2012)和成本加成(Caselli等,2017、盛丹和刘竹青,2017)的影响差异性。宋超和谢一青(2017)将研究视角进一步细化,在全球价值链背景下考察了人民币汇率变化对加工贸易和一般贸易企业出口量和出口产品价格的影响,发现加工贸易企业有更高的出口价格汇率弹性和更低的出口量汇率弹性。因此,有必要将企业的贸易类型纳入研究框架,探讨汇率变化对加工贸易和一般贸易出口企业生产率的影响是否存在差异以及造成这一差异的原因。

另外,关于汇率非对称性的研究多关注汇率传递的非对称性,并从汇率变动方向(曹伟和倪克勤,2010)、经济周期(Jasova等,2016)等角度深入探讨。随着对汇率相关话题研究的日渐丰富,国内学者开始关注汇率变化或波动对出口(尚妍等,2016)、外汇储备(宫健等,2017)以及成本加成率(毛日昇等,2017)等方面的非对称影响。然而,汇率变化对生产率的非对称影响尚未得到关注。

进一步地,企业生产率的变化可能伴随着企业间生产率分布的变化。生产率分布蕴含了资源配置信息,是衡量资源配置效率的重要指标。近年来,越来越多的学者关注生产率的离散程度,从资源配置的视角探讨造成不同地区、行业资源错位的因素(Midrigan 和 Xu,2014;江艇等,2018;郭小年和邵宜航,2019)。有关汇率与企业生产率分布这一话题,仅少数学者从汇率冲击视角加以探讨,鲜有文献直接分析汇率变化对出口企业生产率分布的影响,更未有文献分贸易类型考察汇率变化对企业间资源配置效率的影响。

最后,汇率变化对出口企业生产率的影响可能会被融资约束和全球价值链参与度所调节,且加工贸易和一般贸易呈现出明显差异。对于融资约束,Aghion 等(2009)指出,汇率对企业生产率的影响在很大程度上取决于一国的金融发展水平,金融发展水平越高,汇率变化越利于企业生产率提升。我国学者娄伶俐(2008)、杨文溥(2019)等也得出了类似结论。对于全球价值链,其是出口企业参与国际交流网络、实现知识创造的重要途径。一方面,来自发达国家跨国公司通过组织间知识溢出为企业提供了良好的学习机会(李元旭和谭云清,2010)。另一方面,企业可以从不同的市场获得多样化的管理经验,提升管理效率,这一因素在受到汇率因素刺激而改善内部资源配置过程中至关重要。因此,汇率变化对企业生产率的影响会因资金约束和价值链参与度而有所不同,但尚未有文献将二者纳入研究框架并分贸易类型进行深入挖掘。

基于汇率变化的相关研究,针对中国这样全球最大贸易国和出口国,在经济结构转型和新旧动能转换的关键时期,要研究汇率与企业生产率的相关问题,必须聚焦如下问题:一是中国出口企业面临的实际有效汇率究竟如何,与国家层面有效汇率是否呈现明显差异;二是人民币汇率变化对企业生产率的影响以及作用渠道;三是汇率变化对企业生产率的影响是否因贸易类型不同而表现出差异;四是汇率变化引致的企业生产率分布变化及贸易类型差异;五是融资约束和全球价值链参与度是否会影响汇率变化的生产率效应以及存在的贸易类型差异。解决上述问题需要在考虑中国国情和发展背景的基础上构建合适的理论框架,同时选用适宜的计量方法。

三、研究意义

出口企业通过提高全要素生产率来增强贸易竞争力、优化贸易结构是提升出口产品质量、形成品牌效应进而实现经济高质量发展和贸易大国向贸易强国转变的必经之路。2000年以来，人民币名义和实际有效汇率整体呈现波动上升趋势。伴随着人民币汇率总体升值，企业层面有效汇率走势为何？出口企业全要素生产率是否会受到影响？这一影响是否呈现不对称性？汇率变化能否改善出口企业的生产率分布进而企业间资源配置效率？加工贸易和一般贸易企业受到的影响是否存在差异？融资约束和全球价值链嵌入两方面因素是否影响汇率变化的生产率效应及存在的贸易类型差异？很显然，认真回答以上问题不仅有利于准确理解汇率制度改革的成效，还能全面、深刻地认识汇率变化对出口企业生产率的影响。

理论方面。第一，运用局部均衡模型探讨汇率变化对企业生产率的影响，对可能的影响机制进行梳理，丰富已有研究；第二，拓展了异质性企业贸易模型，考虑加工贸易和一般贸易的本质差异，考察了汇率变化对不同贸易类型出口企业生产率的影响差异，为加工贸易企业发展提供了理论和经验证据；第三，进一步考虑了出口企业的融资约束和全球价值链参与度，将二者纳入研究框架，从理论和实证角度论证了二者的调节作用，为汇率与出口企业生产率研究提供了新的方向。

现实方面。第一，分析了企业层面有效汇率和企业生产率变化趋势，验证了汇率变化引致的生产率效应，为出口企业生产率提升进而推进经济高质量发展和贸易强国建设提供了参考依据。第二，为正确认识贸易方式内涵、循序渐进促进贸易升级转型进而为政府制定相应的贸易政策提供了决策导向。第三，为缓解出口企业尤其是加工贸易企业的融资约束问题，进而充分利用汇率升值带来的发展机遇实现转型升级提供思路。第四，为出口企业积极融入全球价值链、培育和增强出口竞争力、提升出口质量在国家和企业层面都具有丰富的政策内涵。第五，为应对人民币汇率波动、提升出口企业生产率进而增强竞争优势寻求国内外经验借鉴。

第二节 研究方法与思路

一、研究方法

本书基于汇率变化影响企业生产率的相关理论并进行一定拓展,以不断深化人民币汇率改革、贸易强国建设和经济高质量发展为背景,从多角度、全方位分析汇率变化对出口企业整体及不同贸易类型企业全要素生产率的影响,主要研究方法如下:

第一是文献研究法。对汇率、汇率变化与企业生产率以及贸易类型相关的文献进行充分研读和系统梳理,总结已有文献存在的不足,为本书研究方向奠定基础。

第二是理论研究法。首先运用局部均衡模型,论证了汇率变化与出口企业生产率的关系,梳理了可能的影响机制,并从理论层面加以论证,丰富本书理论基础。接着,采用异质性企业模型,纳入汇率指标,并结合中国出口实际,考虑了加工贸易与一般贸易企业的本质区别,对模型进行适当拓展。

第三是对比分析法。本书在考察人民币汇率变化对出口企业生产率过程中,充分使用了对比分析法,不仅考察了汇率变化对出口企业的总体影响,还对样本进行分组回归,从而对结果进行对比分析。例如,根据企业的所有制,将样本划分为国有、民营和外资企业;据企业所属行业,分为高科技企业和非高科技企业,并在特征事实中根据2分位行业代码进行细分;根据企业所属地区,分为东部、中部和西部地区企业。在分组的基础上,可以对人民币汇率变化对企业生产率的影响差异性进行全面分析,利于本书结合现实对差异化的结论进行详细、深入探讨,丰富政策内涵。

第四是定量分析与定性分析相结合。定性分析主要体现在:本书通过各种图形、表格列示了异质性企业的有效汇率、全要素生产率、融资约束等指标变化趋势,并从实践层面梳理了国内外典型经验,便于对研究主题有直观理解。定量分析主要体现在实证研究。本书的微观数据主要沿用三套数据库:一是海关数据库,二是工业企业数据库,三是IFS汇率数据。通过将这三个数据库进行匹配和数据整理,得到了符合本书研究主题的微观企业数据集。实证检验过程中,为了提高结论的准确度和可靠性,本书综合使用了多种计量方法。例如,本书较多地将最小二乘法与面板估计方法相结合,同时考虑到可能存在的内生性问题和样本选择偏差,还综合使用了两阶段最小二乘估计法。

二、研究思路

本书在出口贸易日益增长并持续发挥重要作用以及我国追求经济高质量发展的背景下主要研究了以下四个方面的内容。第一,企业层面有效汇率测算以及使用企业层面指标的必要性;第二,总体分析汇率变化的生产率效应和可能的作用机制,以及汇率变化对出口企业生产率的非对称影响以及对出口行业生产率分布进而企业间资源配置效率的影响;第三,分类型论证并考察汇率变化对出口企业生产率和生产率分布的影响差异;第四,融资约束程度和全球价值链参与度对汇率变化生产率效应的影响,并细分贸易类型考察。针对上述四个方面内容,本书的研究思路如下:

在汇率制度梳理与相关指标测算的基础上,本书首先从三个方面探讨汇率变化对出口企业全要素生产率的影响:其一,构建局部均衡模型,从理论上分析汇率变化的生产率提升效应,继而从总体层面构建计量模型检验汇率变化对出口企业生产率的影响。其二,在异质性企业模型中纳入贸易类型和汇率指标,从理论和实证共同探讨汇率变化对加工贸易和一般贸易企业生产率影响的差异性。其三,分析并检验融资约束和全球价值链参与度对汇率变化生产率效应的调节效应以及可能表现出的贸易类型差异。接着,从微观和宏观两方面着手,梳理我国企业以及部分发达国家和新兴市场国家应对汇率变化、提升生产率的经验和做法,以期能为我国有效应对人民币汇率波动、提升出口企业竞争力提供借鉴。最后,结合我国发展阶段从国家和企业层面提出对策建议,以更好地在汇率波动背景下持续提升出口企业的全要素生产率,促进贸易转型升级。

第三节 研究难点与可能的创新

一、研究难点

首先是数据库选择方面。第一,对于企业的进出口相关指标,中国海关数据库(Chinese Customs Trade Statistics,简称"海关库"),里面详细记录了企业通过海关的交易数据,是目前已有研究最常用的贸易相关数据库。限于数据可获得性,当前较多文献选取 2000—2006 年企业为研究对象,研究时效性有限。与之不同的是,本书将海关库样本区间扩展至 2016 年,试图在最大程度保证企业有效汇率测算结果的时效性。第二,对于企业所属行业、地区及经营类等指标,大多数研究采用中国工业企业数据库(China Industrial Firms Data,简称"工业库"),其不仅统计指标全面,而且样本丰富,是目前最为全面的微观企业研究数据库。然而,由于工业库只更新至 2015 年,且 2014 和 2015 年数据质量存在较大问题,多数研究依然采用 2013 及之前年份的样本。还有部分研究选用国泰安经济金融研究数据库(CSMAR),但该数据库只包含了上市企业,样本偏差较大。经过综合比较,本书最终选取 2000—2013 年工业库与海关库匹配数据集为研究对象,并在稳健性检验中考虑上市企业样本,以对本书研究结果形成补充。[①]

其次是数据处理方面。本书研究涉及 IFS 数据库、工业库、海关库和中国统计年鉴等数据,对各数据库的整理和匹配是本书研究的重点和难点。对于 IFS 数据库,其提供的人民币双边汇率未能完全覆盖我国的贸易伙伴国,且部分国家在个别年份甚至大部分年份出现缺失。对于此问题,本书对缺失指标只能逐一甄别,手动填补。对于工业库,其原始数据较为粗糙,需要逐年进行数据清洗,并进行行业调整和相关变量平减。对于海关库,其记录了企业的详细通关信息,数据量极大,且 2006 年及以前为月度数据,需要先将各年的月度数据加总为年度数据。2007 年开始,数据量增加明显,企业进出口记录高达千万条,数据整理、指标测算和匹配工作繁重,是本书研究过程面临的重要难题。

最后,由于当前国内有关汇率与企业生产率的研究较为有限,仅有的少数文献多为经验研究,为理论模型的选取和改进以及影响机制的梳理带来困难。

二、可能的创新

本书立足于汇率变化影响企业生产率的相关理论以及异质性企业理论,

[①] 需要说明的是,由于数据量庞大,当前海关库企业层面数据仅更新至 2016 年,本书采用多套数据库对研究结论进行交叉验证,以保证研究时效和研究结果的可靠性。

将汇率问题细化至微观企业层面,全面探究了汇率变化对出口企业生产率的影响,深化了异质性企业相关研究问题,增强了异质性企业理论对中国经济和贸易的解释力度。本书可能存在如下创新之处:

首先是研究视角。第一,鉴于加工贸易在经济发展中的重要地位,本书深入探讨汇率变化对出口企业生产率影响的贸易类型差异,为更深层次理解中国出口企业的模式差异和不同贸易类型企业的生产率提升问题提供经验证据。已有关于汇率与加工贸易的研究中,多关注汇率对加工贸易进出口、成本加成率、产品质量等方面(Herrero和Koivu,2008;Amiti等,2014;王雅琦等,2018),少数探讨汇率变化对不同贸易类型企业生产率影响的研究中,仅进行简单的分组回归(许家云等,2015),鲜有文献进行系统阐述论证。第二,创新性地考虑了出口企业尤其是加工贸易企业在融资与全球价值链嵌入两方面存在的典型问题,全面考察汇率变化的生产率效应是否被加强或制约。

其次是研究内容。第一,不同于现有研究多采用2007年及之前年份数据,本书采用最新国际清算银行数据(BIS)与海关数据,将企业有效汇率的测算期间拓展至2000—2016年。测算结果时效性强,能较准确反映2008年金融危机以及2015年汇率制度改革之后企业面临的有效汇率变化趋势。第二,理论方面,本书分析过程建立在严密的逻辑推演和数理模型基础之上,在一定程度上弥补了已有文献的不足。具体地,本书不仅运用局部均衡模型从整体论证汇率变化与出口企业生产率之间的关系,还对异质性模型进行适当拓展,同时纳入汇率因素和贸易类型,试图从微观视角探究汇率变化对加工贸易和一般贸易出口企业生产率的影响差异。此前关注汇率变化对企业生产率影响的研究(许家云等,2015;余静文,2018)多只进行笼统的实证分析,缺乏翔实的理论基础。第三,本书不仅考察了汇率变化对出口企业自身生产率的影响,还关注这一过程中出口企业的生产率演变问题,剖析了汇率变化引致的企业间资源配置效应。有关汇率与企业生产率演变这一话题,仅少数学者从汇率冲击视角加以探讨,考虑贸易类型差异并进行深入探索的文献尚付阙如。第四,研究了汇率升值和贬值对出口企业生产率影响的非对称性,以全面认识汇率变化的生产率效应。

最后是研究方法。第一,从多角度进行指标测算,以保证结果稳健。对于汇率,综合利用算术加权和几何加权法分别测算了基于贸易加权、进口加权和出口加权的企业层面实际有效汇率和名义有效汇率。对于全要素生产率,采用了劳动生产率(人均产出)、生产函数法、LP法等方法。第二,在4分位行业层面对有效汇率的差异来源进行分解,论证了使用企业层面有效汇率进行实证研究的必要性。第三,选取国内企业以及部分发达国家和新兴市场国家,分析我国企业如何应对人民币汇率升值,并梳理各国的汇率调控经验。

第四节 研究内容与技术路线

一、研究内容

本书内容分为8个章节,各章的主要内容如下:

第一章为导论。主要介绍本书的研究背景、研究意义、研究方法、研究思路、研究难点和可能的创新,最后介绍研究内容及技术路线。

第二章是文献综述。回顾和梳理了重要概念界定、汇率相关理论、汇率变化与企业生产率,以及贸易类型相关研究四个方面的文献。在重要概念界定中,梳理了汇率相关概念、全要素生产率、贸易类型这三方面内容。在汇率相关理论中,从传统汇率决定理论和现代汇率决定理论两个方面着手,对汇率传递的不完全性、汇率传递的异质性和汇率传递的非对称性等相关研究进展进行概括。对于汇率变化与企业生产率,不仅总结了汇率变化对企业生产率的可能影响,还对可能的影响路径进行归纳,包括:进入退出效应、规模经济效应、资本深化效应、进口效应以及外商直接投资和市场竞争等。关于贸易类型相关研究,从异质性企业与加工贸易、加工贸易发展及升级、汇率变化与加工贸易、典型问题等四个方面进行梳理。最后总结了已有文献的不足,为本书核心内容提供借鉴。

第三章是汇率制度演变与人民币有效汇率。首先是汇率制度演变,介绍了国际汇率制度演变和人民币汇率制度演变。其次是企业层面有效汇率测算及分析。综合利用算术加权和几何加权法分别测算了企业层面基于贸易加权、进口加权和出口加权的实际有效汇率和名义有效汇率。最后,将企业的实际有效汇率分解为行业内差异和行业间差异,发现样本期内行业内差异的贡献率一直保持在90%以上,说明我国工业企业面临的汇率差异主要源自企业自身,后续实证检验中有必要使用企业层面有效汇率。

第四章是汇率变化与出口企业生产率的总体研究。首先,运用局部均衡模型论证了汇率变化与出口企业生产率之间的关系,并结合理论模型从进入退出效应、规模经济效应、资本深化效应和进口效应四个方面厘清了可能的影响机制。接着,实证检验汇率变化对生产率的影响,根据企业的行业、所有权和地区属性进行分组回归,并运用逐步回归法对可能的影响机制进行中介效应检验。最后,该章进行如下拓展分析:构建双重差分模型进一步识别汇率变化与出口企业生产率之间的因果关系;探索了汇率升值和贬值对企业生产率的非对称影响;考察了汇率变化对出口企业生产率分布的影响,以探讨汇率变化的企业间生产率配置效应。

第五章是汇率变化与不同贸易类型出口企业的生产率。首先,在异质性企业模型中纳入了汇率指标,并结合中国出口实际,考虑了加工贸易和一般贸易企业的本质区别,对模型进行拓展,发现汇率对加工贸易企业生产率的影响均可能更大。接着,总结了加工贸易和一般贸易企业的数量、出口国家数量、出口种类等特征,最后构建计量模型验证汇率变化对加工贸易和一般贸易出口企业生产率的影响,并分别对两类企业进行了内部异质性分析,最后进行影响机制检验和拓展分析。

第六章是出口企业的融资约束和全球价值链嵌入问题分析。理论层面,该章对融资约束和全球价值链参与度的调节效应以及可能表现出的贸易类型异质性进行分析,得出相应理论假说。实践层面,通过在计量模型中引入交互项来检验汇率变化对出口企业生产率的影响是否被这两个因素所调节,并分贸易类型进行细致剖析。

第七章是国内外经验分析。该章首先选取鲁泰纺织,剖析其如何在人民币升值背景下成功打造生存样本。接着,选取德国、日本、新加坡和俄罗斯四个国家作为研究对象,分析各国汇率的变化情况,总结各国应对汇率波动和促进技术进步的经验和做法。

第八章是政策建议,包括国家层面和企业层面的对策建议,并对下一步研究提出展望。

二、技术路线

综上分析,本书的技术路线图如图 1-2 所示。

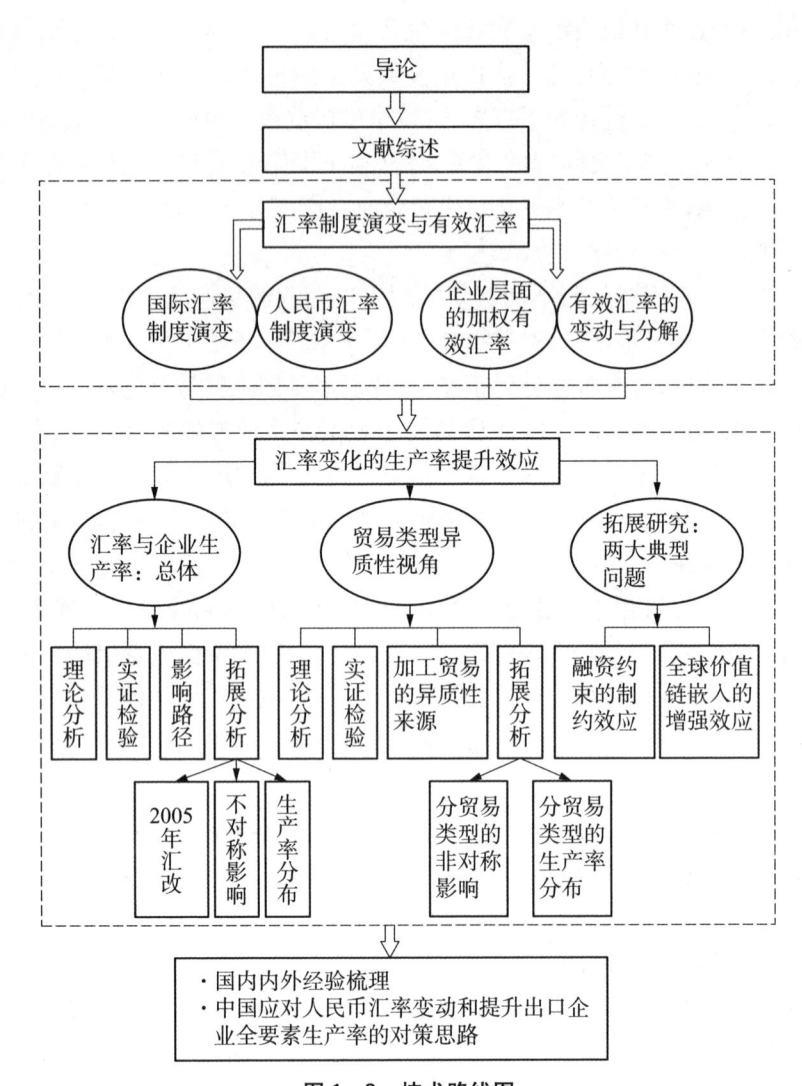

图 1-2　技术路线图

第二章 文献综述

第一节 重要概念界定

一、汇率相关概念

(一) 汇率

汇率从本质上讲是货币的价格,具有货币和价格的双重特性。一方面,货币是一种商品,其价格(汇率)由外汇市场中供需双方共同决定;另一方面,货币是商品和服务价值的体现,是一种符号。

汇率又分为名义汇率和实际汇率,名义汇率是一国货币能兑换的另一国货币的数量,未经物价指数进行调整,不能反映货币的实际价值。与之相对应,实际汇率考虑了物价指数,可以反映一国的商品在国际市场的竞争力。

(二) 有效汇率

20世纪70年代,随着布雷顿森林体系走向崩溃,美元在国际货币体系中的地位大幅降低,考虑多国货币的有效汇率开始被提及(Hirsch 和 Higgins, 1970;Rhomberg,1976)。有效汇率又称汇率指数,以某个变量为权重进行加权平均计算所得,能反映一国货币在国际市场的总体竞争力和波动情况。类似地,有效汇率也分为名义和实际有效汇率,其中名义汇率等于一国与其贸易伙伴国双边名义汇率的加权(通常包括算术加权和几何加权)平均值,权重通常包括进口额、出口额和贸易额。若剔除通货膨胀因素的影响,就可以得到反映一国货币实际购买力和国际竞争力的实际有效汇率。当前,国际清算银行(BIS)和国际货币基金组织(IMF)以及经济合作与发展组织(OECD)都以贸易额占比作为权重,定期公布各国的名义和实际有效汇率。

（三）企业层面有效汇率

然而，加总的有效汇率指标忽视了企业之间所面临汇率变化的异质性，不适用于微观企业研究。实际上，每个企业的贸易伙伴国及相应的产品结构和贸易额均有较大差异，所面临的汇率变化情况也千差万别。例如，我国2005年进行汇率改革之后的较长一段时间内，人民币兑美元汇率（间接标价）升值，兑欧元却呈现贬值趋势，同一时期以美国为主要出口目的国的企业所面临的有效汇率上升，而出口到欧洲地区的企业则面临相反状况。有鉴于此，李宏彬等（2011）率先运用将有效汇率的计算细化到企业层面，戴觅和施炳展（2013）进一步丰富了加权维度和囊括的货币种类，更全面地计算了企业的有效汇率。此后，较多学者以此为基础进行了相关指标测算（许家云等，2015；吴国鼎，2017；孙少勤和左香草，2020；祝树金等，2024）。基于现有文献，本书采用几何加权和算术加权从进口加权、出口加权和贸易加权三个维度综合测算了企业层面的名义和实际有效汇率，在此基础上探讨出口企业有效汇率变动对其生产率的影响。

二、全要素生产率

TFP反映了企业在生产过程中投入各种要素之后的产出水平，对TFP的测算是本书进行实证研究的基础。总产出中，要素投入所不能解释的"剩余"一般被称为TFP，这是从经济概念对生产率本质的阐述（Del Gatto等，2008；鲁晓东和连玉君，2012）。对TFP的测算主要从宏观和微观两个维度展开，前者从总体层面（例如国家、地区、行业等）出发，目的在于探索经济表现中的行业、国家等方面差异；后者针对微观企业层面，多从企业的生产和投资决策着手，如何在既定的技术水平下做出要素投入选择。

最初的研究多围绕宏观层面展开，研究中国经济增长过程中的TFP总体变迁、区域或行业差异等。区域全要素生产率有助于揭示不同地区生产率演变的空间特征，为制定促进区域协调发展的相关政策提供证据。准确测算各行业生产率有利于解析经济增长的动力源泉。许宪春等（2020）的研究发现，行业内TFP增长对总体增长的贡献率约为70%。随着制造业与数字经济不断融合，以信息技术为核心的生产性服务业对其他行业乃至总体生产率的提升作用逐渐凸显。

随着异质性企业理论的发展以及微观数据的可获得性增强，越来越多的学者开始关注企业的全要素生产率。例如,鲁晓东和连玉君(2012)采用多种方法测算了我国工业企业的生产率,经过对比发现,半参数法能较好地解决测算过程存在的内生性和样本选择偏误问题。杨汝岱(2015)考察了制造业企业全要素生产率的动态演变,从资源配置效率视角探讨了经济结构转型的重要问题。申广军和陈斌开(2024)使用全国税收调查数据库和改进的生产函数估计方法测算了中国制造业企业的全要素生产率,并分析了生产率变化的静态和动态特征。

还有学者从产业集聚(范剑勇等,2014)、劳动力成本变化(肖文和薛天航,2019)、进口(谷克鉴等,2020)、地方债务(吴敏等,2022)、跨境电商(刘海云等,2024)、供应链关系(巴文浩和热比亚·吐尔逊,2023)等视角研究企业全要素生产率增长问题。

三、贸易类型

贸易类型是指在国际贸易中双方交易的具体方式,根据买卖双方需求,每一笔交易的方式可能都有所不同,有时也称为贸易方式。在现实国际贸易中,贸易类型多种多样,其中以加工贸易和一般贸易为主,其他还有转口贸易、补偿贸易、边境贸易等。

在学术研究中,学者们多关注加工贸易,并与一般贸易或者其他贸易类型进行对比分析。本书参照已有文献(孙少勤等,2014;宋超和谢一青,2017)的做法,同时考虑后续理论模型构建,只考虑加工贸易、一般贸易和混合贸易。海关数据库记录了企业每种产品进出口的贸易类型[①],由此可识别企业的贸易类型:只参与加工贸易的企业称为纯加工贸易企业,既参与加工贸易又参与一般贸易的称为混合贸易企业,只参与一般贸易的企业称为一般贸易企业。

对于贸易类型相关指标,本书主要从两个维度衡量。首先,参考宋超和谢一青(2017)、盛丹和刘竹青(2017)的做法,设置加工贸易虚拟变量,将参加过加工贸易的企业认定为加工贸易企业,其他企业为非加工贸易企业(也称一般贸易企业)。其次,为了避免虚拟变量的分类过于粗糙,还参照盛丹和刘竹青

---

① 2007年之前,企业的贸易类型分类较为详细,加工贸易由进一步细分为来料加工和进料加工等,而2007年之后只简单区分为一般贸易和加工贸易,为保持样本期间前后统计口径一致,本书不再对加工贸易进行细分。

(2017)的做法,构造了加工贸易强度指标,即企业加工贸易出口额与出口贸易总额之比,这一比例越大,证明企业参加加工贸易的程度越高。

第二节 汇率相关理论

一、汇率决定理论

汇率决定理论产生于金融和贸易活动,对经济实践具有深远影响,是国际金融的核心内容。基于货币的双重特性,汇率决定理论主要沿着两条脉络发展:一是市场名义均衡学派,从货币在外汇市场中的价格决定机制出发,判断汇率如何形成及变动,如利率平价理论、国际借贷说等;另一个是经济内在均衡学派,聚焦于货币的内在价值,试图发现当经济达到均衡状态时的汇率水平,如购买力平价理论。总体来说,汇率决定理论呈现出阶段性发展趋势,从最初的传统汇率决定理论,到现代汇率理论,再到均衡汇率理论,本书将沿着这一发展主线进行详细分析。

(一)传统汇率决定理论

传统的汇率决定理论发展于20世纪初期,主要包括铸币平价、购买力平价和利率平价等学说。首先是铸币平价理论。在金本位制度下,货币的含金量代表其价值,两国货币价格比即为含金量之比,又称铸币平价。其次是购买力平价学说。20世纪初,第一次世界大战的爆发引发金本位制崩溃,世界各国开始出现不同程度的货币发行失控,通货膨胀开始蔓延,汇率波动剧烈。在此背景下,Cassel(1922)在货币数量论的基础上提出了购买力平价学说,又分为绝对和相对购买力平价:前者以"一价定律"为基础,更侧重货币的决定,认为两国货币的汇率应当取决于货币在本国的购买力之比;后者侧重于汇率变化,认为汇率的变动取决于各国货币的购买力变化,与国内的通货膨胀率息息相关。购买力平价基于货币的购买力,从这一基本功能出发来分析汇率的决定问题,整体分析过程通俗易懂,经常被认为是汇率长期均衡的基石而用于其他汇率理论的分析,在汇率理论分析体系中具有广泛的影响力。杨长江和钟宁桦(2012)指出,购买力平价学说不仅是汇率决定理论和国际宏观经济学的重要组成部分,更是为全球ICP项目提供了理论基础。但是,购买力平价要满足自由贸易、各国用来计算价格的商品篮子和生产结构相似等一系列条件,与各国现实难以相符。尤其是20世纪70年代以来,随着跨国资本的流动,国际收支受到的影响日益明显,基于购买力平价预测的汇率与实际汇率之间的误差不断变大,购买力平价学说的缺陷日益凸显。例如,Dornbusch(1976)认为,各国之间的贸易壁垒和信息不对称会导致各国之间的商品价格不一致,与绝对购买力平价理论发生背离。Rogoff(1996)认为,购买力平价对贸易品部门具有较好的解释力,但对非贸易品的解释力却非常有限。温建东(2005)指出,购买力平价理论认为市场是完全竞争的,但发展中国家很难满足这一假设,偏离程度较大。亦有学者对这一背离现象加以解释。Balassa(1964)和Samuelson(1964)提出了生产率偏离假说,认为各国之间生产率水平的差异是导致实际汇率与购买力平价偏离的原因,又称为巴-萨假说(即Balassa-Samuelson Hypothesis)。

接下来是利率平价学说。利率平价学说最初由凯恩斯提出,并由艾因齐格加以整理,认为两国之间的远期汇率取决于两国的利率差,高利率国家的货币在外汇市场上贴水,而低利率国家的货币出现升水,只有当两国的远期汇率变动差与利差一致时,套利活动才会终止。利率平价学说又有抛补和非抛补的利率平价:前者认为汇率的升水和贴水与两国利差保持一致,汇率变动通过与两国利差相抵消而使金融市场处于稳定的均衡状态;后者考虑了预期因素,认为投资者会根据对汇率的预期来计算收益,从而判断两国汇率的预期变动与利差保持一致。近年来,国内外学者对利率平价学说进行了丰富的拓展和实证研究。Hoffmann和MacDonald(2000)在最初的利率平价理论中考虑了实际货币需求,把利率视为货币需求和国内总产出的函数,所得结论支持了利率平价学说。但是,也有学者发现,利率平价并不能解释所有的汇率波动现象。例如,Chin和Frankel(1994)发现,利率平价在发达国家之间表现较为明显,在发展中国家却不甚显著,这可能是因为发展中国家的市场化程度有限。Ha和Reddell(1999)的研究表明,由于市场波动和投机行为的存在,根据即期利率和汇率未来走势很难预测远期利率和汇率,期货市场中的价格经常被低估。即使利率平价学说存在局限性,但国内部分学者认为其对人民币汇率具有一定的解释力。江春和刘春华(2007)指出,利率平价理论在不同发展阶段的适用性呈现差异,市场化改革越深入、货币自由化程度越高,利率平价的解释能力越强。范立夫和周继燕(2010)梳理了国内外相关理论和实证研究,发现了利率平价理论的局限性,但仍然指出这一理论对中国的利率和汇率政策选择的重要指导作用。金中夏和陈浩(2012)肯定了利率平价理论的存在性，认为其在我国的表现形式不是汇率自由浮动，而是体现为外汇储备积累速度的变化。

除此之外，传统的汇率决定理论还包括国际借贷说和国际收支说。国际借贷说由 Goschen 于 1861 年提出，认为货币的价格（即汇率）取决于通过国际借贷发生的外汇供给和需求。根据国际借贷说，当流动的借贷金额相等时，汇率保持稳定，但并未指出哪些因素可能会对汇率产生影响。国际收支说从国际借贷说发展而来，也从外汇的供需来阐述均衡汇率的决定问题。国际收支说认为，本国汇率是国民收入、价格水平、利率以及预期汇率的函数，这些因素通过影响国际收支作用于汇率。若本国国民收入增加、物价水平提高、利率下降或预期可能贬值时，本币都可能贬值。国际收支说阐述了汇率与国际收支的关系，有利于从国际收支角度把握利率的决定和变动：当国际收支逆差增大时，本国货币贬值，反之亦然。

（二）现代汇率决定理论

与传统汇率理论普遍采用"流量"分析法不同，现代汇率理论更加侧重"存量"分析。随着全球化进程推进，国际资本流动日益频繁，导致汇率波动剧烈，流量分析的解释能力日渐下降。1973 年，随着布雷顿森林体系的瓦解，越来越多学者开始以新的思路建立货币分析模型，引入存量分析（Mussa，1977；Frenkel，1976；Dornbusch，1976）。之后，Dornbusch 和 Fischer(1980)、Branson(1980)等同时考虑了流量和存量，对该理论进行进一步完善。具体来说，Mussa(1977)和 Frenkel(1976)等人提出了货币分析法，认为两国货币的相对供给量会影响汇率，供给量多的国家货币会贬值，投资者的预期也会对汇率产生重要影响。但是，该理论的建立基于购买力平价，大量的实证研究对购买力平价在短期的成立提出了疑问。对于短期内货币汇率的决定以及货币供求失衡等问题，Dornbusch(1976)提出的汇率超调模型提供了较好的解答。汇率超调模型假设购买力平价在短期内不成立，强调商品价格是黏性的(sticky)，当市场受到冲击时，汇率的反应速度超过了商品价格的反应速度，导致"汇率超调"。随着时间推移，商品市场的价格和汇率都重新调整，从而达到新的均衡。但是，货币分析法只注重存量分析，未考虑国际收支可能对汇率产生的影响。Dornbusch 和 Fischer(1980)将国际收支纳入模型，Branson(1980)在资产组合分析中加入了债券，对货币分析法进行了完善和改进。

1995年,Obstfeld和Rogoff提出了REDUX模型,不仅考虑了微观经济主体效用最优,还将垄断竞争和价格黏性创造性地与开放的一般均衡模型相结合,成功构建了跨期均衡分析模型,开创了新开放宏观经济学研究新方向。与传统宏观经济分析框架不同,REDUX模型具备微观基础,为福利分析提供可能性,认为在受到正向货币冲击之后,国外和国内的福利水平的增加程度相同。之后,国内外诸多学者对这一模型进行拓展和深化,开展了大量的研究工作。Betts和Devereux(1996)假定进口国家的货币价格表现为价格粘性,改进了REDUX模型对汇率的解释能力。Obstfeld和Rogoff(1998)在原有的模型中引入了货币的不确定性,指出货币若受到不确定性冲击会使汇率波动的幅度变大,因此在通货膨胀率较高的国家可能会出现巨幅波动情况。REDUX模型假设消费者偏好相同,商品之间完全替代,Corsetti和Pesenti(2001)改进这一假设,认为商品之间并非完全替代,而是具有单位替代弹性。胡再勇和张弘(2004)将浮动汇率制度下的REDUX模型进行修改以适用固定汇率分析,发现人民币的升值压力主要由长期贸易顺差和外商直接投资导致的国际收支不平衡造成,所以应当为外汇储备开拓多样化的使用渠道,积极推动产业升级。徐惠儿等(2008)将技术进步这一生产要素引入REDUX模型,考察技术进步对经济增长、汇率以及通货膨胀的影响,发现货币扩张政策在长期内对消费、产出以及国内外福利水平都能产生显著的正向影响。杨明秋和郝敬鑫(2012)创造性地将固定汇率和迭代模型与REDUX模型相结合,分析财政政策对国民经济的影响,发现发行债券可以提高本国消费水平,而增加政府支出会减少本国的国外资产净额。

二、汇率传递理论

汇率传递是指汇率变化对进、出口价格及国内总体价格水平的影响,以一价定律和依市定价理论为基础。一价定律认为,假设不存在贸易壁垒和运输费用,一件商品如果折算为同一种货币,在不同的国家或地区应当具有相同的价格。若商品在不同国家的价格出现差异,市场为了达到均衡,促使不同国家通过国际贸易最终使价格差异趋于消失。然而,现实经济环境中运输成本、时间成本、贸易壁垒等因素的存在,使得实际汇率与一价定律出现偏离。依市定价理论认为,相同的商品在不同的国家存在价差,当汇率发生波动时,出口企业可以根据目的市场的具体情况做出相应的定价决策(Krugman,1986)。特别地,企业可对成本加成进行调整,以保证商品价格和企业市场占有率的总体稳定。Goldberg 和 Knetter(1997)认为,厂商的依市定价能力取决于产品的边际成本和需求弹性,边际成本低、需求弹性大的企业往往拥有更强的依市定价能力,反之亦然。随着国内外学者对汇率传递效应的深入探究,逐步发现汇率传递的异质性、不完全性和非对称性等特点,接下来将对相关研究进行详细的归纳和梳理。

(一)汇率传递的不完全性

现实经济环境中,不同国家间的开放程度差异、通货膨胀差异、国际贸易运输成本存在、商品价格黏性以及企业的依市定价等因素均可能导致汇率对价格的传递不完全。具体来说,出口企业为了在国际市场上维持稳定的占有率,通常会根据汇率波动情况调整成本加成率以使产品价格保持稳定,导致汇率传递不完全。类似地,企业在不同的通胀水平及国际环境下,所做出的定价策略和反应也不尽相同。通常来说,通胀率越高,汇率对价格的传递程度越大。虽然汇率不会对商品的国际运输成本产生直接影响,但若运输成本与产品价格之比越大,汇率传递的不完全程度越高。一个国家或地区的经济总量越大、国民收入水平越高、关税水平越高,汇率的传递程度通常越低。

关于汇率传递的不完全性,学术界在 20 世纪 60 年代多致力于对购买力平价进行解释,认为这是造成购买力平价不成立的重要原因。20 世纪 80 年代开始,学者们开始聚焦于将微观基础与产业组织和战略贸易理论相结合,丰富汇率不完全传递的理论基础。Dornbusch(1987)强调了市场势力的作用,认为国内外商品具有不完全替代,并对影响进口价格汇率传递效应的因素进行总结:消费者需求函数、产品差异化、市场一体化以及市场势力。Krugman(1986)将企业根据汇率变动调整产品加成的行为定义为"依市定价",认为具有垄断势力的企业可以在不同的市场中进行价格歧视。但是,Dornbusch(1987)的研究基于静态模型,既未考虑汇率传递可能存在的滞后效应,也没有考虑汇率波动对市场结构可能带来的影响。随后,Baldwin(1988)、Baldwin 和Krugman(1989)等构建了滞后模型,发现汇率传递效应取决于汇率变动的持续时间和大小,若汇率波动幅度较大,市场结构会发生永久性改变,贸易发生也可能发生结构断裂。Froot 和 Klemperer(1989)构建了两阶段模型,假定市场结构为双寡头竞争,企业对汇率及其变动的预期会对第二阶段市场份额产生影响,进而作用于第一阶段价格。上述研究多属于局部均衡分析,假定企业可以根据环境变化对产品价格进行灵活调整,因此名义价格和货币政策显得毫无意义(Engel,2004)。

20 世纪 90 年代,Obstfeld 和 Rogoff(1995)以及 Obstfeld 等(1996)构建了动态一般均衡模型,并融合了价格黏性和垄断竞争,开创了新开放国际宏观经济学研究框架,为汇率传递的不完全性提供了新的思路。Obstfeld 和 Rogoff(1995)假设一价定律是成立的,产品根据生产国家的货币定价,在此情境中汇率的价格传递是完全的。Engel 和 Rogers(1994)指出了产品价格与一价定律的偏离问题。Engel(2004)认为,若价格是黏性的,且产品根据消费国家的货币定价,那么此种条件下汇率的传递效应非常小,几乎为零。Monacelli(2005)基于不完全竞争的市场结构假设构建了动态一般均衡模型,认为货币冲击对预期成本的影响可以反映汇率的价格传递效应,且稳定的低通胀政策会降低汇率对价格的传递程度。新开放宏观经济学具有坚实的微观基础,对汇率传递不完全提供了丰富的理论依据。

随着汇率传递不完全性不断得到论证,其与最优货币政策和汇率制度之间的互动关系越来越成为研究热点。Betts 和 Devereux(2000)指出,一国选择固定抑或浮动汇率在很大程度上取决于定价方式是消费者货币定价还是生产者货币定价。Devereux 和 Engel(2003)对比了当地货币定价和生产者定价下汇率传递对最优货币政策选择的影响,认为前者适用固定汇率制度。Calvo 和 Reinhart(2002)以新兴市场国家作为研究主题,认为中央银行制定货币政策需考虑汇率的传递效应,传递效应越低,货币政策的自由度越大。Devereux 和 Yetman(2002)结合理论和实证研究发现,汇率传递程度取决于进口商对价格的调整频率,通胀水平越高意味着价格调整频率越快,因此汇率传递与一国的货币政策之间存在内生关系。Choudhri 和 Hakura(2006)利用国家面板数据发现,汇率的价格传递效应与一国的通胀率存在严格的正相关关系,而货币政策可以对通胀水平产生决定性影响,因此一国可以采取适宜的货币政策以实现低通胀目标。Devereux 等(2006)构建一般均衡模型研究了汇率传递不完全情形下的货币政策选择问题。他们指出,若汇率传递程度高,一个国家应当稳定不可贸易品的价格,因为汇率和通货膨胀率的稳定都需要减少实际产出来实现。

国内相关研究起步相对较晚,但对人民币汇率传递不完全及其与货币政策和汇率制度的关系也展开了丰富的讨论。例如,孙立坚等(2003)构建了新开放宏观经济学模型,从理论和实证方面研究汇率的价格传递效应,深入探讨了中国的"通缩输出论"问题。倪克勤和曹伟(2009)考察了汇率变动与价格之间的关系,运用多种计量模型论证了人民币汇率传递的不完全性,认为汇率的波动率、国内生产总值以及通货膨胀水平都能对汇率传递效应产生显著的影响。王晋斌和李南(2009)发现,2005年进行重要的汇率改革之后,人民币汇率的传递效应在短期和长期均显著提升,因此增加汇率制度的弹性有利于改善汇率传递不完全现象。王胜和郭汝飞(2012)对货币政策模型进行拓展,认为最优货币政策的选择需要与灵活的汇率政策相配合,汇率的传递程度越大,产生的福利损失也会越小。曹伟(2016)从微观和宏观两个层面解释了汇率传递不完全的可能原因,并以"依市定价"为主线,从经营绩效和商品质量两个维度梳理了企业行为的异质性。潘长春(2017)采用1997年至2016年月度数据,检验了人民币汇率对生产、消费以及进口价格的传递效应,发现了人民币汇率传递的不完全性,总体呈现先上升后下降的变化趋势。石峰等(2018)构建了两部门开放经济模型,分析了汇率传递的异质性以及中间品贸易对货币政策选择和社会福利的影响。曹伟等(2021)通过理论模型分析了人民币汇率变动对进口价格的传递效应,发现人民币升值对进口价格的传递效率约为44%。

(二) 汇率传递的异质性

首先是企业异质性。汇率传递表现出的企业异质性多源于企业依市定价行为的差异性。依市定价是企业的内生行为,企业的经营绩效越好越有能力根据汇率波动来调整产品的成本加成,将产品价格控制在目标范围。Manova和Zhang(2009)采用中国样本,发现中国大多数企业属于多产品企业,汇率波动使得企业产品分布更加平滑。Berman等(2012)以法国的出口企业作为研究对象,研究企业的异质性特征对汇率传递效应的影响,研究发现:当本国货币出现贬值,企业的生产成本增加,生产率较高的企业有能力对出口目的国的产品价格进行调整进而将增加的成本转嫁至消费者,汇率对出口价格的传递效应较大;当本国货币升值,企业生产成本降低,收益增加,生产率高的企业通常不会降低目的国的产品售价,因此货币升值带来的收益由企业自身吸收,此时汇率的价格传递效应较低。由此可见,生产率越高的企业具有越强的依市定价能力,往往倾向于将货币贬值的代价转移至出口目的国消费者身上而不会将货币升值的收益与消费者分享。Chatterjee等(2013)选取巴西的出口企业作为研究样本,发现产品质量越高、替代弹性越小、生产率越高的企业依市定价能力越强,面对汇率变化时对价格的调整能力亦越强,汇率的价格传递程度越低。Mayer等(2014)将企业内部生产效率最高的产品定义为"核心产品"。汇率出现波动时,企业更倾向于调整核心产品的价格。Caseli等(2017)得出了类似结论:当汇率变动时,多产品企业往往根据产品的重要性进行定价决策,出口额越大、加成率越高的产品,价格调整的幅度越大。Amiti等(2014)利用比利时的企业层面数据,发现进口投入品和市场份额占比越大的企业,汇率的传递效应越低,对于没有进口投入品且市场份额较小的小企业来说,汇率的传递程度接近完全。韩剑等(2017)以多产品企业为研究对象,在理论模型中引入了产品质量、中间品投入以及消费者偏好,从企业、产品和国家层面检验产品异质性对出口价格传递的影响。易靖韬等(2019)从产品质量和核心程度衡量两个维度衡量企业异质性,发现质量越高、地位越核心的产品,人民币汇率的传递程度越低。孙福伟和江春(2023)发现,对于价值链低端环节以及生产产品差异化程度低的企业,人民币汇率变动对出口价格的传递率反而更低。

其次是区域异质性。当汇率发生变动,一个国家不同地区的价格水平变化幅度和速度都可能不同,造成汇率传递存在区域异质性,从而导致同一货币政策在不同地区的有效性存在差异。Özyurt(2016)以欧元区作为研究对象,发现汇率传递效应在欧元区不同国家存在较大差异,传递程度最低的国家是德国,意大利传递程度最高,这可能是由不同国家的市场结构差异造成。徐奇渊(2012)测算了中国CPI指数的地区差异性,使用滚动回归法研究了人民币汇率对CPI指数的传递效应:人民币汇率对CPI的传递效应总体来说是显著的,但东、中、西三大地区都表现出明显的地区效应,中部和西部地区效应为正,而东部地区显著为负,这与我国当时的区域发展政策(例如西部大开发和中部崛起)相吻合,说明地区政策和经济结构异质性导致了汇率传递的区域异质性。朱松平等(2019)结合理论和实证分析,从区域异质性视角考察了人民币汇率对CPI和PPI传递效应的地区差异性,发现汇率冲击对东部地区CPI的影响最大,对PPI的影响则是中部地区最大,东部地区次之。曹伟等(2019)在"一带一路"建设背景下研究了人民币汇率传递效应的省际异质性,发现经济发展水平越高的省份,汇率传递程度越低。

另外,还有学者从行业和商品异质性对汇率的传递效应进行研究。Campa和Goldberg(2005)研究了OECD国家汇率对五大行业进口价格的传递效应,发现对能源和原料这两大行业的传递程度大于食品、工业制品和非工业制品行业。Basile等(2012)认为,产品质量会影响企业的依市定价能力,进而影响汇率的传递效应。Auer 等(2018)采用欧洲轿车销售数据,根据轿车的相应指标对车辆质量进行识别,发现低质量轿车价格受汇率波动的影响大于高质量轿车,说明产品质量越高、汇率的价格传递效应越不明显。王晋斌和李南(2009)发现,人民币汇率对原材料和基础品价格的传递效应(0.78)小于工业制成品(1.18)。曹伟和申宇(2013)根据行业性质对贸易品进行分类,发现汇率对进口价格的传递程度在不同行业呈现明显差异:煤炭、食品和造纸行业的进口价格对汇率波动较为敏感,纺织品行业对汇率的敏感度有限,而交通运输、电子信息等行业的传递效应几乎为0。曹伟等(2021)发现,不同行业的汇率传递效应存在明显差异,对于资本密集型行业,人民币贬值会引起进口价格下降,而技术密集型行业则出现超汇率传递。

(三) 汇率传递的非对称性

首先是汇率变动方向造成的传递效应非对称。汇率升值与贬值产生的传递效应存在差异,已有研究主要是从产品的替代弹性、市场结构以及企业市场份额等方面进行解释。例如,若外国企业在本国市场拥有垄断势力,其对成本加成和价格的调整能力较强,本币升值带来的传递效应较小,而贬值的传递效应较大。若企业处于完全竞争市场中,本币升值时,企业会主动降低价格以保持商品的竞争力,此时的汇率传递效应较大,同理,本币贬值时的传递效应较小。Mann(1986)研究了美国在1977年至1985年期间美元从贬值到升值过程中所表现出的汇率传递非对称性问题,发现美元升值对进口价格的传递程度大于贬值。Knetter(1994)研究了德国和日本的汇率传递非对称问题,发现基于市场份额角度的解释比能力限制角度更有力。曹伟和倪克勤(2010)构建了理论模型,并运用门槛回归模型考察了人民币升值和贬值带来的价格传递不一致:人民币贬值产生的传递效应大于升值。曹伟等(2012)从理论上对汇率传递的非对称性进行拓展,发现人民币汇率对原油进口价格的传递程度较高,且汇率升值产生的价格传递效应小于贬值。曹伟等(2021)基于行业层面的研究发现,在技术密集型行业中,汇率升值对进口价格的传递系数绝对值大于1,而汇率升值的传递效应则不显著。

其次是汇率变化幅度造成的传递效应非对称。汇率变化会影响一国的进出口价格,进而影响居民消费。通常来说,汇率变动幅度越大,对价格的传递效应越明显。例如,当汇率变动幅度较小时,对进出口价格的影响有限,其他经济因素对居民消费的影响可能会稀释或抵消汇率的价格传递效应。Pollard

和 Coughlin(2004)研究了汇率变动幅度对美国 30 个行业进口价格的影响,变动幅度越大,行业进口价格变化越大,这一发现在多数行业中都成立。Caselli 和 Roitman(2019)研究了 28 个新兴市场国家的汇率传递效应,发现年均传递效应约为 22%,随着时间推迟,这一传递效应呈现增加趋势。Marazzi 等(2005)研究了汇率变化幅度对行业总体进口价格的影响,否定了汇率传递非对称性的存在,这与以往研究的结论有所不同。倪克勤和曹伟(2009)的研究结论表明,人民币汇率变动幅度越大,对进口价格的传递程度越低,这与大多数研究的结论相反。可能的原因在于,我国进口商品种类丰富,进口企业之间竞争激烈,当汇率出现变动时,进口商很可能通过调整成本加成来维持商品价格基本稳定,从而降低汇率传递效应,表明汇率变动幅度与传递效应之间存在负相关的关系。

最后是经济周期造成的汇率传递非对称。通常来说,经济上行期企业发展态势良好,更倾向于维持商品价格稳定,因此汇率对价格的传递效应较低。而在经济下行期,企业多面临经营难题,加之市场调节和政策实施不及时,部分企业面临破产,此时商品市场价格波动较为剧烈,汇率的传递效应得以放大。Jasova 等(2016)选取来自新兴经济体和发达经济体总共 33 个国家的样本数据,研究在金融危机前后汇率的传递效应是否存在差异。他们认为,金融危机过后,发达国家的汇率传递效应基本稳定并保持在较低水平,而新兴经济体的传递效应明显下降,二者的传递效应存在显著差异。Kabundi 和 Mbelu(2018)基于南非的研究发现,经济上行期的汇率传递效应较大,在危机过后的经济下行期,政府采取了稳定物价水平的措施,汇率变动对消费者价格水平的传递效应较低。

第三节　汇率变化与企业生产率

一、汇率变化对企业生产率的影响

已有关于汇率的研究多聚焦于国家或者行业层面,从整体分析汇率变动或者波动带来的影响。随着研究视角的深入以及微观数据的可获得性提高,部分研究开始将微观企业作为研究对象,分析汇率变动的价格传递效应、汇率对企业经营绩效、成本加成等方面的影响。值得注意的是,关于汇率与微观企业的研究主要分类两类：一类从整体角度出发，研究国家层面汇率波动或者变动对企业的影响；另一类则将整体汇率采用特定方法加权至企业层面，测算各企业面对的差异化汇率指数，进而研究汇率对异质性企业的影响。例如，Baggs等（2009）利用加拿大微观企业数据，发现本币升值加速了本国企业进入和退出过程，企业更替速度加快，资源配置效率得以提高。Berman等（2012）认为企业会通过调整产品价格和加成率来应对汇率变化带来的冲击，即使生产率分布不变，企业的资源配置效率会得到改善。徐建炜和戴觅（2016）指出，人民币汇率升值会对国内需求市场产生不利冲击，并通过进口竞争、出口收益和进口成本三个渠道对员工收入产生显著的不利影响。余静文（2018）构建了企业层面的汇率暴露指标，并利用2005年汇改带来的经营环境变化来识别竞争加剧对企业生产率的影响，发现企业会通过提高生产率来应对竞争加剧带来的负面冲击。

目前，国内外关于汇率变化与企业生产率的关系进行了一定研究。多数研究表明，一国汇率升值对企业生产率具有正向影响。Schnabl和Baur（2002）以日本出口企业为研究对象，发现日元升值显著地促进了出口企业的生产率提升。Harris（2001）以加拿大的企业作为研究对象，发现加拿大币贬值对企业生产率产生了显著的负向影响。他还认为，加拿大在20世纪90年代的生产率增速之所以低于美国，一个很重要的原因就是加拿大元的相对贬值。Tang（2010）构建了企业的两阶段动态模型，详细阐述了汇率升值带来的竞争压力如何通过技术创新激励渠道企业改进生产效率，并利用实证研究对理论分析结论加以验证。Jeanneney和Hua（2011）基于中国省级面板数据的研究表明，人民币实际汇率的升值显著促进了生产率提高，并形成了一种良性循环：汇率升值提升了生产率，生产率的提升又反过来进一步带动汇率升值，与著名的巴-萨效应相符。Ekholm等（2012）探讨了货币升值对企业绩效的影响，发现实际汇率升值会影响企业所处的竞争环境，进而对生产率产生正向冲击。Tang（2015）的研究对象为加拿大企业，重点分析了加拿大币升值之后企业生产率的动态变化，认为加拿大币升值一方面增加了出口企业的竞争压力，但另一方面创新投入的成本有所降低，企业可以通过加强创新来应对竞争，生产率随之提高。Choi和Pyun（2018）基于韩国企业层面的研究发现，实际有效汇率的持续贬值会对企业生产率产生不利影响，特别是研发投入增长为负的企业。国内学者针对这一问题亦进行了相应研究和探讨。

我国学者余永定（2010）指出，人民币升值有利于提升企业生产率，促使企业通过技术创新来应对来自国际市场的竞争。许家云等(2015)测算了企业层面的实际有效汇率,考察了汇率变动对制造业企业全要素生产率的影响,发现人民币汇率升值对企业生产率的总体影响为正。张靖佳和陈璐瑶(2016)运用倍差法检验了2005年的汇率改革对出口企业的生产率影响,发现汇改可以缩小不同行业的生产率差异,对低利润率行业的影响更加显著。余静文(2018)从企业的竞争环境这一视角出发,考察了汇率冲击可能对企业生产率产生的影响,发现人民币汇率升值会加剧企业竞争,迫使企业通过提高生产率来应对,促进行业整体生产效率的提升。陈奉先等(2022)以上市企业为研究对象,从市场竞争、企业创新和中间品进口三个渠道解释了实际有效汇率升值对企业全要素生产率的提升效应。何暑子等(2022)聚焦中国出口企业存在的"生产率悖论",发现本币升值对出口企业的生产率提升效应高于非出口企业,随着本币升值,这一悖论可得到缓和甚至消失。

然而,也有部分研究认为,汇率升值对国内需求市场形成了负向冲击,不利于企业提高生产率。Porter(1990)指出,政府干预货币市场通常是为了通过货币贬值帮助国内企业在国际市场进行更有效的竞争,但此类干预会产生适得其反的效果,因为短期的收益使得企业失去了寻求可持续竞争优势的动力。Lafrance和Schembri(2000)指出,汇率与企业生产率之间并不存在因果关系。他们认为,一国的汇率和企业生产率受诸多因素影响,其中总需求是最重要的因素。结合加拿大20世纪90年代的数据来看,当总需求上升时,社会的资本和劳动要素能得到充分配置,企业生产率随之提升,此时汇率面临升值压力;而当总需求下降时,要素配置速度放缓,企业生产率下降,汇率面临贬值压力。Fung和Liu(2009)通过对199家台湾上市企业进行实证研究发现,台币贬值有利于企业增加出口收入、销售收入和工业增加值,由此带来的规模扩张效应显著促进了企业生产率的提升。Fung等(2011)将实际汇率加权至行业层面,通过面板回归发现,加拿大元升值不仅降低了企业的生产规模,还降低了企业生产率,这一影响效应在出口企业中更加显著。张斌(2011)研究了德国马克和日元的汇率波动,同期的企业劳动生产率却未发生明显波动,与汇率变化未呈现因果关系。张涛等(2015)等考虑了市场结构,纳入了不完全竞争思想,实证检验了汇率变动对企业全要素生产率的影响,发现汇率升值反而不利于出口企业的生产率提升,且影响大小与所属行业的集中度以及企业自身的出口依存度密切相关。李平和韩彩霞(2021)认为人民币升值会抑制技术进步并造成资源错配,从而不利于企业创新。曾晓文和刘金山(2021)基于贸易路径视角,发现人民币升值虽然对制造业企业 TFP 的影响整体为负,但这一影响源自多个中介效应综合对冲,其中国际资本 R&D 效应为负,而进口贸易和自主创新为正。

二、汇率变化影响企业生产率的可能路径

(一) 进入退出效应

市场经济必然伴随着企业的进入和退出。根据熊彼特提出的"创造性毁灭"理论,企业之间会进行创新竞争,低效率企业在竞争过程中被淘汰,高效率企业得以存活下来,这种持续的企业更替是经济增长的重要动力(张维迎等,2003)。随着汇率变化,企业面临的竞争环境发生改变,加速新旧企业更替。许家云等(2015)重点研究人民币汇率变动对工业企业生产率的影响,认为汇率变化带来的选择效应会加速企业的进入和退出过程。毛日昇等(2017)指出,实际汇率变化会通过出口开放、进口竞争等渠道影响企业成本分布加成,进而影响企业进入退出,且实际汇率贬值与升值带来的影响呈现非对称性。

大量的国内外研究表明,企业的进入、退出进而带来的资源配置效应和市场竞争加剧,可以显著促进生产率提升(Amiti 和 Konings,2007;毛其淋和盛斌,2013)。国外学者较早地关注了企业更替带来的生产率效应。Aw 等(2001)利用台湾的数据进行研究,发现企业的进入和退出是制造业生产率提升的重要因素,对制造业生产率增长的贡献率在 40% 左右。Foster 等(2001)以美国服装制造业企业为研究对象,发现企业进入和退出对生产率提升起着重要作用,总体贡献率保持在 40%—50%。Disney 等(2003)同时测算了劳动生产率与全要素生产率,发现企业的进入退出效应对全要素生产率的贡献率高达 90% 左右,对劳动生产率的贡献率约为 50%。Baldwin 和 Gu(2006)以加拿大制造业企业为研究对象,发现企业进入和退出对生产率增长的贡献率为 15%—25%,其中外资企业受到的影响更为明显。Roberts 和 Thompson(2009)在研究中考虑了一个经济体发展所处的阶段特征,发现在经济转型初期时企业进入退出带来的生产率提升效应很小甚至为负,而后这一效应逐渐增加,可以显著促进生产率增长。Tomlin 和 Fung(2010)认为,汇率升值产生优胜劣汰效应,低效率企业退出市场,新进入者通常具有更高的生产率和更强的竞争力,整体上促进行业生产率提升。

我国从进入退出视角研究企业生产率的文献起步相对较晚。周黎安等

(2006)较早地关注了这一话题,并以中关村科技园区的制造业企业为研究对象,试图详细考察企业生产率的动态变化及来源,认为企业的进入退出是园区生产率增长的重要来源。李玉红等(2008)从企业动态变化的视角对生产率的增长进行分解,包括技术进步和资源配置,其中资源配置又进一步细分为生存企业规模变化以及企业进入退出,发现资源配置对生产率增长的贡献率约为50%。伴随着低效率企业退出市场以及新企业进入并在优胜劣汰的市场机制下实现较快的生产率增长,我国工业企业生产率得以提升,Brandt等(2012)对这一结论提供了佐证。毛其淋和盛斌(2013)的研究表明,企业更替带来的竞争效应促使存活企业增加研发投入、改善生产组织模式等以提升自身生产率,以在激烈的市场竞争中立于不败之地。许家云等(2015)构建了企业的进入退出变量,认为人民币汇率升值会加剧企业竞争程度,加快企业进入和退出进程,效率低下的企业将面临淘汰,提升行业生产率的同时也促进了企业自身生产率提升。毛其淋和方森辉(2020)研究了外资自由化对制造业企业生产率的影响,发现外资进入带来的竞争效应对不同生产率企业的影响存在异质性,有助于降低高效率企业退出市场的风险,同时加剧了低效率企业退出。新旧企业更替促使资源流向高效率企业,其本身较强的成长能力进一步通过吸收外资带来的技术溢出促进生产率提升。

(二)规模经济效应

规模经济这一概念始于微观经济学,是指企业通过扩大生产规模来降低长期平均成本进而增加经济效益的现象,可分为内部和外部规模经济。其中,内部规模经济源自企业自身优势,而外部规模经济则指行业的整体规模扩大促使各企业平均成本降低。马歇尔曾论述了规模经济的两种形成方式:一是某个企业通过提高资源配置效率和经营效率来扩大规模,降低分摊到每个产品的成本,即为内部规模经济;二是多个企业联合,通过合理分工和布局带动各企业降低成本,即为外部规模经济。结合我国出口实际,出口企业凭借劳动力资源优势融入国际分工体系,承接国际产业转移,贸易额大幅增加的同时对企业生产率也产生了极大影响。Antweiler和Trefler(2002)的研究表明,重点出口行业如机械、科研设备等行业,规模经济普遍存在。出口企业通过融入全球市场,从事更加精细的专业化分工,使得规模经济成为可能,生产率随之提高。随着生产规模扩大和效益提升,企业有更加丰富的资源来购买先进的技术设备、规范经营流程、改善管理模式等,为生产率的提升提供条件。李小平等(2008)对我国32个行业的全要素生产率进行分解,并进行了翔实的实证检验,发现企业规模能显著促进全要素生产率增长,规模越大的企业越有条件从规模经济过程中获取动态收益,有利于生产率增长。

汇率变化改变了企业所处的竞争环境。若本币升值,增加国内企业的成本劣势,迫使低效率企业退出,释放市场空间。同时,有效率的新企业进入,与存活下来的企业形成竞争。若新进入企业竞争能力强且退出企业释放的市场份额较小,那么生存企业的销售规模可能会减小,反之亦然。针对这一问题,学术界尚未形成统一的结论。例如,Fung(2008)对Krugman(1979)的垄断竞争和规模经济模型进行拓展,引入了汇率变量,通过对台湾企业生产率的研究发现,实际汇率升值带来的优胜劣汰效应促进留存企业扩大规模,实现规模经济,从而提高了生产率。苗文龙和张德进(2016)认为,若汇率升值,出口份额下降的同时会加剧行业分化,迫使低效率企业退出市场为存活企业释放空间,增加其销售规模和收入,带来规模经济效应,帮助企业提高资源配置效率、降低平均生产成本,促进生产率提升。然而,亦有部分研究得出相反结论,认为汇率升值对企业规模和生产率均存在抑制效应。Fung和Liu(2009)认为本币贬值利于企业扩大生产规模和生产率。Baggs等(2016)基于加拿大零售业企业层面的研究发现,加拿大元升值会降低企业的销售收入、员工人数和利润水平。

(三) 资本深化

资本、劳动等生产要素在不同部门之间的有效配置有利于提升生产率,促进企业和整体经济增长。Gao(2006)认为,经济的结构转换通常伴随着汇率升值,通过资本和劳动力要素再配置,促使企业通过技术进步实现生产率提升。Landon和Smith(2007)的研究发现,本币相对于资本设备进口国货币贬值将导致进口减少,相对出口国货币贬值会对进口产生反向影响,证明本币贬值会导致企业进口资本品减少,资本劳动比下降。田素华(2008)指出,汇率变动通过利率平价和购买力平价条件对投资者的资产和商品选择产生影响,基于中国企业的数据进一步表明,人民币对美元升值有利于企业增加投资,扩大资产规模。Leung和Yuen(2010)测算了加拿大制造业的资本劳动比,发现汇率每贬值10%,制造业的资本劳动比下降1.7%,发生于20世纪90年代初期的加拿大币贬值导致这一比值下降约2.7%。Campbell和Hunter(2010)运用来自全球超过1000家企业的混合数据进行研究,发现企业投资对汇率的敏感性较高,汇率每贬值1%,可导致企业投资下降4.2%。也有学者认为,汇率变化对企业投资的影响在一定程度上取决于企业自身的定价能力和出口倾向,定价能力越强,投资对汇率变动的敏感程度越低(Campa 和 Goldberg,1995;Lafrance 和 Tessier,2008)。

可以看出,汇率变化会影响企业的资本和劳动要素投入比例,进而影响生产率。无论是行业层面还是企业层面的研究都证实了资本深化带来的生产率提升效应(Kumar 和 Russell,2002;孙早和刘李华,2019;宋建和郑江淮,2020)。李小平等(2008)的实证分析表明,资本强度能显著促进马尔奎斯特(Malmquist)生产率增长。企业投资的设备中包含一定技术水平,增加投资所更新的资本品包含更高的技术含量,企业通过学习和模仿获取技术进步,带动生产率提升。张军等(2009)指出,生产要素投入可以通过直接和间接两个渠道对工业增长产生影响:一方面,可以通过数量效应(例如资本积累)影响产出,此为直接渠道;另一方面,可以通过结构调整促使要素从低效率行业流向高效率行业,提高资源配置效率进而带动TFP增长,此为间接渠道。孙早和刘李华(2019)从行业特征、结构和动因三个角度探讨资本深化对生产率增长的影响。研究发现,资本深化对资本密集型、国有总产值增长率较高的行业促进作用较小,应当提升设备投资的技术含量以及国有企业的效率。然而,亦有学者基于不同样本和研究区间得出相反结论。例如,张军(2002)考察了我国工业部门的投资与经济增长轨迹,发现二者存在显著的发散趋势。过度的投资可能会使得企业的要素配置偏离最优的、自然的结构,资本深化反而导致不利于生产率增长。宋建和郑江淮(2020)以江苏省的小企业为研究对象,发现资本深化与全要素生产率存在显著的倒U型关系。资本深化程度较低和较高的企业可以通过改善资源配置对生产率起到显著的促进作用,而对于中等资本深化程度的企业来说,资本深化提升并未显著改善企业的全要素生产率,这一现象在小微企业和低技术行业中更加明显。

(四)进口效应

汇率升值意味着进口产品相对价格降低,激励企业从国外进口更多高技术产品,促进生产率提升(张涛等,2015)。沈筱彬等(2018)指出,人民币实际汇率升值可以降低中间品价格,有利于企业提升绩效。王雅琦和卢冰(2018)认为,货币升值能激励出口企业增加研发,而中间品进口是重要的影响渠道。随着中国经济增长进入更高水平以及贸易开放的持续推进,进口的促进效应渐强并成为推动经济增长的新兴动力(谷克鉴和陈福中,2016)。

有学者将企业进口称为"进口中学",认为进口中间品和资本品可以通过价格效应、质量效应、数量效应、种类效应、学习效应、技术溢出效应和激励创新等途径促进企业提升全要素生产率(Amiti 和 Konings,2007;余淼杰和李晋,2015;张翊等,2015)。最初的研究从产品或行业层面展开:Feenstra(1994)在不变替代弹性框架下首次给出了进口种类估算方法;陈勇兵等(2012)估算了中国进口种类增长引致的贸易福利增长;钱学锋等(2011)发现上游行业进口种类增加显著提升中国制造业生产率;张翊等(2015)认为,中间品进口通过数量和种类效应对生产率的促进作用不显著,价格效应只显著影响出口依存度小的行业。随着微观数据可获得性提高,更多研究从企业层面展开,利用间接和直接两种方式度量进口。首先是间接度量方式。已有文献多以中间品进口关税下降代表企业进口增加,并利用来自印度尼西亚(Amiti 和 Konings,2007)、印度(Topalova 和 Khandelwal,2011)、中国(沈琪和周世民,2014)等国样本验证了关税下降对企业生产率的促进效应。其次是直接度量方式,相关研究丰富,测算方式多样化。第一,用进口虚拟变量度量。Kasahara 和 Rodrigue(2008)发现了进口与企业生产率的正相关关系。黄新飞等(2018)实证检验了中间品进口的生产率提升效应,发现这一效应随着技术密集度提高而增强。第二,用进口金额、进口中间品或资本品占总投入或总资产比例度量。Lööf 和 Andersson(2010)发现,从 G7 发达国家进口的比重越大,企业劳动生产率提升越多。张杰等(2015)从多角度检验了中间品和资本品进口规模对企业生产率的影响,肯定了这一促进效应的存在性及对经济发展的重要性。第三,用进口产品质量度量。中间品体现国外企业的研发投入和高技术水平(Blalock 和 Veloso,2007),往往代表更高的质量,能显著促进企业生产率(Amiti 和 Khandelwal,2013;Antoniades,2015)。第四,用进口产品种类度量。进口中间品与国内中间品具有不完全替代性,进口种类增加利于企业降低生产成本、满足更高的技术标准,来自发达国家中间品的生产率提升效应更明显(Bas 和 Strauss-Kahn,2014)。此外,少数研究从进口来源地数量、来源地集中度等方面考察生产性投入进口与生产率的直接关系(魏浩等,2017)。

另外,一个行业获得的知识和技术不仅促进本行业技术进步,还可以通过产业关联对其他行业形成跨产业技术溢出,又称垂直溢出。目前关于技术跨产业溢出的研究多集中在由外商直接投资和对外直接投资带来的技术通过产业链传导对上下游企业形成的溢出。根据溢出效应理论,跨国公司与上下游企业分享技术和管理经验,形成逆向技术溢出的跨行业传导(Gorodnichenko等,2015)。事实上,全球价值链的兴起及国际分工向垂直专业化发展带动资源在全球范围实现优化配置(吕延方等,2019),产业融合和跨产业技术创新愈发明显(吴菲菲等,2018),隐含了进口中间品和资本品可能通过产业关联对企业生产率形成垂直溢出。Altomonte 和 Békés(2009)较早地从本行业和上游行业对进口中间品加以区分,分别考察对企业生产率的影响,发现上游行业的生产率促进效应大于本行业;随后,Nguyen 和 Parsons(2009)采用日本数据,得出相反结论,认为本行业进口对生产率的水平效应大于上游行业导致的竞争效应;Olper 等(2017)指出上游行业中间品进口渗透率增加能提高企业生产率。

(五) 其他渠道

1. 外商直接投资

跨国公司理论认为,跨国公司选择投资目的国通常基于两类动机:一是为了获取目的国市场资源,又称为市场导向型;二是为了利用目的国低廉的优势资源进行产品加工生产后再出口,又称为出口导向型。汇率变化可通过四个效应对外商直接投资产生重要影响(Kohlhagen,1977;Klein 和 Rosengren,1994)。第一是财富效应。随着汇率发生变化,跨国公司在投资目的国的购买力和资产价值随之变化,影响其所有权优势。第二是成本效应。汇率变化直接影响以跨国公司母国货币衡量的投资目的国的生产要素成本,进而影响其在目的国的区位优势。第三是需求效应。汇率变化影响以跨国公司母国货币衡量的投资目的国的市场规模,从而改变产品在国际市场的需求情况,影响跨国公司的区位优势。第四是风险效应。汇率频繁变动增加了国际投资的不确定性,提高跨国公司面临的风险,降低期望收益。Bénassy-Quéré 等(2001)认为,在一定条件下,投资目的国汇率变化对外商直接投资的影响与投资动机相关,货币升值会增加市场导向型投资。结合我国吸收外商直接投资现实情况,出口导向型投资主要流向劳动密集型行业,市场导向型投资则主要流向资本和技术密集型行业(苗文龙和张德进,2017)。

国际投资理论认为,外商直接投资往往伴随着资本、技术等要素的国际转移,会对东道国企业产生正向的技术溢出效应。Caves(1974)对澳大利亚、Liu等(2000)对英国的研究均支持这一理论。我国学者邵海燕等(2015)基于高技术产业数据,发现外商直接投资显著促进了内资企业生产率增长,外资越少的行业中这一促进效应越明显。綦建红和尹达(2017)综合研究了外商直接投资对企业生产率的直接和间接影响,发现外资进入不仅对外资企业生产率产生了直接促进效应,还间接提升了本土企业生产率,且上述影响因企业规模、行业属性异质性而呈现差异化特征。才国伟和杨豪(2019)重点研究外商直接投资对改善要素市场扭曲的作用,认为外资进入会加剧国内企业竞争,倒逼企业加大研发力度,提高总体生产率,以缓解政策扭曲对资源配置的不利影响。基于不同的研究样本和方法,有学者认为外商直接投资并未对东道国企业产生显著的技术溢出效应,不利于生产率提升或影响不确定(Haddad 和 Harrison,1993；Hu 和 Jefferson, 2002；马林和章凯栋,2008)。随着全球分工体系日益完善和研究深入,有学者开始从产业关联、国内资源配置或企业吸收能力等视角探讨外商直接投资的技术溢出效应,并得出了更加丰富的结论,对合理吸收外资以促进工业企业生产率提升具有重要意义。

2. 市场竞争

从总供给角度来看,实际汇率贬值给企业带来负向冲击,刺激企业提升自身生产率以应对日益加剧的竞争环境。Tang(2010)采用来自加拿大的微观企业数据集,分析加拿大元实际汇率变化对企业生产率的影响。他指出,随着加拿大元实际汇率升值,出口企业的国际竞争力削弱,面临的竞争压力加剧,利润出现下滑。与之同时,通过进口中间品和资本品,创新投入的成本下降,企业通过加快研发和创新来切实提升生产率。Ekholm 等(2012)以挪威制造业企业为研究对象,将克朗在 21 世纪初的急剧升值作为准自然实验,探讨货币升值带来的冲击是否会对企业生产率产生影响。研究发现,面对货币升值带来的竞争加剧,进出口商均做出了减少劳动力的反应,但只有出口企业的生产率获得了提升,实际有效汇率升值显著提高了出口企业尤其是净出口企业的生产率。余静文(2018)基于中国海关与工业企业数据库的匹配数据集,以 2005 年汇改作为准自然实验,分析汇率变化通过市场竞争这一路径对生产率的影响。结果发现,2005 年汇改后,人民币汇率升值通过市场竞争使得企业的全要素生产率提升约 1.1%。由此可见,虽然人民币升值会削弱出口导向型企业的竞争力,加剧竞争程度,企业为了保持竞争优势,会调整自身行为来提升生产率以应对升值带来的不利影响。

第四节 贸易类型相关研究

一、异质性企业理论与加工贸易

(一) 异质性企业理论及发展

传统贸易理论认为国际贸易取决于各国拥有的成本优势,能对产业间贸易给出较为完整的解释,但难以解释产业内不同企业间的优胜劣汰问题。20世纪80年代,Krugman(1979)采用了具有一般代表性的可加效用函数,对发生国际贸易后产业内不同企业因竞争加剧发生的优胜劣汰以及规模报酬增加给出了合理解释,开创了新贸易理论研究新篇章。在新贸易理论中,所有企业被认为是同质的,企业规模保持不变,也不会因行业内竞争退出市场。随着微观企业数据的可获得性提高,学者们发现,产业内不同企业在生产规模、经营绩效、生产率以及其他诸多特征上都存在很大差异,这与新贸易理论的企业同质性假说不一致。Bernard 等(1995)、Bernard 和 Jensen(1999)进一步指出,即使在极其细分的行业内,出口企业与非出口企业特征均存巨大差异,企业异质性与其出口地位关联密切,这一发现促使学者们开始深入挖掘企业的异质性及其经济意义的理论基础。21世纪初期,Melitz(2003)和 Bernard 等(2003)都以企业异质性为基础,从不同的视角构建了新的理论框架,对新贸易理论面临的实证挑战给出了合理解释,开创了新新贸易研究新时代。Melitz(2003)认为,企业的异质性主要体现为生产率差异,国际贸易加剧竞争,引起产业内资源重新配置,进而带来社会福利增加,这也是贸易利得的重要来源。Melitz(2003)的影响力深远,被认为是异质性企业理论的开山之作,奠定了新新贸易理论的基础。

可变加成模型拓展。Bernard 等(2003)假设市场结构为伯川德竞争(Bertrand Competition),每个市场的产品提供者具有最低成本,但企业的定价高于完全竞争,可获取垄断利润,由此可以解释为何出口企业的生产率水平较高。Melitz 和 Ottaviano(2008)纳入了同质产品部门并认为其是完全竞争的,引入了拟线性效用函数,克服了 CES 函数假设不同商品替代弹性为固定常数的缺陷,将企业成本加成内生化,探讨了市场规模与价格和可变加成之间的关系。Arkolakis 等(2018)在垄断竞争框架下引入了可变替代弹性效用函数,认为竞争效应可以促进贸易福利增加。

多产品企业拓展。Melitz(2003)假设每个企业只生产一种产品,然而这与现实不符,企业生产多产品并出口至多个国家已经成为国际贸易中的典型事实。Bernard等(2010)将Melitz(2003)扩展多产品模型,但未考虑开放经济情形,Bernard等(2011)进一步考虑了贸易开放,将基于CES函数的异质性企业模型成功扩展至多产品研究领域。由于不同市场的贸易流量、市场结构不尽相同,多产品企业有必要采取差异化的产品决策,这关系到企业内部以及行业内不同企业的资源优化配置。Mayer等(2014)引入了多产品厂商,重点考察竞争效应对企业集约边际的影响。

对外直接投资拓展。Helpman等(2004)对Melitz(2003)模型进行拓展,将异质性企业理论的研究从出口延伸至对外直接投资领域,解释了企业的水平型对外直接投资行为。Helpman(2006)进一步将对外直接投资类型细分为水平型和垂直型,研究了企业在出口和不同类型对外投资过程中的选择问题。Yeaple(2009)发现企业存在生产率分割点,认为东道国经济发展水平越高、与母国地理距离越短,企业对外投资的分割点越低。随着对外直接投资逐渐成为学术界重要研究话题,学者们开始探讨企业对外投资给母国带来的利益,主要从逆向技术溢出效应、创新效应和就业效应等方面展开。例如,Greenaway和Kneller(2007)认为,企业走向国际市场与东道国企业进行竞争有利于提升自身竞争力,增强了资源获取和吸收能力,促进生产率提升,Yang等(2013)的研究得出了类似结论。

与新经济地理融合。Krugman(1991)从传输成本角度解释了工业集聚现象,对新经济地理学的发展起到了奠基性作用。之后,很多研究从运输成本、进入成本、知识溢出等角度对企业的集聚现象进行解释(Ottaviano等,2002;Faggio等,2017),但都基于同质性企业假设。随着异质性模型出现、完善及在国际贸易领域的广泛应用,越来越多的学者开始将企业异质性与新经济地理模型相融合,提供了更加贴合现实的解释。Venables(2010)指出,高生产率企业选择优势区位布局,而低生产率企业的区位布局则具有劣势。Baldwin和Okubo(2005)较早地在异质性企业框架下引入了新经济地理理论,假设南北国家工资存在差异,生产要素可以实现跨国流动,因此有效率的企业可以最先克服固定成本投资发生地理移动。Ottaviano(2012)采用Melitz和Ottaviano(2008)的分析框架,构建了包含企业异质性的经济地理模型,假设企业的成本加成可变且边际成本服从帕累托分布,由此分析企业生产率如何影响经济集聚。研究发现：企业的总体生产率水平越高，经济集聚程度越高；若企业的初始生产率分布较为均匀，随着不同企业生产率的"相似度"提高，经济从分散向集聚转变；若企业的初始生产率分布不均匀，随着"相似度"提高，经济集聚转向分散。

(二) 加工贸易与"生产率悖论"

一系列基于异质性企业研究框架的经验和理论研究都表明，企业的生产率差异决定了其出口行为的选择，高生产率企业选择出口，低生产率只能服务国内市场甚至退出市场，这是异质性企业贸易理论的核心结论。基于中国微观企业数据的研究中，部分支持这一结论，认为出口企业具有较高生产率。张杰等(2009)采用我国制造业微观企业数据，发现出口企业在多项特征指标上均优于非出口企业，无论是单期指标还是累积指标，都肯定了"学习效应"的存在。易靖韬(2009)假设企业的出口决策取决于出口的未来回报，基于浙江省企业数据的实证检验发现，企业异质性特征显著影响其出口决策，规模越大、生产率越高的企业越可能发生出口行为。钱学锋等(2011)采用1999至2007年的全样本工业企业数据考察了出口与生产率之间的作用机理，研究发现，出口企业存在显著的出口溢价，出口的"自选择效应"和"学习效应"显著存在。易靖韬和傅佳莎(2011)、邱斌等(2012)都对这一问题进行了深入探讨。

然而，亦有研究发现中国出口企业的生产率反而低于内销企业，所得结论与主流观点相悖，国内学术界将这一现象称为"生产率悖论"(李春顶，2010)或是"生产率之谜"(戴觅等，2014)。对于"生产率悖论"，较早的研究指出我国企业出口呈现典型的二元结构，加工贸易的大量存在是造成这一现象的重要原因。例如，李春顶(2010)采用全样本数据发现了"生产率悖论"的存在，但他认为是出口密度大于50%的加工贸易企业拉低了出口企业的平均生产率水平，且剔除加工贸易样本之后悖论消失。李春顶和尹翔硕(2009)试图解释我国出口企业存在的"生产率悖论"现象，认为我国加工贸易企业居多，且加工贸易多属劳动密集型行业，技术创新水平有限，整体生产率较低。除此之外，他们还指出，统计数据的质量问题带来的生产率测算误差、国内市场交易成本高增强国内企业竞争力等，均可能是导致"生产率悖论"的原因。李春顶(2015)指出，由于中国对外贸易的特殊性，加工贸易数额多、占比大，但剔除这一样本之后所得结论与异质性企业理论的核心结论相符，说明中国出口企业并未颠覆或否定新新贸易理论的核心观点。Dai等(2016)采用海关和工业企业匹配数据集,揭示了"生产率悖论"的存在,并认为加工贸易是造成这一现象的重要原因。

还有学者从其他视角切入,探寻造成"生产率悖论"的可能原因。例如,Lu(2010)发现中国出口企业的生产率低于内销企业,并认为劳动是本国充裕要素,劳动密集型行业在本国的竞争激烈程度大于国外市场,行业内生产率低的企业被迫走出国门、进入国外市场,这是形成"生产率悖论"的重要原因。汤二子和刘海洋(2011)以制造业企业为研究样本,全样本、分行业、分省份的检验均支持了"生产率悖论"的存在,他们认为要素使用率和异质性企业理论的严格假设是造成悖论的原因。汤二子(2017)从效用函数、劳动要素、生产率异质性、固定经营成本、单位贸易成本、出口固定成本和出口市场确定性七个方面重新审视了异质性企业模型依赖的假设,试图对基准模型进行重构,探寻造成"生产率悖论"的可能原因。

综合已有研究发现,虽然造成悖论的原因有多种,毋庸置疑的是,加工贸易是造成这一现象的重要原因,这一结论在国内外文献中均可找到可靠依据。

二、加工贸易发展及转型升级

一直以来,加工贸易是中国融入全球分工体系的重要途径,其发展与转型升级是我国转变经济发展模式和改革开放进程中面临的重要内容,不少文献就这一话题展开研究。沈玉良等(2009)主要采用定性分析方法,认为生产控制方式是加工贸易企业转型和升级的基础,这不仅与加工贸易具体方式相关,更与企业的所有权性质有密切联系。广州是我国最早开展加工贸易的城市之一,刘德学和李晓姗(2010)基于全球生产网络这一独特视角,考察了广州242家加工贸易企业的升级机制。实证结果表明,企业的技术创新和管理能力都能对企业升级产生显著的直接影响,产业配套的影响也正显著,但其只能通过间接渠道发挥作用。刘晴和徐蕾(2013)在Melitz(2003)的模型基础上引入了"二元经济结构",以反映"两头在外"的加工贸易企业与一般贸易企业之间的区别,从过程、产品、功能和跨部门四个方面探讨了加工贸易企业的升级问题。他们不仅从理论方面较好地解释了李春顶(2010)提出的"生产率悖论"以及发展中国家要素市场存在的"劳动力需求悖论",还指出虽然加工贸易从整体上降低了行业的生产率水平,但能吸收大量的剩余劳动力,大大改善了社会福利。Manova和Yu(2016)认为,囿于中国的金融市场发展阶段,所有制歧视现象时有发生,出口企业非常依赖加工贸易。

随着我国经济发展和对外开放进入新的阶段,加工贸易的转型升级问题愈发重要,学者们开始从新的视角看待这一问题,试图给予符合新时期经济和产业发展需要的政策建议。马述忠等(2017)在理论模型中引入了加工贸易,并细分为来料加工和进料加工,发现融资约束程度越低、生产率越高的企业实现价值链跃升的概率更高,这对于加工贸易的转型升级具有重要的现实意义。毛其淋(2019)也研究了加工贸易的升级问题,但他从人力资本扩张视角着手,以我国1991年启动的"大学扩招"政策作为准自然实验,从多个方面评估了人力资本扩张对企业升级的影响。人力资本是企业的重要投入要素,其扩张可以显著促进企业出口技术复杂度的提升,推动企业转型升级。更进一步地,人力资本扩张不仅带动企业加大对职工的培训力度、增加研发投入,还促使企业扩大中间品进口种类、提高进口质量,这些方面对于加工贸易企业升级至关重要。

三、汇率变化与加工贸易

(一) 汇率与加工贸易成本加成率

汇率变化会影响企业的生产成本和产品价格,进而作用于企业的经营绩效(De Loecker 和 Goldberg,2014)。汇率变动对企业成本加成的影响最早来源于 Krugman(1989)提出的依市定价概念。Krugman 指出,出口企业为了应对汇率的变动,不是简单对产品价格进行调整,而是会对不同市场的成本加成率或者利润率进行调整,以维持或者进一步扩大市场规模。此后,国内外诸多学者在这一领域进行相关研究。Atkeson 和 Burstein(2008)发现,汇率变化对企业成本加成率有显著影响,但与企业所处的市场结构和面临的交易成本密切相关。Goldberg 和 Hellerstein(2008)构建了结构模型以考察汇率的传递效应。研究发现,汇率变化对价格的传递效应大小取决于市场的竞争程度,同时汇率变化还会通过规模报酬效应和成本效应等渠道作用于企业的边际成本,对成本加成率产生显著影响。Nakamura 和 Zerom(2010)检验了咖啡市场中企业的依市定价效应,在黏性价格假设前提下,企业的成本加成率调整在很大程度上取决于产品需求弹性。

上述研究基于行业或产品层面,近年来开始有学者将汇率对企业成本加成率的影响纳入异质性企业研究框架。Berman 等(2012)利用来自法国的企业样本数据,发现企业会提高成本加成率以应对汇率下降带来的冲击,其中生产率高、规模大的企业对加成率的调整幅度大。Caselli等(2017)考察了墨西哥出口企业产品加成率对汇率变动的反应,发现汇率贬值时所有产品的加成率都会提高,核心产品的提升幅度最大。Amiti等(2014)基于比利时企业的研究发现,面对汇率变化,市场占有率越高的企业越有能力调整加成率。盛丹和刘竹青(2017)利用工业库和海关库的匹配数据集,实证检验了汇率变化对企业加成率的影响,发现实际汇率升值对企业成本加成率的影响为负,加工贸易企业受到的冲击更大。

(二) 汇率与加工贸易进出口

国内外较多文献研究了汇率变化对不同贸易类型(主要区分加工贸易和一般贸易)企业的进口和出口的影响。与一般贸易不同,加工贸易附加值低,属于低端的贸易形式,在我国对外贸易发展进程中发挥着重要作用。鉴于加工贸易与一般贸易存在本质区别,较多文献关注了汇率对不同类型贸易企业的进出口影响,并着重研究加工贸易企业的进出口弹性。Marquez和Schindler(2007)认为,汇率升值不仅会给加工贸易企业的出口造成负面影响,也显著影响了进口。李辉(2008)的研究表明,人民币实际汇率贬值对加工贸易的进口和出口都产生了明显的激励效应,进口受到的刺激作用更大。Cheung等(2009)也对这一问题进行研究,所得结论与以往不同,发现人民币实际汇率每升值1%,加工贸易出口增加2%左右。Herrero和Koivu(2008)认为,人民币实际汇率升值会显著降低加工贸易企业的出口,而对进口的影响不显著,且加工贸易出口对汇率的弹性一直以来都比较稳定,明显低于一般贸易企业。Ahmed(2009)的研究发现,加工贸易出口对人民币汇率的弹性为-1.4,人民币实际汇率的升值会显著降低加工贸易出口量。Cheung等(2012)认为,国内附加值率较低的加工贸易在中国占据重要地位,使得中国在全球价值链上多承担装配的角色,因此人民币对加工贸易的影响较小。邢予青(2012)指出,中国加工贸易存在"三角贸易"现象,即东亚是我国加工贸易的重要来源地,而欧美是重要的出口目的国,人民币汇率升值会同时抑制加工贸易出口与进口,这虽与传统理论相悖,却是加工贸易本质的体现。王雅琦等(2015)的研究发现,汇率对出口产品的价格传递效应取决于产品质量,高质量产品的价格弹性大。

(三) 其他方面

近年来,对加工贸易的考察视角进一步细化,更多从全球价值链、产品质量等视角考察汇率变化对加工贸易企业的影响。苏立峰和彭飞(2016)考虑了加工贸易企业的国内价值率,评估了人民币汇率对企业进出口的影响方向及大小,发现汇率升值会显著降低企业进出口,且国内价值率对这一影响存在放大效应。宋超和谢一青(2017)在全球价值链背景下考察了人民币汇率变化对加工贸易和一般贸易企业出口量和出口产品价格的影响差异,发现加工贸易企业有更高的出口价格汇率弹性,但出口量的汇率弹性较低,建议加工贸易企业在面临汇率冲击时应主要对价格进行调整。余淼杰和崔晓敏(2018)构建理论模型将汇率变动纳入企业生产决策,认为汇率变动可以通过中间品配置、进入退出决策等途径影响加工贸易企业的成本加成和出口国内附加值,基于中国微观企业的实证检验表明,人民币有效汇率贬值可以显著提高加工贸易企业的国内附加值比。王雅琦等(2018)重点关注人民币汇率变动对出口产品质量的影响,发现人民币升值有利于整体产品质量提高,但这一效应对于加工贸易企业不显著甚至为负。

四、融资约束与全球价值链参与度的影响

(一) 融资约束

1. 加工贸易与融资约束

一直以来,外源融资难、借贷成本高等融资约束问题都是出口企业尤其是多数中小企业普遍面临的重要难题。一方面,中小企业由于抗风险能力有限,在金融市场中处于弱势地位,外部融资的可得性和可及性较差,内源融资为其主要资金来源;另一方面,即使能够获得外部融资,企业通常因金融机构的风险补偿措施而面临较高的贷款利率,且获得贷款的流程复杂、周期长,直接导致融资成本居高不下。同时,融资约束问题也是出口企业选择不同贸易方式从事出口活动的重要因素。融资约束问题较小的企业有能力从事利润率更高的出口活动(即一般贸易),而融资约束大的企业被迫选择对流动性要求低、利润率低的出口活动,即加工贸易(Manova 和 Yu,2016)。Manova 和 Zhang (2012)、许和连和王翔宇(2018)也指出,对于前期投入资金较为局促的企业来说,为减少投入,不得不选择利润空间相对有限的加工贸易。另外,对于出口企业来说,还面临着来自国际市场的竞争,产品从出口至资金回流需要经历较

长时间,面临流动性困境的企业只能选择销售路径相对固定的加工贸易,以降低产品销售和资金回流的不确定风险(许和连和王翔宇,2018)。

2. 汇率影响生产率受融资约束水平影响

汇率能显著影响企业的生产率,但与一国的金融发展水平密切相关。根据内生增长理论,金融发展能够促进技术进步,带动经济实现长期增长。金融发展水平提高促进金融市场实现资本积累、降低交易成本、提高资源配置效率等,这些是促进企业提升生产率的重要因素。生产率增长取决于企业的投资和技术创新,汇率冲击可能对企业的利润水平造成负向影响。但若金融发展水平高,外部融资成本低于内源融资成本,可激励企业增加创新投入,提升生产率。在现实社会中,市场通常是不完全的,企业从外部获取资金的成本大多高于内源融资成本,当外源融资面临困难,企业投资对内源融资的敏感系数大大提高。为应对意外支出,企业倾向持有更多的现金,将对研发投入和创新产生不利影响。另外,企业的杠杆比例也会影响其技术投资对汇率变化的敏感度。金融机构给企业发放贷款之前会综合评估其经营状况,负债率越高的企业面临的外部融资成本越高,依靠内源性融资的能力越弱,当面临汇率冲击时,负债率高的企业受到的冲击会被放大。企业规模也会产生类似影响,规模大的企业通常信用评分高,更容易在金融市场以较低的成本获得资金,其面临的融资约束程度相对较低,应对汇率变化的能力较强。

当一国货币升值,融资约束较低的企业通过增加研发投入和创新投资来提升生产率,以应对竞争压力;融资约束程度高的企业无法通过内源或者外源融资渠道获取所需资金,加之汇率变化造成的冲击效应,企业研发资金严重不足,创新投资受挫,反而不利于生产率提升。张杰等(2012)、Howell(2017)等的研究都表明,融资约束的确会对企业的研发和创新活动产生不利影响。Aghion等(2009)基于国家整体金融发展水平,构建了国家层面面板数据,发现汇率对企业生产率的影响在很大程度上取决于一国的金融发展水平,在金融发展水平越高的国家或地区,汇率制度的灵活性越高,汇率变动越利于企业生产率提升。Caglayan和Demir(2014)研究了实际汇率的水平变化和垂直波动对制造业全要素生产率的影响,发现汇率冲击会对企业生产率产生不利影响,但融资能力强的企业能减弱这一效应。

我国学者刘沁清(2007)较早地研究了人民币升值的相关问题,认为升值可以促进企业生产率提升、产品改进和产业升级,但在这一过程要考虑可能会出现的资金短缺情况。汇率上升阶段,企业的业务整合和研发投入需要大量资金,如果资金压力严重、流动性约束大,企业很难进行研发投资,影响生产率增长甚至被迫停止经营退出市场。理论上来说,汇率升值会造成出口成本增加,企业若想保持原有的竞争优势和市场影响力,必须进行研发投入和技术创新以带动生产率提升(娄伶俐,2008)。娄伶俐(2008)提出了"失效区间"的概念,由于资本约束和成本约束的存在,人民币汇率升值对企业生产率的影响存在"技术替代能力约束"和"技术承载能力约束"。若减少资金约束,汇率升值能显著促进企业实现技术进步,规模报酬递增企业所受影响最明显。杨文溥(2019)分析了汇率波动给企业带来的流动性冲击,认为流动性约束大的企业难以消化汇率波动造成的风险,影响创新投资,而资金充足的企业可以通过技术创新加以应对,生产率得以提升。与汇率波动类似,汇率水平变化也可能带来流动性冲击。汇率升值提高了出口企业成本,削弱在国际市场的竞争优势,降低出口利润水平,企业的内源性融资约束问题加剧,带来流动性困难。

(二) 全球价值链参与度

1. 全球价值链参与度测算

对于全球价值链参与度的测算,Hummels 等(2001)首次引入了"垂直专业化"的概念,认为一国产业可以通过两种方式融入全球价值链:一是后向嵌入,用本国出口产品中的进口产品占比表示,即经常提及的垂直专业化程度;二是前向嵌入,用本国出口产品中的本国价值占比表示。但是,Hummels 等(2001)使用单个国家的投入产出表,并假设所有进口中间品中的出口和国内销售比例是相同的,这种算法不适用于我国实际情况,加工贸易中的进口中间品比例远大于一般贸易,导致出口国内增加值率被高估(吕越和吕云龙,2016)。随着跨国投入产出数据的公布,一国的产品或服务在全球生产网络中的流向和价值量可以被追踪。Daudin 等(2011)使用跨国投入产出表,测算了世界整体水平和多个国家的前向、后向参与度,发现中国的前向参与度远小于后向参与度。Koopman 等(2012)改进了 HIY(Hummels-Ishii-Yi)方法,将标准的投入产出表区分为一般贸易和加工贸易两类,并对二者设定了不同的系数矩阵。但是,KWW(Koopman-Wang-Wei)方法未对进口品中的中间品与最终品加以区分,导致价值链参与度和出口国内增加值的测算不准确(Dean 等,2011)。

上述研究为宏观测算方法,越来越多的研究以微观企业为研究对象,测算企业的价值链参与度。Upward 等利用中国工业企业和海关数据库,参考

KWW方法测算了企业的出口国内增加值率。任永磊等(2017)参考Upward等(2013)的做法,考虑了加工贸易和一般贸易的本质区别,认为加工贸易的进口中间品全部参与出口,而一般贸易的进口中间品用以出口和国内销售的比例相同,由此测算了企业的全球价值链参与度。然而,Upward等(2013)未考虑企业之间通过贸易代理商发生的间接贸易行为,导致测算误差。因此,任永磊等(2017)进一步参考张杰等(2013)的做法,将进口品细分为消费品、中间品和资本品,并识别了中间贸易商,在一定程度降低了企业参与度被低估的可能。吕越等(2015)用多种方法测算了企业在全球价值链的参与度指标,发现企业的效率越高、越倾向嵌入价值链。与以往研究不同的是,余泳泽等(2019)测算了中国230个地级市的全球价值链参与度,发现东部地区的参与度明显高于中、西部地区,各地区之间的差异明显,进一步考虑空间自相关性的莫兰指数显示,城市间的正相关显著存在,即一个城市的参与度会对周边城市产生正向影响。

2. 加工贸易与全球价值链嵌入

一方面,来自发展中国家的企业在嵌入全球价值链过程中,能以较低成本获得高质量的中间品和资本品,从而对价值链产生过度依赖,阻碍自主研发的积极性,陷入"低端锁定"困境(吕越等,2018;Felice和Tajoli,2015)。另一方面,加工贸易是我国出口企业在发展初期融入国际分工体系的重要方式。通过承接来自发达国家的加工组装业务,加工贸易企业获取了来自发达国家的技术和知识溢出,并通过学习和技术扩散效应获得了效率提升(Evenson和Westphal,1995)。然而,由于发达国家对高技术存在垄断,而发展中国家的出口产品多为低技术含量的劳动密集型产品,当加工贸易企业从低端环节向高端环节攀升时,可能会遭受来自发达国家跨国公司的"纵向压榨",不得不继续处在低端环节,甚至跌入价值链底部(Humphrey和Schmitz,2002;高翔等,2019)。吕越等(2018)考察了全球价值链嵌入行为对企业自主创新能力的影响,发现嵌入全球价值链不利于企业创新,且这一效应在加工贸易企业、外资企业中更为显著。他们通过影响机制分析发现,过度依赖进口的中间投入品以及自身吸收能力不足是造成价值链"低端锁定"的重要因素,而这两个现象在我国出口企业尤其是加工贸易企业中普遍存在。

第五节 文献评述

尽管已有文献对于汇率、汇率与生产率以及贸易类型相关话题已经进行了丰富的研究,但依然存在以下三个方面的不足:

第一,从企业层面直接考察人民币汇率变化对生产率影响的研究相对较为匮乏。在国内已有研究中,最初的研究大多从国家抑或行业层面考察汇率传递、汇率决定或者汇率对一个国家或地区的经济发展、就业、收入或者进出口贸易的影响,少数文献聚焦于汇率变化对企业出口行为、出口绩效以及对外直接投资等方面的影响。虽然越来越多的学者注意到了汇率变化与企业生产率的关系,并试图加以探究,但基于微观企业层面的研究依然匮乏,对影响机制的挖掘和分析尚不够全面。例如,许家云等(2015)和许家云(2015)较早地研究了这一话题,并从进入退出、规模经济、资本劳动要素配置和人力资本提升四个方面阐述了可能的影响机制。然而,他们对控制变量选择不够全面,且未考虑人民币汇率升值带来的进口产品相对价格下降。随着中国制造不断嵌入全球价值链,中间品和资本品进口日益增加,对全要素生产率的促进作用逐渐成为探究进口贸易利得结构性源泉的重要问题,并在已有研究中得到了证实。因此,人民币实际有效汇率变动引致的进口变化亦是生产率增长的重要渠道,然而已有研究尚未涉及。

第二,目前深入探讨汇率变化对不同贸易类型企业生产率影响的差异,并重点关注贸易结构转变和加工贸易转型升级等方面的研究亟待丰富。一直以来,加工贸易在出口贸易中占据重要地位,对国民经济增长的贡献不容忽视。但是,加工贸易企业多处于价值链低端环节,对技能型劳动力和技术水平要求低,决定了加工贸易企业的生产率水平普遍偏低。加工贸易的盛行及存在的问题对准确理解我国的贸易结构提出了更高的要求。然而,已有关于汇率变化对企业影响的研究中仅少数学者关注企业的贸易类型差异,其中具有代表性的是宋超和谢一青(2017)、盛丹和刘竹青(2017),他们研究了汇率变化对不同类型出口企业的价格弹性、成本加成等方面的影响,未涉及对企业生产率的重点考察。

第三,在汇率变化与企业生产率研究体系中,涉及融资约束与全球价值链参与度的研究严重不足。一方面,融资约束是较多出口企业尤其是加工贸易企业面临的重要问题。在已有研究中,许家云(2015)将企业的融资约束程度纳入模型,但仅进行笼统分析,未对企业融资约束程度的变化趋势以及不同贸易类型企业的差异进行详细分析,难以从资金约束方面为加工贸易和一般贸易企业的升级转型提供针对性的、切实可行的建议。另一方面,随着全球分工体系日益深化,我国出口企业越来越多地嵌入全球价值链。虽然加工贸易企业的价值链参与度明显高于一般贸易企业,但多处于价值链低端环节,产品附加值低,容易陷入"低端俘获"陷阱,这是我国出口企业尤其是加工贸易企业面临的另一严峻问题。对于企业的全球价值链参与度,目前国内尚未有文献综合考虑企业的汇率变化和价值链参与度特征,在汇率变化与企业生产率研究框架中纳入价值链参与度和贸易类型差异。

本章小结

本章首先对重要概念进行界定,接着从汇率相关理论、汇率变化与企业生产率,以及贸易类型相关研究三个方面进行文献梳理,最后对现有文献存在的不足进行评述。对于重要概念界定,本章系统梳理了汇率、贸易类型以及全要素生产率的内涵及代表性文献。对于汇率相关理论,从传统汇率决定理论和现代汇率决定理论两个方面进行总结,并从汇率传递的不完全性、汇率传递的异质性和汇率传递的非对称性对相关研究进展进行概括。对于汇率变化与企业生产率,不仅总结了汇率变化对企业生产率的可能影响,还对可能的影响路径进行归纳,包括:进入退出效应、规模经济效应、资本深化效应、进口效应以及外商直接投资和市场竞争等。关于贸易类型相关研究,从异质性企业与加工贸易、加工贸易发展及升级、汇率变化与加工贸易、典型问题等四个方面进行梳理。最后总结了已有文献的不足,为本书核心内容提供了借鉴和参考。

第三章　汇率制度演变与人民币有效汇率

改革开放 40 多年以来，人民币汇率历经多轮重大改革，特别是 2005 年汇率改革之后，人民币汇率波动幅度增大，逐步逼近市场化目标。在此过程中，人民币形成了独特的改革路线，有效避免了其他发展中国家普遍面临的汇率贬值惯性和货币危机，对我国经济高质量发展和现代化经济体系建设做出了巨大贡献。阐述国际和人民币汇率制度演变以及测算企业层面有效汇率是本章的主要任务。

第一节　国际汇率制度演变

在开放经济下，一国的货币当局需要就本国的名义汇率决定方法、决定原则和调整手段等做出一系列的制度安排，即为汇率制度。汇率制度可以决定货币的变动幅度和方向，是构成一国货币政策的重要组成部分。根据货币当局对汇率的干预程度以及汇率变化幅度的大小，可以将汇率制度分为完全固定、自由浮动和中间汇率制度。在现实中，各国往往根据经济发展需要、区域货币合作等选择汇率制度，虽然经常出现与对外宣称的不一致情况，但大多介于完全固定与自由浮动之间，即货币当局会对名义汇率的变动实施管控，只是干预程度不一。对汇率制度的研究，学者们通常会参考国际货币基金组织（IMF）提出的基本分类，在此基础上开发其他分类方法。

1944 年以来，IMF 提出的汇率制度分类方法经历了多次调整和修改[①]，主要分为名义分类和实际分类两个阶段。1982 年及之前，IMF 根据各国汇报的汇率制度进行分类，学术界将此称为名义分类或官方分类。然而，有些国家不

---

① 具体修改细节可参考《2009 年汇率安排和汇兑限制年报》。

严格遵守向IMF汇报的汇率制度而导致实际与理论相偏离,这一现象在许多国家中普遍存在(Alesina和Wagner,2006)。此种偏离主要表现为两种形式:一是有些国家向IMF汇报的是固定制度,但会调整汇率平价,增加汇率制度弹性;二是一些国家汇报了浮动汇率制度,但实际操作中又会对汇率进行不同程度干预,以避免汇率剧烈波动。由此可见,根据各国汇报的汇率制度进行分类并不能很好地反映实际制度安排,致使IMF在1982年及之前的分类方法受到了诸多学者的质疑和批评(Reinhart和Rogoff,2004)。1998年底,IMF对汇率制度分类方法进行了调整,利用定量和定性分析来对一国的汇率制度进行综合评估。若一国的实际制度与向IMF汇报的不统一,IMF会对其制度进行重新分类。1999年新分类法不仅关注各国货币当局的实际汇率行为和意图,还注重各国对外宣称的汇率制度,被学术界称为实际分类法。按照实际分类标准,汇率制度可被分为八大类。

第一是没有独立的法偿货币。这种制度通常出现在下面两类情形中:一是一国隶属于某个货币联盟,要求成员国统一使用某一法定货币;二是一国以其他国家或地区的货币作为唯一法定货币。在这一制度下,一国无法自主实施货币政策调控汇率水平,失去了调整汇率的独立自主性。

第二是货币局制度。货币局制度是指,一国政府以法律的形式确保本国货币与某一外国货币之间的兑换比率固定在一定水平,并可以无限制兑换。这一制度有两项基本原则:一是本国货币钉住一种强势货币,将其作为基准货币,二者之间建立联系;二是通货发行以基准货币的外汇储备为保证,当市场汇率高于法定比率,货币当局卖出外汇收回本币,反之则买入外汇发行本币,使得本国货币与外币之间时刻保持固定兑换比率。在这一制度下,虽然本国拥有法定货币,但依然丧失了实施货币政策的独立自主性。

第三是传统的钉住制度。这是一种汇率相对固定的制度,本国货币与某一种外币或一篮子货币之间的比率维持在某一稳定水平,即钉住目标货币。本币随着目标货币的变动而变动,但二者的比率保持不变或者在1%的范围内波动。经济实力弱的小国家抵抗外汇风险的能力有限,为了保持经济稳定通常倾向于选择钉住汇率制度。这一制度有利于保持本币的汇率稳定、缓解恶性通货膨胀、提高一国货币的国际信誉和地位,但同时也会使其失去制定货币政策的独立性。例如,当本币随着外币发生贬值时,进口减少,出口增加,贸易顺差扩大。若本国处于经济停滞时期或发生通货膨胀,这一状况会进一步恶化。

第四是波幅(或水平带内)钉住制度。与传统钉住制度类似,一国货币选择钉住另一国货币或者一个货币篮子,但不同的是,该汇率制度要求汇率的波动幅度至少在2%。由于汇率的波动幅度受到约束,一国制定货币政策的灵活性会受到一定限制。

第五是爬行钉住制度。这是指根据通货膨胀情况,允许一国货币升值或者贬值。在该制度下,一国的汇率通常不发生变化,会根据通货膨胀程度在必要时进行小幅调整。爬行钉住制度融合了固定制度的稳定性和浮动制度的灵活性,是二者的折中。由于通货膨胀水平会影响一个国家的国际竞争力,一些高通胀国家倾向于采用这种制度,将价格水平作为汇率调整的指示器。但是,该制度亦存在缺陷:汇率调整的依据是本国与主要贸易伙伴国的通货膨胀率之差,但由于本币经常贬值,影响进口价格进而物价水平上升,最终可能使得本国一直处于通货膨胀和货币贬值相互追逐的状态中。

第六是爬行区间钉住制度。该制度要求汇率围绕中心汇率上下波动,波动幅度不小于2%,且波动幅度和中心汇率均会参照一定的指标发生调整。汇率上下波动的区间可以是对称或者不对称,若为不对称,可能是因为事先未对中心汇率做出声明。总体来看,该制度给予了一国货币当局较大的货币政策灵活性,但灵活程度取决于波动幅度。

第七是未宣称汇率路径的管理浮动制度。管理浮动制度是指,汇率的上下浮动存在一定限度,超过设定限度的时候货币当局会采取措施进行干预,促使汇率向着对本国有利的方向变动。需要指出的是,在此种汇率制度下,货币当局虽然对外汇市场进行干预,但并不维护任何平价,干预的频率也取决于汇率目标。管理浮动制度能有效避免汇率的剧烈波动,但货币当局没有确切的方式和目标,多基于自身判断来对国际货币储备、收支头寸等进行相关决策,且有时缺乏透明度,导致货币政策的干预作用相对间接和不确定。

第八是独立浮动制度。这是指一国货币不与任何货币存在固定比率,汇率大小完全由外汇市场的供求决定。目前,美元、英镑、日元等均属于独立浮动货币。

在上述八个分类中,前两种属于硬钉住(也称固定汇率制度),最后两种属于浮动汇率制度,中间四种属于软钉住(也称中间汇率制度)。但是,Reinhart 和 Rogoff(2004)认为,1999 年的新分类法对各国宣称的汇率制度存在极大的依赖性,严格意义来说仍然为名义分类法。

进入 21 世纪以来,越来越多的国家和经济体对汇率进行积极管控,新分类方法中难以对独立浮动和管理浮动进行严格区分,而且一些国家认为自己没有承诺将汇率维持在某一固定水平,反对 IMF 将其归为固定汇率制度。另外,很多国家可独立使用以本币和外币计价的负债,还有些国家利用石油收入建立了储备资金池,导致这些国家对汇率的干预程度可能明显高于传统干预措施。全球范围内新的形势变化推动 IMF 对汇率制度分类方法进行新的调整。2009 年,IMF 在 1999 年分类法基础上进行了局部修订,主要对软钉住制度进行了进一步细分,并保持了前后分类方法的连续性。

第二节 人民币汇率制度演变

从最初的国家管控到市场参与,从封闭的计划经济到开放的市场经济,人民币汇率制度的变迁适应了我国经济发展的阶段化需求,也是我国不断融入世界经济、参与全球分工体系的重要体现。回顾人民币汇率制度的演变过程有利于总结过去的经验和教训,为接下来的改革方向提供参考。

一、1949—1978 年:向市场经济体制过渡时期的制度探索

从新中国成立至向市场经济体制过渡时期,人民币汇率大小主要由官方决定,兑美元汇率被高估,这也是由我国的基本国情和经济发展现状所决定的。

新中国成立初期,通货膨胀持续上升,国内经济百废待兴,亟需从国际市场大量进口以满足经济和人民生活需要。本币升值有利于进口和稳定物价水平,因此人民币汇率的调整以"利于进口"为方向。1950 年开始,通货膨胀率开始下降,物价水平得以稳定,汇率的调整方向转变为"进出口兼顾"。1953 年,我国正式实行计划经济体制,对外贸易全部由国营的进出口公司统一管控,商品进口种类和数量完全由计划需求所决定,出口也只是为了赚取外汇以支付进口费用,因此人民币汇率仅成为编制经济计划和内部结算的会计工具,缺乏对经济的实际调节作用。

在国际市场上,布雷顿森林体系已经建立并保持稳定,各国汇率与美元挂钩,实行固定汇率制度。1955 年,我国推行币制改革,在全国范围发行新币,人民币汇率由 2.62 调整至 2.46,这一汇率水平持续至 70 年代初期。1973 年,以美元为中心的布雷顿森林体系走向崩溃,美元开始走弱,人民币汇率转向钉

住一篮子货币的浮动汇率制度,兑美元汇率大幅提升,1979年底升值幅度高达50%,远高于美元贬值幅度,致使人民币汇率出现高估。图3-1展示了1949年至1978年的人民币兑美元官方汇率走势图,可以看出,1949年至1971年,人民币兑美元汇率基本维持在2.46左右,但从1972年开始,人民币兑美元汇率大幅升值,1978年底达到1.68。

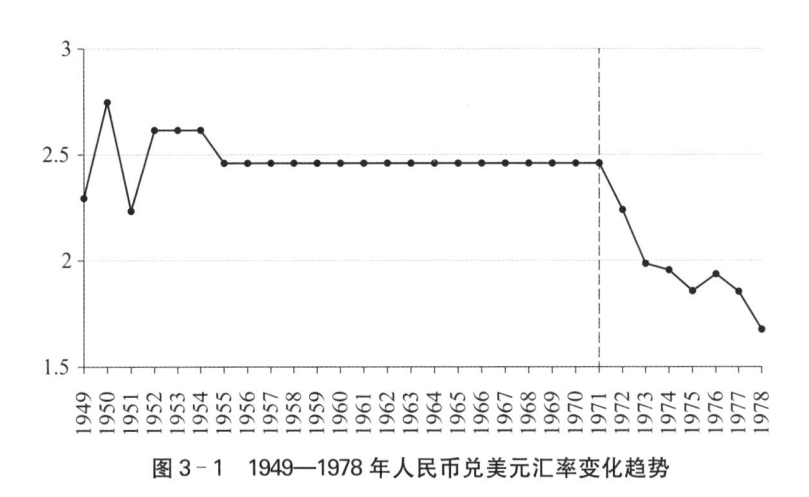

图3-1　1949—1978年人民币兑美元汇率变化趋势

二、1979—1993年:经济转轨时期的双重汇率制度

固定汇率制度是我国计划经济的产物,1978年改革开放政策的实施,大一统的外汇和外贸体制不再适应经济发展,对传统的人民币汇率制度和管理提出挑战。由于人民币汇率长期被高估,带来的问题开始暴露。汇率高估削弱了出口商在国际市场的竞争力,使得企业遭遇亏损,出口积极性降低,国家的财政补贴压力增大,现有的固定汇率制度满足不了日益发展的国际贸易需求,倒逼人民币汇率体制改革。

为了鼓励出口,解决汇率高估带来的一系列问题,充分发挥人民币汇率对国际贸易的调节作用,国务院于1979年8月颁布了《关于大力发展对外贸易增加外汇收入若干问题的决定》,对外贸体制实行改革:下放贸易的经营权,开展工贸结合试点,并试图消除外贸中的垄断经营。与此同时,我国实行外汇留成制度,规定从事对外贸易的地方、企业等将外汇卖给国家,国家按照规定拨付给企业一定比例的外汇。这一制度扩大了企业外汇使用自主权,充分调动了地方和企业的创汇积极性,达到了刺激出口的目标。

1981年,我国引入人民币与美元的内部结算价格,形成与贸易官方牌价并存的双重汇率制度。内部结算价格水平定为1美元兑换2.8元人民币[①],与人民币兑美元的官方牌价相比,人民币进行了一定程度贬值,汇率高估问题有所缓解。一方面,人民币汇率对出口贸易的积极作用逐渐显现。企业出口创汇的积极性得以提升,外汇储备得以积累,为我国价格体系调整提供了思路和参照。贸易品部门开始将产品价格与国际接轨,并逐步扩展至完整的商品市场,带动我国发展战略从进口替代转向出口主导,开启了以出口和利用外资为主的新格局,加快了我国经济融入国际分工体系的进程。另一方面,内部结算价格在一定程度上打开了市场在资源配置过程中发挥作用的空间。内部结算价格与官方牌价的差异导致了套利的出现,单位结汇倾向于使用内部结算价格,用汇则争取采用官方牌价,甚至引发了骗汇、套汇等行为。从1981年至1984年,内部结算价格几乎保持不变,通货膨胀率上升引发人民币官方牌价贬值,逐渐与内部结算价格逼近,至1984年底二者几乎相等。1985年,我国取消双重汇率制,恢复了最初的单一汇率制度。

1985年,为了鼓励出口,我国下调了人民币汇率,规定出口商可以按照创汇额占比进行留成,并提高了外汇留成比例。1985年下半年,深圳、上海等地陆续建立外汇调剂中心,外汇调剂数量激增。1986年,最初由中国银行统筹管理的外汇调剂业务交由外汇管理局统一管控,调剂价格逐步放开,外汇市场的供求关系开始作用于人民币汇率的形成机制。1988年,上海成立了全国第一家公开化的外汇调剂中心,引入公开竞价方式。随着进出口规模的增长,至1990年,我国的外汇调剂市场逐步走向成熟,官方汇率与调剂汇率并存,构成了新型双重汇率制度。

调剂汇率高于官方汇率,表明人民币在外汇市场被高估,调剂汇率可以为人民币汇率的调整提供方向。1986年至1993年,人民币兑美元汇率历经3次重大调整:1986年7月从3.2调整至3.7,1989年12月调整至4.7,1993年底调整至5.8。随着调剂市场逐渐走向成熟,交易数量不断增加,在一定程度上缓解了官方汇率高估对出口贸易带来的不利影响。

综合来看,改革开放初期实行的官方汇率与调剂汇率并存的新型双重汇率制度是我国从计划经济向市场经济转变过程的必经之路,较好地适应了我国经济发展需要。双重汇率制度不仅有效避免了资本账户冲击导致的汇率波

---

① 内部结算价格依据出口的平均换汇成本(2.53)再加上10%的利润计算所得。

图3-2　1979—1993年人民币兑美元汇率变化趋势

动、减少了国际投机者的套利机会、优化了资源配置效率,还为我国最终向浮动汇率制度转变提供了过渡。值得注意的是,人民币汇率的变化必然对国际贸易产生深刻影响,在这一阶段,我国进出口贸易实现了较快增长,并在大部分年份维持了贸易平衡,仅在个别年份出现贸易逆差。

三、1994—2004年:"并轨"后的钉住汇率制度

随着改革开放进程的推进,我国经济发展取得了举世瞩目的成就,市场在资源配置中的角色越来越重要,为汇率并轨提供了经济基础和改革方向。1994年,我国进行了汇率并轨,开始实行"以市场供求为基础的、单一的有管理的浮动汇率制"。在这一新的汇率制度下,汇率的形成以外汇市场的供需为基础,不再存在官方汇率,外汇调剂价格与市场汇率趋同,外汇调剂市场也退出了历史舞台,这就是所谓的"汇率并轨"。

汇率并轨后,结售汇制度替代了以往的外汇留成和上缴制度,经常项目的台账制替代了外汇调剂业务,还建立了银行间外汇市场。该市场与之前的调剂市场不同,是真正意义上的外汇市场。结售汇制度要求外汇供求均以指定银行为中介,企业出口的外汇收入必须卖给银行,进口用汇必须从银行购买,禁止企业之间相互买卖外汇的行为。若外汇市场供需失衡,央行可以通过买卖外汇来进行统一调节,不仅为央行管理汇率提供了便利,还有利于维持汇率稳定,避免汇率剧烈波动可能对经济造成的不良影响。银行间外汇市场对人民币实行波幅管理,允许人民币汇率在基准汇率的基础上上下波动0.3%。然而,银行间外汇市场独特的制度安排限制了市场的价格发现功能。在银行间

买卖外汇,每美元需要支付约25%的人民币作为手续费,但人民币每天的最大价差多在10%以内,意味着交易收益在很多时候是低于交易成本的,导致市场中缺乏投机性交易,严重限制了市场的价格发现功能。例如,一旦结汇小于售汇,外汇市场的需求大于供给,货币存在升值的预期和压力,但银行只能进行数量调整,市场本身很难通过价格调节来达到新的均衡状态。

在这一阶段,我国实际上采取的是钉住美元的汇率制度。东南亚危机爆发之后,以泰铢为首的东南亚各国货币和日元都大幅贬值,我国中央银行宣布人民币汇率不贬值,并在外汇市场进行了一系列干预以保持人民币汇率的稳定。这一举措有违我国对外宣布的"有管理的浮动汇率制度",因此IMF将我国的汇率制度定义为"钉住美元"。

图3-3是1994至2004年人民币兑美元汇率和我国进出口额变化趋势图。可以看出,人民币汇率在1995年大幅降低至8.35左右,之后缓慢下降并维持在8.27左右。汇率并轨引致人民币大幅贬值,增强了我国出口企业的国际竞争力,对外贸易大幅增长,出口总额始终高于进口总额,对外贸易持续顺差并呈现出强劲的增长态势。2004年,我国贸易总额同比增长35.7%,首次突破万亿元大关,贸易顺差将近321亿美元,出口贸易占世界出口总额的比例约6.5%,在世界经济之林中占据重要地位。

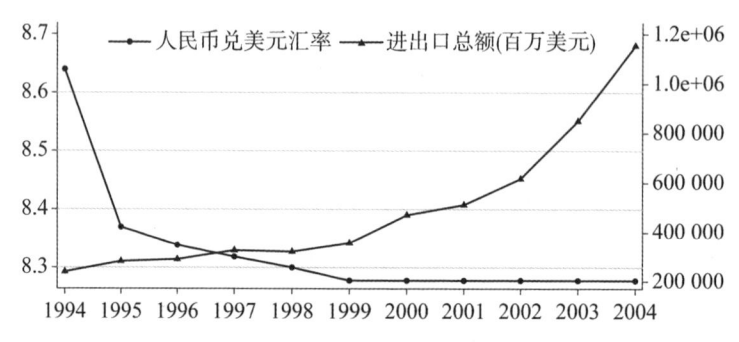

图3-3 1994—2004年人民币兑美元汇率和我国进出口总额变化趋势

四、2005—2014年:有管理的浮动汇率制度

2005年以来,得益于丰富的自然资源禀赋、廉价的劳动力和吸引外资的各项优惠政策,大量的外商来到中国投资,我国对外贸易蓬勃发展,经常账户和资本账户持续顺差,外汇储备迅速增长。据统计,2005年,我国经常账户和资

本账户出现双顺差,分别为1 608亿美元和630亿美元,外汇储备余额为8 189亿美元,同比增长超过30%。对外贸易和外汇储备的快速增长通常伴随着贸易摩擦。改革开放之后的迅速崛起更使得很多西方国家将我国看成"眼中钉,肉中刺"。2005年,我国遭受了51起反倾销调查,这一情况在之后的数年里并未得到改观,2015年上半年的反倾销调查数目就高达37起。同时,以美国为首的西方国家对人民币多次提出升值要求。

2005年7月,我国进行新一轮汇率改革,央行发布了《关于完善人民币汇率形成机制改革的公告》,主要内容如下:第一,人民币不再钉住单一的美元,而是参考一篮子货币,并以市场供求为基础进行调节,以使人民币汇率调节机制更加富有弹性。参考一篮子货币是指,选择若干主要贸易伙伴国的货币放入货币篮子,并对各种货币赋予一定权重。第二,每个工作日闭市之后,央行公布当日收盘价,以此作为下一个工作日的交易中间价。第三,2005年7月21日晚7时,人民币兑美元汇率由8.27一次性调整至8.11,作为次日的交易中间价。第四,在银行间外汇市场中,人民币兑美元交易价可以在人民银行公布的中间价基础上上下浮动0.3%,其他货币与人民币的交易价在一定幅度内浮动。另外,结合市场的发育情况以及国内外经济形势,央行可以在外汇市场供求的基础上对汇率浮动区间进行适时调整,以保持人民币汇率的合理稳定。但是,人民银行多次强调,人民币汇率参考而非钉住货币篮子,未来会逐渐加大市场在汇率决定过程中的作用。

2005年汇率改革之后,人民币兑美元汇率大幅升值,从8.11变化至2008年的6.82,对多边汇率也大幅升值,均反映了外汇市场的供求变化。在这三年中,我国综合实力日益增强,国内生产总值从187 319亿元上升至319 245亿元,年均增速超过10%。2008年,美国次贷危机造成的影响蔓延至全球,主要经济体都遭受不同程度冲击,面临经济寒冬。美国是中国的主要贸易伙伴国,中美2008年贸易总额3 337.4亿美元,增速创2001年加入WTO以来最低点。受经济危机影响,中国出口严重受挫,进出口总额增速结束了连续6年超过20%的态势,2019年1月甚至同比下降29%。为了应对经济危机,人民银行缩小了汇率浮动区间,将人民币兑美元汇率稳定在6.82左右,这一情况持续至2010年。2010年6月,人民银行宣布继续推进人民币汇率制度改革。之后,人民币兑美元汇率升值,但总体在合理的均衡水平上正常浮动,变化相对平稳,市场上对人民币的升值预期开始走弱。

随着人民币汇率升值,我国进出口依然保持稳定增长。从图3-4看出,

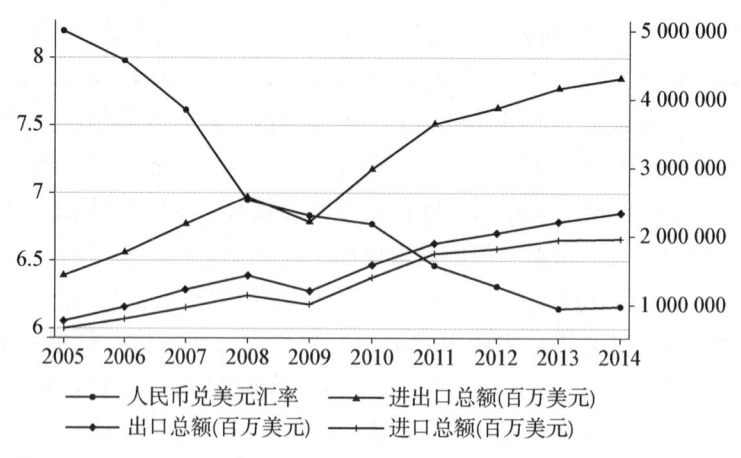

图 3-4 2005—2014 年人民币兑美元汇率和我国进出口贸易变化趋势

2005 年至 2014 年,虽然进出口规模在 2009 年出现下滑,但贸易顺差的基本现实未发生改变,并从 2012 年开始呈现扩大趋势。一方面,经济的迅速发展增强了我国的综合国力、提升了国际竞争力,加之人民币升值,大量来自发达国家的资金流入国内,带动进口;另一方面,我国在全球价值链的地位提升,产品质量提高,在国际市场的竞争力增强,加之金融危机之后诸多国家和地区需求增多,我国货物出口额持续增加,2014 年达到 43 030.4 亿美元。

2005 年的"7·21"汇改在人民币汇率改革历程中发挥着至关重要的作用,人民币汇率逐渐趋于合理水平业已成为市场共识。第一,2008 年之后我国的贸易顺差较此前明显回落,占 GDP 的比重降至合理水平;第二,随着人民币兑双边和多边汇率升值,市场对人民币汇率的预期从升值变为贬值,又从贬值转为升值,跨境资本已经历多次反复流入和流出,表明人民币可能多次穿越了均衡的汇率水平。2012 年,IMF 在《世界经济展望》报告中修改了此前关于人民币"显著低估"的结论,改为"温和低估"。此次汇改总体是成功的,实现了新旧体制平稳过渡,保障了经济平稳运行,推动了汇率的市场化改革。但是,贸易顺差过大、外汇储备增长过快成为宏观经济调控面临的新问题。2014 年,我国外汇储备将近 4 万亿美元,比 2005 年多出 3 万亿美元,这是经济失衡的重要表现形式,人民币汇率的市场化改革依然任重而道远。

五、2015 年以来:人民币汇率改革新阶段

随着我国经济发展步入新常态,经济从高速增长转向高质量发展阶段,经

济体制改革过程中逐渐暴露了之前发展中的潜在问题,如房地产泡沫、企业负债率过高等。为了提高人民币国际化水平,扩大人民币在国际市场的影响力,央行于 2015 年 8 月 11 日宣布调整人民币兑美元的中间价报价机制,要求做市商综合参考上一个工作日的收盘价、市场供求情况以及主要货币的汇率变化来确定当日的中间价。也就是说,中间价要同时参考前一日收盘价和一篮子货币,大大降低了人民银行操控汇率的可能性,提高了中间价的市场化程度,引领人民币汇率改革踏上了新征程。

"8·11"汇改之后,人民币汇率的中间价与上一日收盘价之间的价差收窄,人民币中间价报价机制日益完善。汇改当日,人民币贬值幅度约为 2%,外汇储备规模也相应降低。2015 年 11 月,人民币获准加入特别提款权(SDR),这是人民币国际化的里程碑事件,必将大幅提升人民币国际化程度,增加国际市场对人民币资产的需求。2015 年 12 月,中国外汇交易中心发布了三种人民币汇率指数,即根据一篮子货币加权计算所得的名义有效汇率,不仅推动了人民币与美元脱钩,还实现了向名义有效汇率的平稳转换。从计算结果来看,相较于人民币兑美元汇率,名义有效汇率较为平稳,变化幅度明显小于对美元的双边汇率波动。[①]

我国的"8·11"汇改取得了较大成功,人民币汇率的形成机制得到改善。然而,2015 年以来我国经济发展放缓、下行压力增大,加之美联储实行加息政策,导致国际市场形成了对人民币的贬值预期。在经济发展关键时期,为了尽可能降低汇率波动对国内经济的不确定性影响,人民银行对外汇市场进行干预,外汇储备呈递减趋势,从 2015 年初的 38 134.14 亿美元降至 2018 年末的 30 727 亿美元。央行的外汇管制可能会对人民币的国际化产生不利影响,但并未阻碍人民币国际化的脚步。首先,人民币在国际支付货币中的占比持续攀升。来自环球同业银行金融电讯协会(SWIFT)的数据显示,人民币已经成为全球第四大支付货币。其次,离岸人民币市场发展迅速。中国香港和新加坡离岸人民币市场日渐成熟,人民币境外存款余额已经超过万亿元,各类金融衍生品数量不断丰富,人民币回流渠道不断拓宽,形成了良性循环。最后,人民币的国际储备货币功能日益凸显。中国人民银行发布的《2023 年人民币国际化报告》显示,我国已经与全球 40 个国家或地区签署了货币互换协议,互换规模超过 4 万亿元人民币。

---

① 相关数据见中国外汇交易中心和国际清算银行(BIS)官网。

第三节　企业层面的有效汇率及变化

一、数据说明

（一）数据来源

本书主要用到三套数据库：一是中国工业企业数据库；二是中国海关数据库；三是IFS数据库。工业库提供了企业所属地区、行业以及财务指标等特征数据；海关库则记录了企业通过海关的交易数据；IFS数据库提供了人民币与各国货币的双边汇率。这三个数据库为本书研究提供了必要的数据支撑，接下来将逐一进行说明。

首先是工业企业数据库。工业库收录了规模以上[①]的非国有企业以及所有国有企业，统计指标不仅包括企业名称、地区、行业等基本信息，还包含了3张会计报表(资产负债表、利润表和所有者权益表)。工业库中涵盖的企业占我国工业总产值的95%和出口总额的98%，是目前最为全面、最常用的微观企业研究数据库。然而，虽然这一数据库包含了丰富的信息，由于种种原因，原始数据较为粗糙，部分企业汇报的数据明显有误，[②]需进行数据清理。参考已有文献(蒋灵多和陆毅，2017；宋超和谢一青，2017；田巍和余淼杰，2013；张杰等，2013；王永进和冯笑，2019；聂辉华等，2012)，本书根据如下标准剔除了异常观测值：首先，剔除了关键变量(企业名称、员工人数、总资产、固定资产、流动资产、工业总产值、销售收入、营业利润、开业时间、行业代码)缺失的样本。接着，继续清除了变量值明显不合理的样本：从业人数小于8，企业年龄、总资产、工业增加值、中间投入小于0。另外，参考Feenstra等(2014)的做法，根据通用会计准则(GAAP)，将出现如下情况的样本继续剔除：第一，企业流动资产大于总资产；第二，企业固定资产或固定资产净值大于总资产；第三，企业的成立时间不合理(例如，开业的月份大于12或者小于1)。另外，考虑到

[①] 按照国家统计局规定：1998至2006年，"规模以上"指所有国有和销售额达到500万元的非国有企业；2007年开始，销售收入未达500万元的国有企业不再纳入统计范围；2011年开始，统计标准从年销售额500万元提升至2000万元。

[②] 例如，一些家族企业缺乏正规的会计系统和会计从业人员，报表数据以"元"单位，与规范中的"千元"不符，导致统计偏差。

2007年和2011年工业库收录企业标准发生变化,本书在稳健性检验中采用2000—2006年样本进行回归。

其次是中国海关数据库。海关库的数据来自中国海关总署,记录了所有通关企业在HS8位编码层面的产品进出口信息。该数据库涵盖的信息分为两类:一是企业的基本信息(如企业名称、企业编码等),二是企业的进出口信息(如产品编码、进出口金额等)。海关库样本区间从2000年持续至2016年,2006年及以前为月度数据,记录了通关企业每个月的产品交易信息,包含企业名称、企业代码、商品HS8位编码、贸易方式[1]、目的国或起运国名称、进出口金额、数量等信息,需要将各年度的月度数据加总为年度数据。2007—2016年为年度数据,但未包含产品进出口数量和价格。其中,无论产品实际是否由企业自身生产或使用,数据库均记为企业的出口或进口。需要说明的是,商品的HS6位编码每五年进行调整,因此本书先提取商品的HS6位编码,再将各年份的编码统一转换至HS2002年版本,[2]以便统计企业在各年的进出口商品种类和不同种类的商品贸易额。

最后是IFS数据库。IFS提供了中国与各国的名义有效汇率和消费者价格指数,但该数据库中统计的国家没有完全覆盖我国的贸易伙伴国,且部分国家在个别年份甚至大部分年份指标缺失。例如,乌兹别克斯坦汇率缺失、科索沃基期(1999年)汇率缺失等。欧元区各国加入的时间不完全一致,加入之后采用欧元汇率,但IFS公布的数据缺失。针对数据缺失问题,许家云(2015)和李宏彬等(2011)只选取其中部分国家和货币,其他出口目的国的汇率用美元汇率近似替代。虽然出口至这些国家的出口额占出口总额的比重占80%以上,但用美元汇率替代一国实际汇率,会产生较大误差。鉴于此,本书试图对缺失指标逐一甄别,手动填补,无法填补的再考虑剔除。最终,本书保留了2000—2016年这17年间约153个国家和地区的样本,我国出口至这些国家和地区的金额占出口总额的95%以上。

(二) 数据匹配

本书首先将IFS的相关汇率数据与海关库进行匹配,以便于计算不同加

---

[1] 2006年及以前,贸易方式分类更加细化,包括一般贸易、来料加工、进料加工、租赁贸易、补偿贸易等。2007年之后,贸易方式近笼统分为一般贸易、加工贸易以及其他贸易。

[2] HS6位编码转换表见 https://unstats.un.org/unsd/trade/classifications/correspondence-tables.asp。

权维度的企业层面有效汇率,样本期间为 2000—2016 年。接着,由于本书研究对象为出口企业,在剔除不合理样本并保留海关库中的出口企业之后,将海关库与工业库进行匹配①,这是本书研究的关键步骤。尽管二者均包含了丰富的信息,但数据合并却并非易事,合并效率取决于能否找到识别唯一企业代码。众所周知,工业库与海关库采用的企业编码来自两套不同的系统,工业库中企业编码 9 位,而海关库中企业编码 10 位,无法利用这一指标进行匹配。针对这一问题,已有文献的常用处理方法主要分为三种:一是根据企业名称和年份进行匹配(张杰等,2013),如果某一固定年份企业在两个数据库中具有相同名称,则认为是同一家企业。二是在第一种方法的基础上继续利用企业邮编和电话号码后七位进行匹配(田巍和余淼杰,2013),因为在每一个邮政地区,不同企业的电话号码不可能相同。但是,工业库中企业的电话号码包括分机号,但海关库却没有,所以用电话号码后七位作为企业标签的近似替代。三是在前两种方法的基础上,接着利用企业邮编和法人姓名进行识别(宋超和谢一青,2017)。

本书选择第一种方法,根据企业名称对两数据库进行匹配,主要考虑如下:第一,企业在工商管理部门进行登记时不允许使用重复名称,且企业名称较少出现统计错误或者缺失,因此该合并方法的效率最高(张杰等,2013;Upward 等,2013);②第二,结合本书数据库实际情况,2000 至 2006 年有企业名称、电话号码、企业法人和邮编信息,但 2007 年之后的海关库中缺少电话号码、企业法人和邮编指标,只能利用企业名称进行匹配,唯有企业名称能保证前后匹配规则的一致性。

另外,对于合并数据集,本书还进行了行业调整和价格平减。第一,本书以 2000—2013 年工业企业为研究对象,在此期间我国分别于 2002 年和 2011 年对国民行业分类标准进行调整,因此,本书将 2000—2002 年以及 2012—2013 年代码分别与 2003 年相匹配,以保持不同年份的行业代码保持一致。具体地,对于 2003 年与之前年份,本书采用 Brandt 等(2014)提供的对应表进行匹配,对于 2011 年与之后年份,本书根据国家统计局提供的国民经济行业分类国家标准对照表逐一进行匹配和核对。第二,为了剔除通货膨胀因素的影

---

① 由于海关库数据量庞大,本书先在海关库中逐年测算所需指标,再将非出口样本进行剔除。
② 从宋超和谢一青(2017)的匹配结果看,根据企业名称匹配得到的样本数占总样本的 88% 左右,企业邮编加电话号码匹配成功的样本比例约为 10.5%,而企业邮编加法人姓名匹配样本仅占 1.5% 左右。

响,本书以2000年为基期,对相关变量进行平减处理:用分地区工业生产者出厂价格指数(2011年之前为"工业品出厂价格指数")对工业增加值和工业总产值进行平减;用工业生产者购进价格指数(2011年之前为"原材料、燃料、动力购进价格指数")对中间投入品进行平减;用固定资产价格指数对固定资产相关指标进行平减;各类价格指数来自《中国统计年鉴》。

通过上述处理以及删除不合理样本,本书最终得到的有效样本数为608 594个。受工业库时间限制,本书最终样本区间为2000—2013年。表3-1为匹配结果,最终匹配所得样本在海关库中占比19.72%[1],在工业库中占比16.28%。

表3-1　　　　　　　工业库与海关库匹配的企业情况

年份	匹配数量	总体占比	工业库企业	海关库企业
2000	15 077	2.48%	10.10%	24.74%
2001	17 721	2.91%	11.08%	27.26%
2002	20 341	3.34%	11.99%	27.90%
2003	24 509	4.03%	13.02%	28.11%
2004	36 320	5.97%	13.87%	37.15%
2005	38 733	6.36%	14.72%	34.42%
2006	46 135	7.58%	15.72%	28.99%
2007	53 299	8.76%	16.18%	28.69%
2008	68 676	11.28%	16.80%	34.54%
2009	56 590	9.30%	17.81%	27.23%
2010	50 635	8.32%	15.41%	22.33%
2011	55 427	9.11%	21.47%	22.67%
2012	60 653	9.97%	20.85%	23.57%
2013	64 478	10.59%	20.08%	24.00%
合计	608 594	100%	19.72%	16.28%

数据来源:作者计算整理所得。

一方面,工业库中包含大量间接贸易和非出口企业,而这两类企业不可能出现在海关库中;另一方面,海关库中有较多企业属于贸易代理商,这部分企

---

[1] 匹配企业数量占海关库的比例小于张杰等(2013)的计算结果,主要是本书海关数据区间为2000至2016年,但工业企业数据只到2013年,因此未匹配成功的海关库企业较多,导致匹配企业数量占比变低。

业不会出现在工业库中。加之统计标准限制,导致这两套数据库难以完全匹配。

二、加权的有效汇率

关于有效汇率,国际清算银行(BIS)和国际货币基金组织(IMF)以及经济合作与发展组织(OECD)都以各国的贸易额占比作为权重,又称为"加总的有效汇率"(下文简称为"加总汇率")。① 随着越来越多的研究从总体扩展至行业层面,Goldberg(2004)意识到了将加总汇率运用至行业层面时可能存在的问题,因此从行业角度计算了有效汇率指标,Chinn(2006)也详细讨论了加总汇率可能存在的理论和技术问题。新新贸易理论的提出和发展带动国际经济学研究逐渐关注企业的异质性特征,有必要对加总汇率进一步改进以适应企业异质性研究。

若想将加总汇率计算至企业层面,必须获得企业—产品层面的详细交易数据,微观企业数据获取难度大,世界上只有少数国家能提供如此精细数据,因此关于企业有效汇率的研究进展较慢。李宏彬等(2011)利用中国 2000 至 2006 年的海关数据,计算了进口加权和出口加权的企业层面有效汇率,戴觅和施炳展(2013)另外还计算了贸易加权的有效汇率。IBS 和 IMF 提供的有效汇率均基于贸易加权,这一加权方式下的企业有效汇率与加总汇率具有更高的可比性(戴觅和施炳展,2013)。之后,许家云等(2015)、盛丹和刘竹青(2017)以企业当期的贸易总额占比作为权重,采用算术加权和几何加权双重方法计算了企业的实际有效汇率。

与以上研究不同的是,本书采用算术加权平均和几何加权平均两种方法,并从贸易加权、进口加权和出口加权三个角度分别计算了企业层面的人民币实际有效汇率和名义有效汇率,研究方法和角度更加全面。另外,本书的海关库区间为 2000 至 2016 年,数据时效性更强,能有效观察 2001 年加入 WTO、2005 年"7·21"汇改、2008 年经济危机以及 2015 年"8·11"汇改等重大事件发生节点上汇率的变动。对于算术加权平均方法,本书参考 Baggs 等(2010)的做法,假设中国与 k 国在 t 时期的名义有效汇率为 $ner0_{kt} = E_{k/CNYt}$,实际有

---

① 这一概念由戴觅和施炳展(2013)提出,本书借鉴他们的提法,将国家层面的有效汇率统称为"加总汇率"。

效汇率为 $rer0_{kt}=(E_{k/CNYt})\times(P_{ct}/P_{kt})$,其中 $E_{k/CNYt}$ 表示人民币与 k 国货币在第 t 期的名义汇率(间接标价法①), P_{ct} 表示第 t 期中国的消费者价格指数(1999 年=100), P_{kt} 表示第 t 期 k 国的消费者价格指数(1999 年=100)。再以 1999 年为基期,将中国与 k 国的名义和实际有效汇率进行折算:

$$rer_{kt}=\left(\frac{rer0_{kt}}{rer0_{k1999}}\right)\times 100 \tag{3.1}$$

$$ner_{kt}=\left(\frac{ner0_{kt}}{ner0_{k1999}}\right)\times 100 \tag{3.2}$$

那么,利用算术加权法计算的企业 i 在第 t 期的有效汇率为:

$$ANEER_{it}=\sum_{k=1}^{n}\left(X_{ik}\Big/\sum_{k=1}^{n}X_{ik}\right)\times ner_{kt} \tag{3.3}$$

$$AREER_{it}=\sum_{k=1}^{n}\left(X_{ik}\Big/\sum_{k=1}^{n}X_{ik}\right)\times rer_{kt} \tag{3.4}$$

其中, $ANEER_{it}$ 与 $AREER_{it}$ 分别表示算术加权下企业 i 在第 t 期的名义和实际有效汇率, ner_{kt} 与 rer_{kt} 由式(3.1)和式(3.2)计算所得,分别代表折算之后的加总名义和实际有效汇率。 $\left(X_{ik}\Big/\sum_{k=1}^{n}X_{ik}\right)$ 表示企业 i 在第 t 期与国家 k 的贸易额占当期贸易总额的比重②。

参考戴觅和施炳展(2013)、许家云(2015)的做法,几何加权计算企业有效汇率的方法为:

$$GNEER_{it}=100\times\prod_{k=1}^{n}\left(\frac{E_{k/CNYt}}{E_{k/CNY0}}\right)^{w_{kt}} \tag{3.5}$$

$$GREER_{it}=100\times\prod_{k=1}^{n}\left(\frac{E_{k/CNYt}}{E_{k/CNY0}}\times\frac{P_{ct}}{P_{kt}}\right)^{w_{kt}} \tag{3.6}$$

其中, $GNEER_{it}$ 与 $GREER_{it}$ 分别表示几何加权下企业 i 在第 t 期的名义和实际有效汇率, $E_{k/CNYt}$ 和 $E_{k/CNY0}$ 分别代表第 t 期和基期(1999 年)的人民币

---

① 间接标价法是指,1 人民币可以兑换 $E_{k/CNYt}$ 外币,汇率上升代表人民币升值,反之则认为人民币贬值。
② 采用贸易加权是为了与 IBS、IMF 等国际组织有效汇率的权重计算方法保持一致,以便后文进行对比分析。

兑 k 国货币的汇率(间接标价法)。W_{kt} 为贸易权重，与式(3.3)和式(3.4)中贸易权重的定义相同。①

为了更全面衡量企业层面的人民币有效汇率，除了贸易加权，本书还采用进口加权和出口加权的方法进行计算。在本书的定义下，基期有效汇率为100，若 t 期汇率上升，代表人民币升值，反之则表示贬值。根据公式(3.3)和(3.4)可以得出算术加权法下企业2000—2016年的名义和实际有效汇率，公式(3.5)和(3.6)是几何加权法下的有效汇率，每类指标均包含贸易加权、出口加权和进口加权三个维度的测算。

表3-2列出了企业各年在不同加权口径下的实际有效汇率均值以及国际清算银行公布的有效汇率。② 可以看出，企业有效汇率的均值与加总汇率的变化趋势比较接近：2001年，人民币升值，2002—2004年持续贬值；2005年汇改之后，人民币开始升值，并于2011—2015年期间加大升值幅度。但是，受2015年汇改影响，人民币从2016年起又开始了新一轮贬值。根据图3-5，BIS实际有效汇率与企业层面实际有效汇率均值变化趋势几乎一致，验证了本书测算结果的准确性。

表3-2　　　　　　　　2000—2016年企业实际有效汇率均值

年份	算术平均 贸易加权	算术平均 出口加权	算术平均 进口加权	几何平均 贸易加权	几何平均 出口加权	几何平均 进口加权	BIS实际有效汇率
2000	101.10	101.30	100.40	100.80	101.10	100.30	93.21
2001	105.70	105.50	106.90	104.70	104.40	106.70	97.47
2002	104.10	104.30	104.50	102.70	102.80	104.20	94.97
2003	98.38	99.19	97.49	96.81	97.60	97.19	88.22
2004	95.97	97.10	94.52	94.15	95.27	94.18	85.52

---

① Brodsky(1982)对算术平均加权与几何平均加权进行了详细对比和分析，二者区别为：对于算术加权平均，若 k 国货币相对人民币大幅贬值，其权重增加，反之亦然；对于几何加权平均，一国货币所占权重不因其货币升值或贬值而改变。总体来说，算术加权平均计算结果大于几何平均结果，但相差不大，表3-2测算结果符合这一结论。本书在基准回归中主要采用算术加权平均实际有效汇率指标，几何加权平均指标用于稳健性检验，保证了研究结论的稳健、合理。

② 名义有效汇率与实际有效汇率的变化趋势大体一致，正文部分只列出了实际有效汇率的变化情况，名义有效汇率的详细测算结果见附录表B-1。需要说明的是，由于海关库数据只到2016年，为了便于对比观察，表3-2中BIS实际有效汇率只取了2000—2016年。实际上，总体层面实际有效汇率自2017年开始呈上升趋势。企业层面实际有效汇率变化趋势与总体层面的汇率保持一致，可以推测，近年来微观企业面临的人民币实际有效汇率大概率是呈升值趋势的。

续表

年份	算术平均			几何平均			BIS实际有效汇率
	贸易加权	出口加权	进口加权	贸易加权	出口加权	进口加权	
2005	94.48	95.44	93.63	92.49	93.46	93.19	84.62
2006	95.56	96.12	96.33	93.23	93.83	95.73	85.76
2007	97.32	97.87	99.08	94.44	95.06	98.28	88.81
2008	103.90	104.40	107.20	100.80	101.30	106.50	96.43
2009	107.20	107.70	109.20	104.30	104.70	108.70	100.83
2010	105.30	105.70	107.60	102.30	102.60	107.00	99.99
2011	108.10	108.50	109.90	104.60	105.10	109.20	102.58
2012	121.90	122.60	119.30	115.70	116.40	118.10	108.71
2013	132.60	133.40	129.80	124.00	124.80	128.00	115.72
2014	138.00	138.60	135.10	128.50	129.20	133.10	118.45
2015	151.20	151.80	148.10	140.40	141.00	146.10	129.49
2016	144.70	145.10	137.40	134.70	135.00	135.60	124.64

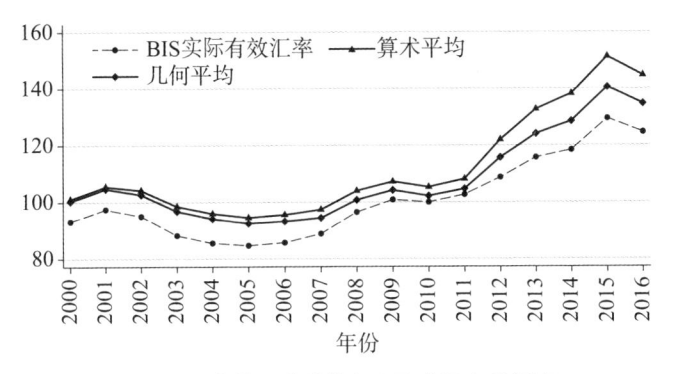

图 3-5 企业实际有效汇率均值与 BIS 实际有效汇率

需要说明的是，本节列示的企业有效汇率基于未匹配的海关库，包括所有进口和出口企业。在后文的有效汇率分解与实证检验中，以 2000—2013 年工业库与海关库匹配的出口企业为研究对象。由于匹配之后出口企业的汇率变化趋势与总样本类似，此处不再单独列出。另外，本书还计算了企业有效汇率的均值与 BIS 提供的实际有效汇率之间的相关系数，结果显示，二者相关程度高达 0.99，且在 1% 的水平下是显著的。

第四节 企业层面有效汇率的分解

前文对企业实际和名义有效汇率的描述基于各年平均值,反映的是整体变化,掩盖了各企业汇率变化的异质性。企业进出口国家、种类、金额都有较大差异,各年的对外贸易情况也不完全一致,必然导致其所面临的实际汇率呈现差异化趋势。

表3-3描述了企业的实际有效汇率在2000—2016年的变化率(即$lnANEER_{i2016} - lnANEER_{i2000}$ 与 $lnGNEER_{i2016} - lnGNEER_{i2000}$)。可以看出,不同企业面临的有效汇率变化不仅与加总汇率存在较大偏离,各企业之间也存在很大差异。以算术加权平均计算的实际有效汇率变化为例,2000—2016年期间,BIS公布的实际有效汇率从93.21上升至124.64,上升幅度约为33.72%,而同期升幅在30%以上的企业占比仅为19.67%。为清楚地展示企业层面与加总有效汇率变化的偏离程度及占比,表3-3汇报了算术加权和几何加权平均方法下贸易加权的企业有效汇率变化情况。[①] 仍以实际有效汇率为例,超过50%的企业有效汇率上升幅度超过10%,大部分企业的变化率在10%—40%,其中变化率在10%—20%的企业占比约19.41%,变化率在20%—30%的企业占比约16.87%,约25%的企业甚至面临实际有效汇率下降。另外,算术平均和几何平均方法下不同变化区间的企业占比差异不大,说明了本书测算结果的稳健性。正如戴觅和施炳展(2013)指出的那样,不同企业面临的汇率变化差异明显存在,对所有企业统一使用加总汇率与实际情况不符,将导致结果的严重偏误。

表3-3　2000—2016年企业有效汇率变化区间及份额(%)

汇率区间	算术平均		几何平均	
	名义汇率	实际汇率	名义汇率	实际汇率
$(-\infty, -0.5)$	1.24	0.98	1.7	1.92
$(-0.5, -.4)$	0.33	0.46	0.45	0.63

[①] 除了贸易加权,本书还计算了进口加权和出口加权口径下企业有效汇率的变化区间及所占份额,与贸易加权的结果相差不大,不再一一列出。

续表

汇率区间	算术平均		几何平均	
	名义汇率	实际汇率	名义汇率	实际汇率
(−0.4, −0.3)	0.63	0.96	0.71	1.24
(−0.3, −0.2)	1.41	2.3	1.58	2.6
(−0.2, −0.1)	4.03	5.09	4.32	5.27
(−0.1, 0)	14.71	16.08	15.29	15.96
(0, 0.1)	17.52	18.17	18.33	17.34
(0.1, 0.2)	20.13	19.41	20.92	18.06
(0.2, 0.3)	17.5	16.87	17.68	15.42
(0.3, 0.4)	8.26	11.01	8.08	9.87
(0.4, 0.5)	4.21	4.95	3.89	4.5
(0.5, +∞)	10.01	3.71	7.05	7.2

注：表中数据采用贸易加权结果，汇率区间表示（$lnANEER_{i2016} - lnANEER_{i2000}$）与（$lnGNEER_{i2016} - lnGNEER_{i2000}$）的变化区间。

前文指出了企业所面临汇率变化的异质性，究其原因，可归结为两个方面：第一是行业间差异。企业出口取决于行业异质性，不同行业企业的进出口目的国、种类，以及贸易成本都有很大差异，导致处于不同行业的企业所面临的汇率呈现差异化特征，但行业内所有企业的有效汇率保持一致。第二是行业内差异。即使处于同一行业，受贸易类型、管理模式以及自身发展需要等诸多因素影响，企业进出口结构差异较大，因此行业内不同企业的有效汇率难以完全一致，区分行业内和行业间差异具有重要的意义。Goldberg（2004）认为，若企业的有效汇率差异由行业异质性造成，行业层面的有效汇率能较好地衡量企业面临的汇率差异。反之，若汇率差异主要来自行业内，由企业异质性造成，采用行业层面的有效汇率难以反映企业面临的汇率变化，应当将有效汇率进一步细化至企业层面。

有鉴于此，本书参考 Helpman 等（2017）、戴觅和施炳展（2013）的做法，对有效汇率的总差异（T_t）进行分解，计算行业内（A_t）和行业间（B_t）差异的贡献度，具体计算方法如下：

$$T_t = A_t + B_t \tag{3.7}$$

$$T_t = \frac{1}{N_t} \sum_l \sum_{i \in l} (REER_{it} - \overline{REER}_t)^2 \tag{3.8}$$

$$A_t = \frac{1}{N_t} \sum_l \sum_{i \in l} (REER_{it} - \overline{REER_{lt}})^2 \qquad (3.9)$$

$$B_t = \frac{1}{N_t} \sum_l N_{lt} (\overline{REER_{lt}} - \overline{REER_t})^2 \qquad (3.10)$$

其中，i 表示企业，l 表示行业，t 表示时间。$REER_{it}$ 表示企业的实际有效汇率（或名义有效汇率，下文同），$\overline{REER_t}$ 表示 t 期所有行业企业的有效汇率均值，$\overline{REER_{lt}}$ 表示 t 期行业 l 内所有企业的有效汇率均值，N_{lt} 表示 t 期行业 l 的企业数量。

此处采用海关库与工业库匹配的数据样本，对每一年贸易加权、进口加权和出口加权的有效汇率都按照式(3.7)—(3.10)进行分解，企业所属行业根据工业库中的 4 位行业代码进行识别。① 一般来说，行业间差异的贡献率随着行业细分而增加（戴觅和施炳展，2013；许家云，2015）。在 4 位行业分类标准下，细分行业数量达 526 个，从 2000 至 2013 年的行业内差异贡献率一直在 90%以上（见表 3-4）。② 具体来看，在汇率分解中，无论是名义汇率还是实际汇率，几何平均法下的行业内差异贡献率都在 95%左右，对名义汇率变化的贡献总体略高于实际汇率，算术平均法下的行业内差异贡献率也都在 90%以上，部分年份超过了 95%。可以看出，我国出口企业面临的汇率差异主要源自企业自身差异，使用加总汇率抑或行业层面汇率难以反映企业有效汇率变化（Goldberg，2004）。因此，若要围绕微观企业面临的汇率变化开展研究，有必要使用企业层面有效汇率，这也为后文研究提供了基础和支撑。

表 3-4　　2000—2013 年行业内与行业间差异的贡献率

年份	实际算术平均 行业内(W_t)	实际算术平均 行业间(B_t)	实际几何平均 行业内(W_t)	实际几何平均 行业间(B_t)	名义算术平均 行业内(W_t)	名义算术平均 行业间(B_t)	名义几何平均 行业内(W_t)	名义几何平均 行业间(B_t)
2000	95.21%	4.79%	96.28%	3.72%	92.65%	7.35%	95.32%	4.68%
2001	96.12%	3.88%	95.23%	4.77%	95.63%	4.37%	95.70%	4.30%

① 海关库中缺少企业所属行业信息，与工业库匹配之后，可获取企业在 4 分位行业代码。
② 贸易加权口径下，戴觅和施炳展(2013)利用 2000—2006 年样本测算的行业内差异的贡献率约为 98%。本书时间跨度更长，企业面临的实际有效汇率与加总汇率的相似度增加，导致行业内贡献率下降了 3 个百分点，但依然超过 90%，说明行业内企业异质性一直是汇率变化总差异的主要原因。

续表

年份	实际算术平均 行业内(W_t)	实际算术平均 行业间(B_t)	实际几何平均 行业内(W_t)	实际几何平均 行业间(B_t)	名义算术平均 行业内(W_t)	名义算术平均 行业间(B_t)	名义几何平均 行业内(W_t)	名义几何平均 行业间(B_t)
2002	94.50%	5.50%	95.69%	4.31%	93.51%	6.49%	96.39%	3.61%
2003	92.60%	7.40%	94.96%	5.04%	91.45%	8.55%	95.74%	4.26%
2004	92.81%	7.19%	94.43%	5.57%	92.49%	7.51%	96.02%	3.98%
2005	93.92%	6.08%	94.54%	5.46%	94.17%	5.83%	96.25%	3.75%
2006	94.87%	5.13%	95.34%	4.66%	94.51%	5.49%	97.05%	2.95%
2007	94.93%	5.07%	95.01%	4.99%	95.35%	4.65%	97.13%	2.87%
2008	94.34%	5.66%	94.82%	5.18%	95.17%	4.83%	97.20%	2.80%
2009	94.85%	5.15%	95.68%	4.32%	93.72%	6.28%	96.31%	3.69%
2010	94.72%	5.28%	95.42%	4.58%	93.84%	6.16%	96.56%	3.44%
2011	93.36%	6.64%	94.34%	5.66%	93.50%	6.50%	95.96%	4.04%
2012	96.03%	3.97%	95.97%	4.03%	93.95%	6.05%	96.12%	3.88%
2013	96.13%	3.87%	95.53%	4.47%	93.26%	6.74%	95.42%	4.58%

注:表格里只列出了贸易加权的行业内和行业间差异贡献度,基于进口和出口加权的结果类似。
数据来源:作者计算整理所得。

本章小结

本章主要介绍汇率制度演变以及企业层面实际有效汇率指标测算。首先是国际汇率制度演变。1944年以来,IMF提出的汇率制度分类方法经历了多次调整和修改。其次是人民币汇率制度演变,主要分为五个阶段:市场经济过渡期(1949年至1978年)、双重汇率制度时期(1979年至1993年)、汇率"并轨"阶段(1994年至2004年)、有管理的浮动汇率制度阶段(2005年至2014年)和人民币汇率改革新阶段(2005年以来)。

接着是企业层面有效汇率测算。本章利用算术加权和几何加权法分别测算了2000—2016年企业层面基于贸易加权、进口加权和出口加权口径下的实际有效汇率和名义有效汇率。然而,由于企业实际有效汇率均值掩盖了企业的异质性特征,本章在细分4分位行业代码下将企业层面有效汇率分解为行业内差异和行业间差异,发现我国工业企业面临的汇率差异主要源自企业自身,有必要使用企业层面有效汇率,为后文经验研究提供了基础和支撑。

第四章　汇率变化与出口企业生产率：总体

前文介绍了人民币汇率制度演变历程、全面测算了企业层面名义和实际有效汇率，并论证了本书使用企业层面有效汇率进行实证研究的必要性和合理性。在此基础上，本章试图构建通过局部均衡模型探讨汇率变化对出口企业生产率的影响，并构建计量模型从总体层面考察人民币汇率变化对出口企业生产率的影响及作用路径，最后探讨汇率变化对企业生产率的非对称作用以及对生产率分布的影响。

第一节　引言

全要素生产率不仅是衡量企业生产和经营效率最重要、最全面的指标之一，还是经济增长的重要推动力和企业长足发展的根本保障。2017年10月，党的十九大报告明确指出，要"推动经济发展质量变革、效率变革、动力变革，提高全要素生产率"，之后党的二十大和二十届三中全会均强调了提升全要素生产率的必要性和紧迫性。可见，如何提升企业乃至经济社会全要素生产率已经成为亟待解决的问题。

2018年以前，伴随着我国经济快速发展，人民币汇率大幅升值，且继续升值的呼声不断高涨。进入2018年之后，中美贸易摩擦升级，贸易谈判形势严峻，全球避险情绪上升导致多个国家货币随着人民币出现竞争性贬值，汇率波动幅度加大。新冠疫情之后，美国进入加息周期，美元开始走强，人民币实际有效汇率和兑美元双边汇率有所下滑。随着中央银行加大逆周期政策调节力度以及我国经济基本面长期向好，加上美国释放降息预期，人民币汇率走势渐强。总体来看，得益于我国经济发展的强劲动力和不断加快的人民币国际化进程,人民币实际有效汇率走势在长期内会继续增强。

汇率变化会对一国经济发展产生深远影响,关于汇率变化可能对企业生产率造成的影响,国外学者较早地对这一问题进行探索,利用来自日本、加拿大等国的数据进行经验研究,认为汇率升值能够显著促进企业全要素生产率提升(Schnabl 和 Baur,2002;Tang,2010;Ekholm 等,2012)。我国针对这一话题的研究较少,许家云等(2015)首次利用工业企业数据库和海关库的匹配数据集研究了企业层面加权汇率对生产率的影响,所得结论支持了汇率升值能促进企业生产率提升这一论断。但是,有学者持有相反观点,认为汇率升值并未显著促进企业生产率(Fung 和 Liu,2009;张涛等,2015)。还有研究认为,影响企业生产率的因素众多,汇率与生产率并不存在必然因果关系(Lafrance 和 Schembri,2000;张斌,2011)。上述研究基于不同样本、不同方法,所得结论也不尽相同,这一问题至今还未形成统一定论。

我国经济已经从高速增长迈入高质量发展阶段,而提高全要素生产率是实现经济高质量发展的根本途径之一。受地缘政治和全球供应链重构影响,国际经济环境出现动荡,人民币双边汇率波动幅度加大但有效汇率整体水平稳中有升。作为微观活动的主体,出口企业的全要素生产率对汇率变化的反应如何?影响机制是什么?迄今为止,鲜有文献对此进行充分、深入的讨论,本书研究能对已有文献形成有益补充。

第二节 理论分析

一、局部均衡模型

本书参照 Fung(2008)的做法,运用局部均衡模型来探讨汇率变化对企业生产率的总体影响。该模型基于 Krugman(1989)的理论框架,纳入了汇率因素,且工资和汇率以外生变量的形式进入模型。

(一)消费者层面

首先将消费者的支出函数设定为超越对数形式,产品的需求弹性和企业加成不再保持不变,企业的生产规模亦随之改变。支出函数具体形式如下:

$$\ln E(p, u) = \ln u + \sum_{i=1}^{\bar{N}} a_i \ln p_i + \frac{1}{2} \sum_i \sum_j \gamma_{ij} \ln p_i \ln p_j \quad (4.1)$$

其中，$\bar{N}$ 代表产品种类，包括国内产品(N_d)和进口产品(N_f)，p 代表产品价格，γ 代表消费者的偏好参数，所有的商品都是可以贸易的。

代表性消费者的需求函数为 $b_i = s_i E / p_i$，其中 E 代表总支出，s_i 表示在商品 i 上的支出比例，由此可得出：$s_i = \frac{p_i b_i}{E} = \frac{\partial \ln E(p, u)}{\partial \ln p_i} = a_i + \sum_j \gamma_{ij} \ln p_j$。

对于消费者来说，存在如下约束：$\sum_i a_i = 1$，$\sum_i \gamma_{ij} = \sum_j \gamma_{ij} = 0$。需求弹性进一步简化为：$\varepsilon_i = 1 - \frac{\partial \ln s_i}{\partial \ln p_i} = 1 - \frac{\gamma_{ii}}{s_i}$。需要说明的是，这里的 $\gamma_{ii} < 0$，以保证消费者的需求是有弹性的。

假设所有的国内品和进口品均对称地进入支出函数中，即：

$$\begin{aligned} p_{id} = p_d; \ b_{id} = b_d, \ i \in D \\ p_{if} = p_f; \ b_{if} = b_f, \ i \in F \end{aligned} \quad (4.2)$$

其中，p_d 和 p_f 分别代表国内产品和进口产品的价格(以本币计价)。在对称性假设下，本国(D)和国外(F)产品对称地进入模型，满足如下条件：

$$a_i = \frac{1}{\bar{N}}, \ \gamma_{ii} = -\frac{\gamma}{\bar{N}}, \ \gamma_{ij} = -\frac{\gamma}{\bar{N}(\bar{N}-1)}, \ j \neq i \quad (4.3)$$

其中，$\gamma > 0$，可求得代表性消费者对两类商品的需求弹性及支出比例：

$$\varepsilon_d = 1 + \frac{\gamma}{\bar{N} s_d} = 1 + \gamma \left[1 - \frac{N_f \gamma}{(\bar{N}-1)} \ln p_d + \frac{N_f \gamma}{(\bar{N}-1)} \ln p_f \right]^{-1} \quad (4.4)$$

$$\varepsilon_f = 1 + \frac{\gamma}{\bar{N} s_f} = 1 + \gamma \left[1 - \frac{N \gamma}{(\bar{N}-1)} \ln p_f + \frac{N \gamma}{(\bar{N}-1)} \ln p_d \right]^{-1} \quad (4.5)$$

$$s_d = \frac{1}{\bar{N}} \left[1 - \frac{N_f \gamma}{(\bar{N}-1)} \ln p_d + \frac{N_f \gamma}{(\bar{N}-1)} \ln p_f \right] \quad (4.6)$$

$$s_f = \frac{1}{\bar{N}} \left[1 - \frac{N \gamma}{(\bar{N}-1)} \ln p_f + \frac{N \gamma}{(\bar{N}-1)} \ln p_d \right] \quad (4.7)$$

在式(4.4)至式(4.7)中，下标 d 代表国内产品，下标 f 代表来自国外市场的进口品,推导结果体现了进口品和国内品之间的竞争。例如,降低进口品价格会使国内产品之间的竞争更加激烈,从而提高产品需求弹性、降低支出份额。

(二) 生产者层面

假设有 N 个厂商,面临垄断竞争的市场结构,同时在国内和国外市场销售产品(销量分别为 x_i 和 x_i^*,均大于0),总销售量 $x=x_i+x_i^*$。用劳动衡量的生产成本为 $l_i=f+\beta(x_i+x_i^*)$,其中 f 是固定成本,β 代表边际成本。厂商出口至国外市场还需支付额外的固定成本 f_x。因此,代表性出口厂商的利润函数可以表示为:

$$\pi_i(x_i, x_i^*) = p_i x_i + q p_i^* x_i^* - w[f+f_x+\beta(x_i+x_i^*)] \quad (4.8)$$

其中,q 代表汇率(直接标价法),汇率上升代表本币贬值。由于出口至国外市场需要支付额外固定成本,厂商需要决定是否出口。若市场竞争激烈,厂商的成本加成较低,利润最大化条件(PMC,即 profit-maximizing conditions)可以近似为:

$$\ln p_i = \ln\left(\frac{\varepsilon_i}{\varepsilon_i-1}\right)+\ln(\beta w) = \ln\left(1+\frac{1}{\varepsilon_i-1}\right)+\ln(\beta w) \simeq \frac{1}{\varepsilon_i-1}+\ln(\beta w) \quad (4.9)$$

$$\ln q p_i^* = \ln\left(\frac{\varepsilon_i^*}{\varepsilon_i^*-1}\right)+\ln(\beta w) = \ln\left(1+\frac{1}{\varepsilon_i^*-1}\right)+\ln(\beta w) \simeq \frac{1}{\varepsilon_i^*-1}+\ln(\beta w) \quad (4.10)$$

其中,$\frac{\varepsilon_i}{\varepsilon_i-1}$ 代表厂商的成本加成,$\frac{1}{\varepsilon_i-1}$ 可以衡量加成幅度。当总收入等于总成本时,零利润条件(ZPC)得以满足。

(三) 均衡

在局部均衡模型中,假设汇率(q)、工资(w)、总支出(E)和进口品种类(N_f)均为外生变量,但国内产品种类(N_d)为内生变量,会发生变化。当达到均衡状态时,厂商在国内和国外市场的销售量分别为:

$$x_i=x_d=b_d=s_d\frac{w_d L_d}{p_d}=\frac{s_d(\varepsilon_d-1)}{\varepsilon_d \beta}=\frac{\gamma L_d}{N \varepsilon_d \beta} \quad (4.11)$$

$$x_i^* = x_d^* = b_d^* = s_d^* \frac{w^* L^*}{p_d^*} = \frac{s_d^* w^* (\varepsilon_d^* - 1) L^* e}{\varepsilon_d^* \beta w} = \frac{\gamma^* w^* L^* e}{\bar{N} \varepsilon_d^* \beta w}$$

(4.12)

其中,L 和 L^* 分别表示国内和国外市场的劳动力总数量,$w_d L_d$ 和 $w^* L^*$ 分别代表国内和国外市场总收入(或总支出)。代表性厂商的 PMC 和 ZPC 条件可以重新整理为:

$$\begin{cases} \ln p_d \simeq \dfrac{1}{\varepsilon_d - 1} + \ln(\beta w) \\ \ln p_d^* \simeq \dfrac{1}{\varepsilon_d^* - 1} + \ln(\beta w) \\ \dfrac{s_d L w}{\varepsilon_d} + \dfrac{q s_d^* L^* w^*}{\varepsilon_d^*} = (f + f_x) w \end{cases}$$

(4.13)

同理,可求得国外市场的均衡情况(见附录 A)。接下来,通过对上述模型进行模拟来观察汇率变化对企业劳动生产率的影响。假设国内和国外消费者的偏好系数一致(即 $\gamma = \gamma^*$),意味着国内和国外市场的竞争程度进而厂商的成本加成一致。根据 Fung(2008),可以得出汇率变化与厂商劳动生产率的关系(见图 4-1)以及汇率与其他变量之间的关系。

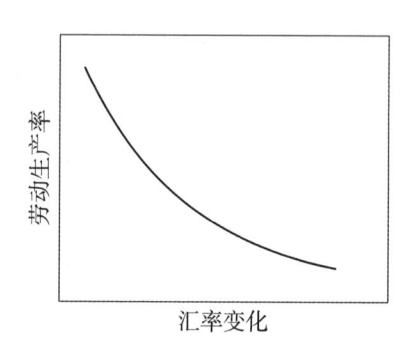

图 4-1 汇率变化与劳动生产率的关系

根据图 4-1,汇率变化与厂商的劳动生产率存在相反关系,汇率作为外生变量,其下降(即本币升值)会导致企业劳动生产率提升。需要指出的是,为了简化模型推导,此处的生产率指劳动生产率,只考虑了劳动这一生产要素。在后续的实证分析中,本书将在此基础上进一步考虑企业的资本、中间品投入等要素,计算企业的全要素生产率,以检验汇率变化与企业全要素生产率之间的关系。综合前文理论推导与分析,本章提出假说1。

假说1:总体来说,汇率升值有利于促进出口企业全要素生产率提升。

二、影响路径分析

(一) 进入退出效应

根据理论模型,本币升值导致国内产品相对进口品的价格升高,产品需求弹性(ε_d 和 ε_d^*)增加,竞争加剧。由于假定工资是固定不变的,本币升值带来的竞争加剧促使出口厂商减少加成比例或退出市场。随着汇率升值,来自国际市场的竞争者在本国市场将有更大的竞争力,而本国企业在国际市场上的竞争力被削弱,竞争压力增加虽然迫使生产率低下的企业退出市场,但同时也倒逼留存企业和新进入企业继续优化内部资源配置,进而改善生产效率以在激烈的竞争环境中存活。

再者,不同企业之间的竞争及由此造成的企业进入和退出,一直被视为异质性企业生产率增长的重要源泉。Melitz(2003)指出,随着贸易开放,企业面临的竞争形势愈发激烈,生产率最低的企业被淘汰。汇率变化致使企业面临的总体及企业层面的差异化汇率水平均发生变化,由此加速企业进入和退出进程,重塑行业内和行业间的生产率分布,进一步加剧企业间竞争,强化优胜劣汰效应。

(二) 规模经济效应

式(4.4)—(4.7)表明,厂商的市场份额会受到两种因素的作用:需求弹性降低市场份额,但部分企业退出会释放市场空间,刺激留存企业扩大规模。在国内市场,本币升值导致部分企业退出市场,促使现存企业降低价格以同进口品展开竞争,增加国内市场销售规模。与此同时,由于本币升值提高了产品在国外市场的价格,出口减少,国外市场销售规模减小,厂商销售规模总体变化取决于二者的综合效应。当 $\gamma = \gamma^*$ 时,净效应为正,即汇率升值促进企业销售规模增加,加速规模经济形成。许家云(2015)认为,面临汇率冲击时,低生产率企业被淘汰,留存企业普遍具有较高的生产率,为了在市场持续保持竞争力,这些企业会进一步扩大生产规模,通过规模经济效应促进生产率提升。基于中国2000至2007年微观企业的实证检验也支持了上述分析(许家云等,

2015)。

另外,理论模型暗含了本币升值带来的优胜劣汰效应促使企业提高生产率以增强在国际市场的竞争优势。在这一过程中,随着本币升值预期加强,可能会形成规模经济效应。规模经济有利于企业降低平均生产成本、提高资本的使用效率。Antweiler 和 Trefler(2002)提供了规模经济的相关证据:科研设备、机械等行业属于重点出口行业,普遍存在规模经济,而纺织品、鞋类等行业未表现出规模经济。出口企业因融入全球价值链体系,参与了国际化的精细分工,有条件形成规模经济,带动生产率提升。随着生产规模扩大,企业会增加先进技术和设备投入,内部专业化分工更加合理,形成内部规模经济,提高生产率。同时,大规模企业形成产业集聚,形成的外部规模经济也能促进企业提高生产率。

(三) 进口效应

无论是在国内市场还是国外市场,本币升值提高了国内产品与进口品的相对价格(p_d/p_f 和 p_d^*/p_f^*)。进口品相对价格下降给企业带来了"额外"收入,增加对高技术产品和设备的投入。中间品和资本品进口对全要素生产率的促进作用在已有研究中已经得到证实(Kasahara 和 Rodrigue,2008;张杰等,2015;Olper 等,2017)。进口中间品和资本品可以通过水平影响和垂直溢出影响企业生产率。首先是水平影响。中间品质量升级是企业技术进步的重要来源,企业不仅可以通过学习获得技术扩散,还能利用中间品中的高技术零部件生产高质量产品,带来价值生产率提升;资本品通常技术含量高,具有生产专用性和规模经济性特点,进口产品质量高于国内资本品,对生产率促进效应显著,这也是 Solow 经济增长模型指出的技术进步(Solow,1962)。同时,进口产品与国内产品形成替代,进口种类增加可以增强进口企业在国内市场的议价能力,节约成本,提升生产效率。其次是垂直影响。一方面,上游企业从生产性投入进口中获得技术扩散,通过向下游企业提供中间品和服务产生技术转移,形成前向溢出;另一方面,上游企业为下游企业提供中间品,获得后向溢出,即下游企业从上游企业采购产品产生的溢出。就前向溢出来说,上游企业从海外进口高技术资本品(或中间品),通过"学习效应"获得技术外溢,为下游企业提供多样化、高质量的中间品投入,利于下游企业提高生产效率。同时,进口产品与国内产品形成替代,上游企业从海外进口加剧了国内市场竞争,为下游企业提供更加优惠的产品,降低了下游企业生产成本,缓解融资约束,为提高生产率创造条件。就后向溢出来说,下游企业从国外市场进口,中间投入品来源地增加,产品种类更加丰富,质量得以提升,对上游企业形成竞争,促使其改进技术,提高生产率,增强核心竞争力。随着更高层次开放型经济体系的构建和贸易开放持续推进,进口对我国企业及社会整体全要素生产率的推动作用将逐渐增强。

(四) 资本深化效应

结合我国实际情况,在人民币升值期间,出口贸易依然呈现迅速增长态势。本币升值时,即使企业出口产品的总需求未发生变化,但以外币计量的收入增加,在国际市场上能购买更多产品,这部分相当于汇率升值给企业带来的"额外"收入,抑或企业获得了从国际市场购买商品的优惠,增加企业从国外进口高技术产品和设备的动力。根据经典的Solow增长核算理论,企业的资本深化有利于提高生产率。在开放经济体系中,存在自由流动要素(例如资本)和非自由流动要素(例如劳动),汇率变化会影响这两类要素的相对价格。

假设一个国家只投入两种生产要素:资本和劳动。由于劳动力不能跨国界自由流动,且工资水平通常呈现刚性特征,汇率升值导致以本币衡量的工资增加。资本要素可以自由流动,汇率升值不会影响资本要素在不同国家的相对价格水平,导致劳动要素相对资本要素的价格上升。劳动密集型产业需要投入大量劳动力,汇率升值导致本国劳动力相对价格上升,产业内企业的生产成本提高,出口企业的竞争优势相较于资本密集型产业企业有所下降。在短期内,企业通过降低利润的方式来应对成本上升的影响,但是长期来看,利润率的调整会影响一国产业结构和资源配置方向。由于劳动密集型产业利润率水平降低,资源将流向资本密集型产业,推动资本密集型产业发展和繁荣。同时,由于劳动力成本提高,劳动密集型企业将减少劳动要素投入,通过购买先进的机械设备来增加资本投入,企业整体的机械化水平带来人均资本和生产率提升。Kleinknecht(1998)提出了"创造性破坏"的概念,认为劳动力工资上升迫使企业增加技术和资本投入以提升全要素生产率,维持行业地位和利润。Acemoglu和Finkelstein(2008)基于行业层面样本数据进行研究,同样认为劳动力成本上升提高了企业的资本劳动力,对生产设备的投入增加促进了生产率的提高。

综上所述,本章提出假说2。

假说2:汇率变化可以通过进入退出、规模经济、资本劳动要素比和进口效应四个途径影响出口企业全要素生产率。

第三节　研究设计

一、计量模型构建

本书考察汇率变化对出口企业全要素生产率的影响,在文献梳理和理论分析的基础上,构建如下计量模型:

$$\ln tfp_{it} = \alpha + \beta larith\_rrate_{it} + \gamma X_{it} + \mu_i + \mu_{ind} + \mu_{year} + \varepsilon_{it} \quad (4.14)$$

其中,下标 i 和 t 分别代表企业和年份。tfp_{it} 表示企业的全要素生产率,[①]$larith\_rrate_{it}$ 表示企业的实际有效汇率,[②]X_{it} 表示控制变量,μ_i、μ_{ind} 和 μ_{year} 分别表示控制了企业、行业和年份固定效应,ε_{it} 表示随机扰动项,α、β、γ 为待估计参数。参考许家云等(2015)、钱学锋和王胜(2017)、顾夏铭等(2018)的做法,本书选择的控制变量有:企业年龄($lage$,取对数)及年龄平方项($lage2$,取对数)、是否为进口商($import$)、四分位行业赫芬达尔指数(hhi)、资产收益率(roa)、资产负债率(lev)和企业规模($scale$,取对数)。

二、变量定义

(一) 全要素生产率(TFP)

对于微观企业生产率的测算,已有文献中常用的方法有生产率函数法、Olley-Pakes 法(下文简称为 OP 法)法和 Levinsohn-Petrin 法(下文简称为 LP 法)。OP 法和 LP 法属于半参数法,能在一定程度提高生产率的测算准确度,得到了诸多学者的青睐,接下来将逐一进行介绍。

[①] 理论模型中,为了简化推导过程,企业的生产率以劳动生产率表示。然而,考虑资本、中间品投入等要素的全要素生产率才能反映企业生产实际。在实证检验中,本书以 LP 全要素生产率作为被解释变量,并用生产函数法生产率、劳动生产率和 acf 生产率进行稳健性检验。

[②] 需要说明的是,本书采用几何和算术加权平均分别测算了企业基于贸易加权、进口加权和出口加权的实际有效汇率和名义有效汇率。在基准回归中和分组回归中,主要解释变量选择了基于算术平均和贸易加权的实际有效汇率($larith\_rrate$),稳健性检验中对指标进行更换,以保证回归结果可靠、合理。

1. 生产函数法

生产函数法是测算全要素生产率的经典方法，较多文献使用 Cobb-Douglas 生产函数估算企业的技术进步（李磊等，2018；王永进和冯笑，2019）。

$$Y_{it} = A_{it} L_{it}^{\alpha} K_{it}^{\beta} \tag{4.15}$$

其中，Y_{it} 表示 i 企业在 t 年的产出，L_{it} 表示企业的劳动投入，K_{it} 表示企业的资本存量，A_{it} 代表企业的全要素生产率。对式(4.15)两边取对数可得：

$$\ln Y_{it} = \alpha_0 + \alpha \ln L_{it} + \beta \ln K_{it} + \varepsilon_{it} \tag{4.16}$$

其中，误差项 ε_{it} 包含了随机扰动和生产率冲击。

$$\ln TFP_{it} = \ln Y_{it} - \ln \overline{Y_{it}} \tag{4.17}$$

式(4.17)中，Y_{it} 表示产出的真实值，$\overline{Y_{it}}$ 表示产出的拟合值，二者之间的索洛残差就代表企业的全要素生产率。

生产函数法测算生产率具有简单、高效的优点，但会导致同时性偏误（simultaneity bias）和样本选择偏误（selectivity bias）。一方面，在生产决策过程中，企业依照利润最大化原则即时调整要素投入，误差项中包含生产率，将导致回归方程中的误差项与解释变量相关，产生同时性偏误。另一方面，根据异质性企业理论，市场竞争导致优胜劣汰，生产率最低的企业被淘汰，市场上留存的企业往往具有较高的生产率，企业的动态调整将导致样本选择偏误（Melitz, 2003）。在面板数据中，针对上述问题，一个有效的解决办法是在回归方程中加入企业固定效应。

2. OP 方法

OP 法由 Olley 和 Pakes 在 1992 年提出，是对一致半参数估计方法的发展。假定企业根据当前的生产率状况做出相应的投资决策，因此企业在当期的投资可以作为生产率冲击的代理变量，从而较好地解决了同时性偏误问题。在该方法中，最重要的环节是在企业投资与资本存量之间建立关系：$I_{it} = K_{it+1} - (1-\delta)K_{it}$。其中，$I$ 代表 i 企业在 t 时期的投资，K 代表企业资本存量。

另外，针对中国企业和经济发展现状，需要在估计方程中考虑中国 2001 年加入 WTO 和 2005 年人民币进行汇率改革这两个可能对生产率产生影响的时间，并在企业的投资函数中考虑出口决策。

3. LP方法

若假设条件被满足,OP法测算的生产率是企业TFP的一致估计值。然而,假设企业的投资与产出始终存在某一单调关系,投资额为0的企业将不能被估计,加之有企业在某些年份的投资额小于0,导致估计过程自动被剔除。针对OP法中存在的问题,Levinsohn和Petrin(2003)提出了新的方法,用企业的中间投入而非当期投资作为生产率冲击的代理变量,能较好地缓解生产函数法中的同时性偏误。中间投入的数据相对容易获得,而且企业面临外部冲击时更容易对中间投入进行调整。

由此可见,企业面临生产率冲击时的调整变量差异是OP和LP法的最根本差异。除了代理变量的灵活度提高,Levinsohn和Petrin(2003)还提供了多种方法来检验代理变量的合理性,大大增加了应用范围。

鉴于此,本书在半参数估计法中选取了LP法。估算过程中,本书用工业增加值代表总产出,用固定资产净值作为资本投入的代理变量,并分别用工业品出厂价格指数和固定资产价格指数进行平减。劳动要素投入用企业年均就业人数衡量。值得说明的是,2008年及之后缺少中间品投入和工业增加值,参照已有文献,本书采用近似替代法:工业增加值=折旧+劳动者报酬+生产税净额+营业盈余,其中营业盈余可用营业利润代替,生产税净额=应交税费-生产补贴(或税费返还)。得出工业增加值之后,可以进一步计算中间品投入:中间品投入=工业总产值-工业增加值+增值税。需要指出的是,2008年和2009年缺乏累计折旧和固定资产净额,无法计算企业的固定资产净值,因此LP法测算的生产率剔除了2008年和2009年样本。

另外,考虑到2008年之后中间投入和工业增加值缺失情况,有学者用人均劳动产出作为全要素生产率的近似代理变量(张梦婷等,2018)。本书也采用该方法计算了企业的人均产出,用以稳健性检验。

(二) 企业层面实际有效汇率

这一指标的具体测度过程详见第三章。

(三) 控制变量

企业年龄($lage$)用当前年份与成立年份之差表示。根据生命周期理论,企业处于动态的发展与成长过程中,会经历发展、成长、成熟、衰退等阶段。在成立初期,企业正处于发展初级阶段,生产率水平较低,随着年龄增加,企业前期积累的经验及干中学效应促进了生产率提高。随着年龄的继续增加,企业可能会出现管理不善、人员冗余等情况,加之设备老化问题出现,生产率可能会下滑。参考许家云(2015)的做法,本书在回归方程中加入了企业年龄的平方项($lage2$)。

借鉴 Amiti 等(2014)、钱学锋和王胜(2017)的研究,大量的出口企业存在进口行为,由于进口的生产率提升效应被认为是新型贸易利得,本书控制了企业"是否是进口商"($import$)这一变量。

行业集中度(hhi)一般用赫芬达尔指数衡量,多采用行业内企业的销售收入或资本占比的平方和计算。本书用四分位行业层面各企业销售收入占比计算,具体公式为:$hhi_{jt} = \sum_{i \in j}(sale_{it}/sale_{jt})^2$。其中,$sale_{it}$ 表示 i 企业在 t 时期的销售收入,$sale_{jt}$ 表示行业 j 在 t 时期的总销售额。赫芬达尔指数越大,说明产业集中度和垄断程度越高。

企业规模($scale$)也是影响生产率的重要因素。一般而言,企业规模越大,越可能拥有更高的利润水平和更多的资源,有条件学习先进技术,也有能力进行技术创新。企业规模多用就业人数、销售规模或工业总产值表示,本书选择工业总产值(取对数)作为企业规模的代理变量。

另外,资产收益率(roa)可以衡量企业单位资产所创造的利润,用利润与总资产之比表示。资产负债率(lev)用以衡量企业的负债水平,用负债总额与资产总额之比表示。

各变量的定义、测算等详细说明见附录表 B-2。主要变量的描述性统计结果见表 4-1。可以看出,不管是基于算术加权还是几何加权方法,实际有效汇率的标准差和离散程度均明显低于名义有效汇率。控制变量中,企业年龄(取对数)的均值约为 2.107,年龄二次项的这一指标为 4.891。超过一半的出口企业发生了进口行为,这一比例约为 52.9%,四分位行业层面的赫芬达尔指数均值约为 0.045,说明我国出口企业的行业集中度不高,垄断势力有限。

表 4-1　　　　　　　　主要变量的描述性统计

变量名称	样本量	均值	标准差	最小值	中位数	最大值
$arith\_nrate$	608 594	136.8	321.5	0.008 5	110.7	20 000
$arith\_rrate$	608 594	107.2	58.01	0.003	104.3	3 600
geo_nrate	608 594	122.4	254.8	0.009	108.7	20 000

续表

变量名称	样本量	均值	标准差	最小值	中位数	最大值
geo_rrate	608 594	103.5	50.01	0.003	102.5	3 600
lage	608 594	2.107	0.672	0	2.197	7.604
lage2	608 594	4.891	2.853	0	4.828	57.83
import	608 594	0.529	0.499	0	1	1
hhi	608 594	0.045	0.073	0.001	0.023	1
roa	608 594	0.083	0.235	−5.873	0.037	55.040
lev	608 594	0.557	0.288	−5.192	0.566	20.140
scale	608 594	10.990	1.372	4.615	10.850	19.270

资料来源：作者计算整理所得。

三、数据说明

本章主要涉及三套数据库：工业企业数据库、海关库和 IFS 数据库。这三套数据库的详细介绍及匹配过程见第三章。另外需要说明的是，在稳健性检验中，本章还根据企业名称将海关数据与国泰安经济金融研究数据库相匹配，后者涵盖沪深两市 2003 至 2016 年上市公司，提供了企业所属地区、行业及财务信息等特征，数据完整性、规范性更好。

四、特征事实

（一）全要素生产率

观察国内已有文献可知，采用不同样本、不同方法测算的工业企业生产率存在较大差异（范剑勇和冯猛，2013；任曙明和吕镯，2014）。本书在回归中主要使用 LP 生产率，并稳健性检验里采用其他生产率。表 4-2 列出了二分位细分行业层面的生产率情况，[1]tfp_LP、tfp_cd 和 $tfp1$ 分别指 LP 生产率、生产函数生产率和劳动生产率。可以看出，石油和天然气采选业、烟草制品业等的生产率较高，该类行业的集中度高、垄断势力强，高利润率为企业技术研发提供了充分保障。纺织、服装、家具等劳动密集型行业的全要素生产率普遍较低。

---

[1] 行业分类参照《国民经济行业分类》(GB/T 4754—2002)。

表 4-2　　　　　　　　　　细分行业全要素生产率均值

行业名称	$tfp1$	tfp_cd	tfp_LP
煤炭开采和洗选业	6.179	5.510	8.464
石油和天然气开采业	6.231	5.453	8.728
黑色金属矿采选业	6.330	5.490	6.964
有色金属矿采选业	5.978	5.273	6.397
非金属矿采选业	5.561	4.852	5.977
其他采矿业	5.415	4.216	5.384
农副食品加工业	5.973	5.355	5.937
食品制造业	5.760	5.069	5.907
饮料制造业	6.199	5.266	6.301
烟草制品业	7.258	6.133	8.678
纺织业	5.521	5.041	5.841
纺织服装、服饰业	4.926	4.815	5.771
皮革、毛皮和制鞋业	5.067	5.011	5.918
木材加工和木制品业	5.596	5.117	5.745
家具制造业	5.375	5.037	5.789
造纸及纸制品业	5.808	5.122	5.932
印刷和记录媒介复制业	5.469	4.768	5.798
文教体育用品制造业	5.072	4.856	5.714
石油加工、炼焦及核燃料加工业	6.953	5.870	6.787
化学原料和化学制品制造业	6.287	5.453	6.206
医药制造业	5.980	5.172	6.314
化学纤维制造业	6.342	5.434	6.246
橡胶制品业	5.546	5.036	5.959
塑料制品业	5.579	5.025	5.761
非金属矿物制品业	5.522	4.980	5.918
黑色金属冶炼和压延加工业	6.656	5.794	6.580
有色金属冶炼和压延加工业	6.452	5.607	6.379
金属制品业	5.626	5.106	5.833
通用设备制造业	5.735	5.143	5.975
专用设备制造业	5.763	5.172	6.062
交通运输设备制造业	5.911	5.268	6.259
电气机械及器材制造业	5.644	5.214	6.029
通信设备、计算机及其他电子设备制造业	5.664	5.245	6.228
仪器仪表制造业	5.355	4.994	5.931

续表

行业名称	$tfp1$	tfp_cd	tfp_LP
其他制造业	5.247	5.024	5.795
废弃资源综合利用业	6.531	5.668	6.150
电力、热力生产和供应业	6.815	5.507	7.479
燃气生产和供应业	7.626	6.050	7.147
水的生产和供应业	8.043	6.235	7.730

资料来源：作者计算整理所得。

表4-3列出了分年度全要素生产率均值变化，可以发现，从2000年至2013年，出口企业的全要素生产率呈上升趋势，这与许家云等(2015)的发现一致。

表4-3　　　　　　　　　分年度全要素生产率

年份	$tfp1$ 均值	$tfp1$ 标准差	tfp_cd 均值	tfp_cd 标准差	tfp_LP 均值	tfp_LP 标准差
2000	5.019	1.011	4.513	0.839	5.559	1.045
2001	5.052	1.006	4.548	0.833	5.595	1.038
2002	5.097	1.001	4.603	0.832	5.651	1.050
2003	5.189	1.001	4.700	0.835	5.733	1.034
2004	5.255	0.983	4.783	0.814	5.694	1.068
2005	5.378	0.984	4.894	0.818	5.864	1.033
2006	5.498	0.979	4.991	0.820	5.970	1.022
2007	5.609	0.977	5.091	0.828	6.050	1.035
2008	5.685	0.963	5.149	0.831	*	*
2009	5.756	0.963	5.174	0.839	*	*
2010	5.622	0.960	5.122	0.813	6.060	1.022
2011	5.941	1.038	5.500	0.811	6.151	1.014
2012	5.975	1.070	5.509	0.837	6.163	1.009
2013	5.710	1.101	5.402	0.860	6.169	1.027

注：*代表数据缺失。
数据来源：作者计算整理所得。

表4-4列出了分所有制、地区和要素密集度的全要素生产率均值变化。从所有制类型看，民营企业的平均生产率高于国有和外资企业。在当前现实背景下，民营企业面临的竞争环境激烈，创新活力强，生产率水平总体较高。

从地区属性看,东部地区的生产率反而低于中部和西部地区,可能是因为东部地区的出口企业中有大量的加工贸易企业,拉低了区域内总体生产率水平。从要素密集度看,技术密集型企业的生产率最高,其次是资本密集型,劳动密集型企业的生产率最低,这与直观理解和现实观察一致。

表4-4　不同所有制、地区和要素密集度的全要素生产率均值

企业分类	$tfp1$	tfp_cd	tfp_LP
国有企业	5.249	4.740	5.984
民营企业	5.691	5.228	5.859
外资企业	5.525	5.049	5.962
东部地区	5.588	5.945	5.945
中部地区	5.697	6.143	6.143
西部地区	5.737	6.258	6.258
劳动密集型	5.184	4.961	5.827
资本密集型	5.689	5.113	5.937
技术密集型	5.730	5.193	6.076

资料来源:作者计算整理所得。

(二) 汇率与生产率的关系

接下来,本书绘制了出口企业生产率与实际有效汇率之间的散点图,以直观展示核心解释变量与被解释变量之间的关系。根据图4-2,无论是LP生产率还是生产函数生产率和劳动生产率,汇率变化与企业生产率之间均呈现正相关关系,几何平均实际有效汇率表现类似特征。初步表明,实际有效汇率升值有利于促进出口企业提升生产率。后续研究中,本书将根据理论分析,构建计量模型实证检验有效汇率与企业生产率之间的因果关系及内在机理。

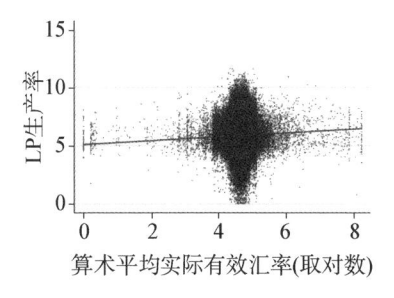

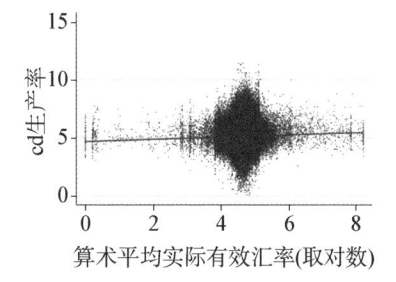

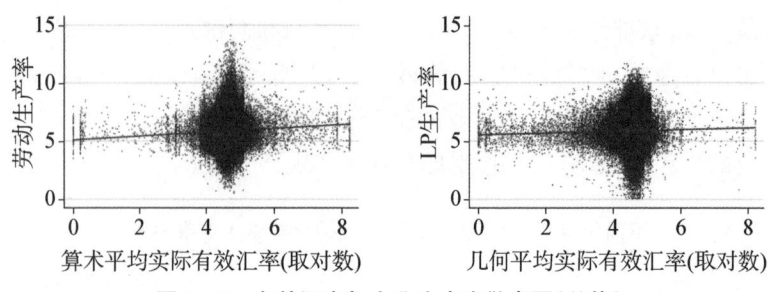

图 4-2 有效汇率与企业生产率散点图(总体)

图 4-3 分地区列示了有效汇率与企业生产率之间的散点图(横坐标为贸易加权的算术平均实际有效汇率的对数,纵轴为 LP 生产率对数,下图同)。可以看出,东、中、西三大地区表现出明显差异,其中东部地区企业生产率受汇率变化的影响大,而中部地区回归线几乎水平,汇率变化对该地区企业生产率的影响较为微弱。进一步按照是否属于三大经济带分类,汇率升值对生产率的促进效应对经济带企业来说更为明显。

图 4-3 有效汇率与不同地区企业生产率散点图

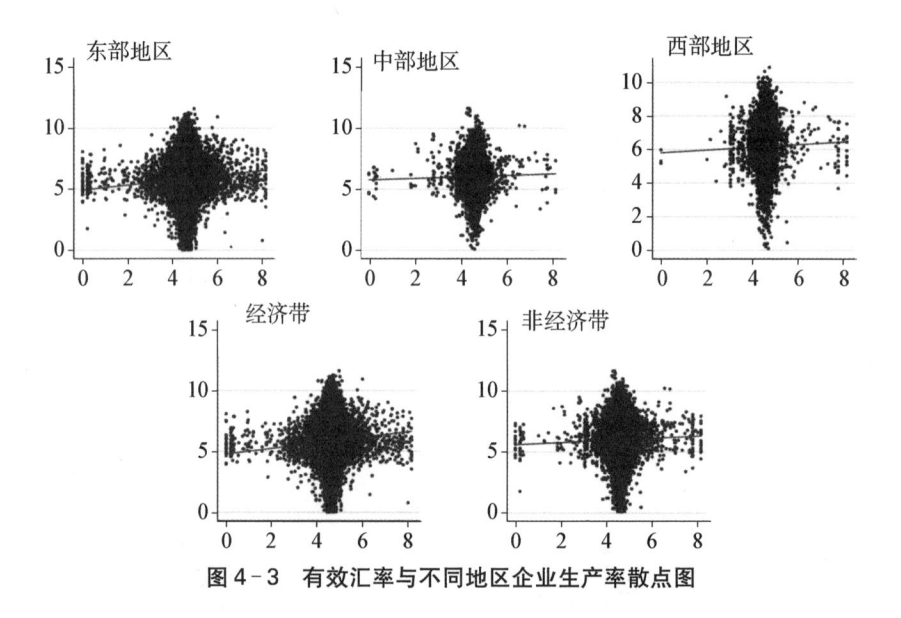

图 4-4 列示了不同要素密集度企业的散点图,劳动、资本和技术密集行业中有效汇率与企业生产率均显著正相关。值得注意的是,三类企业生产率受汇率影响的程度不同,其中劳动密集型企业受汇率升值带来的正向促进作用更大。

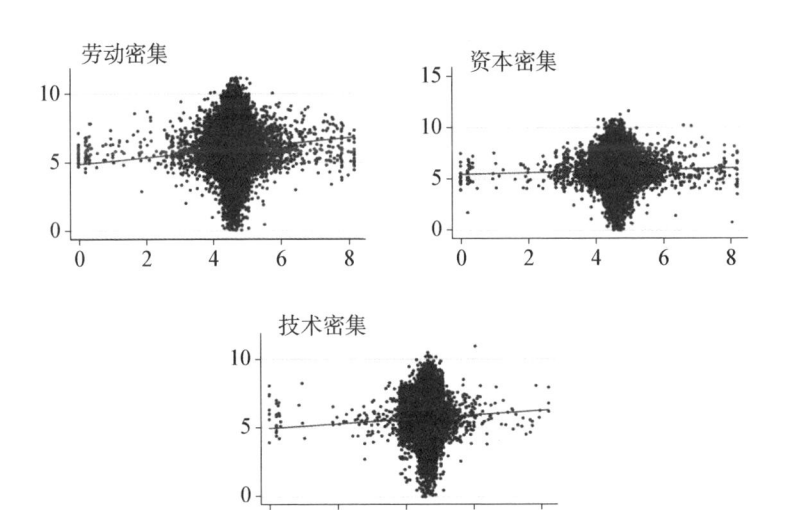

图4-4　有效汇率与不同行业企业生产率散点图

类似地,对于不同所有制企业来说,有效汇率对生产率的影响可能存在差异(图4-5)。对于国企,汇率变化与生产率之间负相关,民营和外资都表现出明显的正相关关系,这可能与企业的资源优势、竞争环境等密切相关。例如,国有企业所有权优势明显,享受更多的政策倾斜和优惠,竞争压力小,面临外部实际有效汇率变化,改善要素配置、管理效率等的积极性低,而民营和外资企业竞争形势严峻,迫切需要吸收汇率变化带来的影响并进一步转化为技术进步。

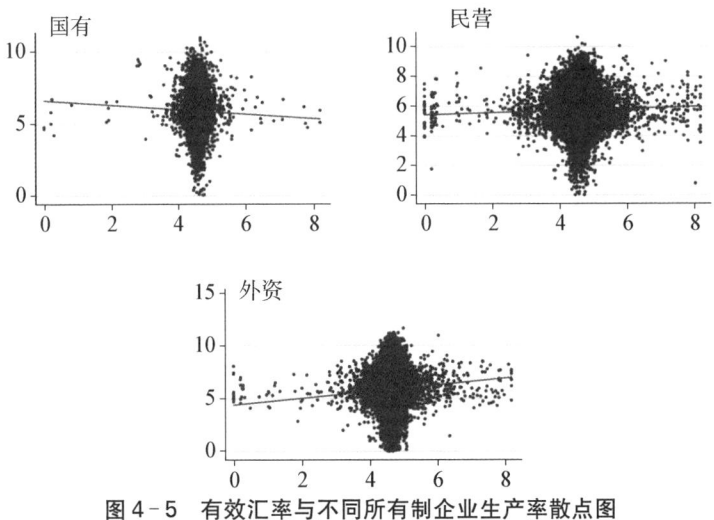

图4-5　有效汇率与不同所有制企业生产率散点图

第四节 汇率变化对出口企业生产率的影响

一、总体影响

表4-5汇报了汇率变化对出口企业生产率影响的基准回归结果。列(1)是主回归结果,未加入固定效应和控制变量的情况下,实际有效汇率的系数为正,通过了1%的显著性水平检验。随着加入行业、企业和年份固定效应,即列(2),被解释变量的系数减小,但显著性未发生改变,始终在1%的水平上显著为正。除了面板固定效应模型,考虑到全要素生产率的非负性质,采用泊松回归模型即列(4)—(5)[①],回归系数的显著性和方向未发生明显变化。列(1)—(5)的回归结果表明,人民币实际有效汇率上升可以促进出口企业改进全要素生产率,实现高质量发展,假说1得到验证。可能的原因是:首先,根据理论模型和分析,汇率升值之后企业面临的临界生产率提高,低生产率企业遇到汇率冲击之后退出市场,留存企业和新进入企业均具有更高生产率,激烈的竞争格局促使其优化资源配置,进一步提高生产率。其次,汇率升值之后,部分企业退出市场,释放市场空间,给留存企业扩大市场规模提供机会。同时,汇率升值引致更加严峻的竞争环境,企业不得不努力扩大规模、提高生产率以维持竞争优势。再次,随着汇率上升,资本和劳动要素的流动性差异导致二者的相对价格发生变化,企业通过资本和劳动要素的再配置实现技术进步和生产率提高(Gao,2006)。最后,本币升值使得进口产品相对价格降低,企业中间品和资本品进口增加,中间品中包含高技术含量的零部件,资本品本身技术含量较高,企业可通过学习和模仿获取技术扩散和转移,带来全要素生产率增长。

表4-5　　　　　　　　基准回归结果

变量名称	(1) tfp_LP	(2) tfp_LP	(3) tfp_LP	(4) tfp_LP	(5) tfp_LP
$larith\_rrate$	0.2094*** (0.0068)	0.0357*** (0.0099)	0.0452*** (0.0061)	0.0059*** (0.0016)	0.0060*** (0.0010)

[①] 从被解释变量分布特征来看,企业全要素生产率非负,可用泊松回归(Poisson Regression)。

续表

变量名称	(1) tfp_LP	(2) tfp_LP	(3) tfp_LP	(4) tfp_LP	(5) tfp_LP
lage			0.0860***		0.0190***
			(0.0072)		(0.0013)
lage2			−0.0250***		−0.0055***
			(0.0019)		(0.0003)
import			0.0213***		0.0010
			(0.0051)		(0.0007)
hhi			0.0674***		0.0007
			(0.0207)		(0.0037)
roa			0.6763***		0.0568***
			(0.1013)		(0.0117)
lev			−0.1654***		−0.0382***
			(0.0169)		(0.0023)
scale			0.6126***		0.0996***
			(0.0037)		(0.0005)
_cons	4.9949***	7.9829***	−0.8707***	2.0530***	0.6191***
	(0.0318)	(0.1935)	(0.0995)	(0.0226)	(0.0128)
年份固定效应	N	Y	Y	Y	Y
行业固定效应	N	Y	Y	Y	Y
企业固定效应	N	Y	Y	Y	Y
样本量	456942	456942	456942	456942	456942

注：括号内表示标准误；*、**、***分别表示10%、5%、1%的显著性水平。

控制变量的回归系数：企业规模、企业年龄、进口虚拟变量与全要素生产率的关系显著为正，说明对企业生产率具有显著的提升作用。与企业经营相关指标的符号和显著性说明，资产回报率高、资产负债率低的企业通常有更充裕的资金进行研发活动，促进生产率提高。年龄的二次项系数为负，与前文分析一致，说明企业随着年龄增加，可能出现管理不善、人员冗余、设备老化等情况，对生产率产生负向影响。行业集中度的影响系数显著为正，说明提高行业集中度对企业生产率具有促进作用。

二、异质性影响

(一) 区分行业属性

根据赫克歇尔-俄林模型(H-O模型),国家间的要素禀赋差异是国际贸易的基础,一个国家应当主要生产并出口本国充裕要素生产的商品,进口稀缺要素生产的商品。我国劳动力资源丰富,劳动密集型行业在国际贸易初期得到了大力发展,人民币汇率低估进一步为劳动密集型企业带来了成本优势,奠定了我国融入全球分工体系的重要基础。要素密集度不同,汇率升值造成的资源配置效应也不同,进而生产率提升效应也会有所不同。因此,本书根据行业属性将企业划分为劳动密集型、资本密集型和技术密集型企业,以考察变化的影响是否表现出明显的行业差异。

从回归结果看(表4-6),有效汇率上升对劳动密集型企业生产率的促进效应大于资本和技术密集型企业,都通过了1%的显著性水平检验。具体来

表4-6 分行业回归结果

变量名称	劳动密集 (1) tfp_LP	资本密集 (2) tfp_LP	技术密集 (3) tfp_LP	高科技 (4) tfp_LP	非高科技 (5) tfp_LP
$larith\_rrate$	0.0676***	0.0505***	0.0381***	0.0388***	0.0501***
	(0.0137)	(0.0093)	(0.0086)	(0.0112)	(0.0068)
$lage$	−0.0089	0.1115***	0.1160***	0.1228***	0.0714***
	(0.0141)	(0.0120)	(0.0117)	(0.0143)	(0.0082)
$lage2$	−0.0034	−0.0304***	−0.0269***	−0.0298***	−0.0227***
	(0.0038)	(0.0028)	(0.0028)	(0.0034)	(0.0022)
$import$	−0.0053	0.0347***	0.0434***	0.0325***	0.0168***
	(0.0073)	(0.0047)	(0.0062)	(0.0066)	(0.0059)
hhi	−0.1931***	−0.0033	0.2423***	0.1908***	0.0311
	(0.0526)	(0.0320)	(0.0332)	(0.0405)	(0.0240)
roa	0.3379***	1.1326***	0.8726***	1.0546***	0.5996***
	(0.1075)	(0.0431)	(0.1349)	(0.1148)	(0.1078)
lev	−0.0828***	−0.1297***	−0.2342***	−0.2230***	−0.1414***
	(0.0206)	(0.0112)	(0.0243)	(0.0267)	(0.0187)
$scale$	0.6219***	0.5962***	0.6064***	0.6019***	0.6168***

续表

变量名称	劳动密集 (1) tfp_LP	资本密集 (2) tfp_LP	技术密集 (3) tfp_LP	高科技 (4) tfp_LP	非高科技 (5) tfp_LP
	(0.005 9)	(0.002 4)	(0.004 1)	(0.003 5)	(0.004 4)
_cons	−1.203 1***	−0.917 4	−1.008 0***	−0.958 2***	−0.934 7***
	(0.066 6)	(554.930 2)	(0.046 4)	(0.060 2)	(0.104 1)
时间固定效应	Y	Y	Y	Y	Y
行业固定效应	Y	Y	Y	Y	Y
企业固定效应	Y	Y	Y	Y	Y
样本量	105 298	154 019	178 712	121 612	335 330

注：括号内表示标准误；*、**、*** 分别表示10%、5%、1%的显著性水平。

说，对于劳动密集型企业，汇率每升值1%，生产率可以上升0.068%左右，而这一指标在资本和技术密集型企业仅分别为0.051%和0.038%。根据前文分析，随着汇率上升，本国劳动力相对价格升高，企业会减少劳动力使用量，转向资本投入。随着劳动力成本上升，劳动密集型企业使用的劳动力多，劳动力成本上升带来的影响大，企业会更加积极地减少劳动、增加资本，最终改善资源配置效率、提升全要素生产率。同时，劳动密集型行业在全球价值链中的位置相对较低，所得的利润加成率有限，整体生产率水平较低，受到汇率冲击之后大量低效率企业被迫退出市场，现存和新进入高效率企业展开激烈竞争，吸收汇率升值带来的正向影响。盛丹和刘竹青（2017）也发现，相对于资本和技术密集型企业，人民币汇率升值对改善劳动密集型企业资源配置效率的作用更加明显。基于高科技分组的回归结果表明，非高科技组企业受到的影响（0.050 1）大于高科技组企业（0.038 8），具体原因与上述分析类似，不再赘述。

（二）区分地区属性

我国幅员辽阔，各地区经济发展水平、开放程度和资源禀赋都存在很大差异。东部地区各省份具有地理、资源等优势，不仅开放时间早，开放程度也普遍较高，大量从事进出口贸易的企业在广东、浙江、上海等地集聚，成为我国对外贸易的主力军。以广东省为例，2018年进出口贸易总额超过10 000亿美元，在全国占比约23.5%。由于东部地区和中、西部地区企业之间存在明显差异，汇率冲击对不同地区企业的影响也必然不尽相同。本书根据企业所在地区进行分类,采用三种分类标准:一是根据国家统计局分类标准,分为东部、中部和西部地区;①二是按照是否位于三大经济带进行划分②;三是根据"一带一路"规划,划分为是否属于"一带一路"沿线省份。③

表4-7是根据地区分类的回归结果,列(1)—列(3)分别为东部、中部和西部的结果,其中东部地区的影响系数在1%的统计水平上显著为正,中部和西部的影响不显著。这表明,人民币汇率上升能显著促进东部地区企业的生产率,但中部和西部地区企业未受到显著影响。可能是因为,虽然东部地区开放程度高、贸易依存度大,但出口企业多从事低端加工,加工贸易占比一直处于较高水平,④企业的利润率低,受汇率冲击影响大。这与张靖佳和陈璐瑶(2016)的发现一致:汇率冲击对东部地区出口行业减少资源错配的效果最为显著。三大经济带地区多属东部地区较为发达的省份,企业生产率受到的促进作用更大。"一带一路"沿线省份既有东部省份,也有中、西部省份,两组样本的回归系数均正显著,但"一带一路"组系数更大,可能是因为其中包括较多受冲击明显的东部省份。⑤

(三) 区分所有制属性

在我国,不同所有制企业的技术水平、管理能力和享受的政策优惠都存在很大差异,从而影响企业资源获取和配置能力。鉴于此,本书根据企业的所有制类型,划分为国有、民营、外资和其他类型企业,⑥回归结果见表4-8。结果显示,人民币实际有效汇率在国有企业、民营企业和外资企业组的影响系数分别为0.0255、0.0370和0.0351,但国有企业组的系数不显著,而民营和外资企业的系数均在1%的统计水平上显著为正。

---

① 东部地区包括北京、天津、河北、辽宁、上海、江苏、浙江、福建、山东、广东和海南11个省级行政区;中部地区包括山西、吉林、黑龙江、安徽、江西、河南、湖北和湖南8个省级行政区;西部地区包括四川、重庆、贵州、云南、西藏、陕西、甘肃、青海、宁夏、新疆、广西和内蒙古12个省级行政区。
② 三大经济带主要指长三角、珠三角和京津冀经济带,其中长三角经济带包括上海、江苏、浙江和安徽,珠三角经济带主要指广东省,京津冀包括北京、天津和河北。
③ 根据"一带一路"规划,沿线省级行政区包括新疆、重庆、陕西、甘肃、宁夏、青海、内蒙古、黑龙江、吉林、辽宁、广西、云南、西藏、上海、福建、广东、浙江、海南。
④ 以广东省为例,2018年加工贸易占比虽然较之前年份出现明显下降,但依然高达36.7%。
⑤ 在本书研究区间,东部地区劳动密集型和加工贸易企业占比均高于中、西部地区,这或许是东部地区企业生产率受汇率影响较大的重要因素。2009年以来,随着中、西部地区承接越来越多的劳动密集型产业,东部地区资本和密集型企业占比增加。因此,本书基于地区和行业分组回归的结论是一致的。
⑥ 根据企业的所有制类型,部分股份制企业的所属类型难以界定,将其归为"其他分类",在样本中占比相对较小。

表 4-7　分地区回归结果

变量名称	东 (1) tfp_LP	中 (2) tfp_LP	西 (3) tfp_LP	经济带 (4) tfp_LP	非经济带 (5) tfp_LP	"一带一路" (6) tfp_LP	非"一带一路" (7) tfp_LP
larith_rrate	0.0543***	−0.0071	0.0264	0.0708***	0.0126	0.0619***	0.0296***
	(0.0067)	(0.0178)	(0.0222)	(0.0086)	(0.0105)	(0.0075)	(0.0091)
lage	0.0718***	0.1413***	0.1290***	0.0841***	0.1054***	0.0851***	0.1082***
	(0.0077)	(0.0236)	(0.0368)	(0.0096)	(0.0121)	(0.0103)	(0.0107)
lage2	−0.0205***	−0.0427***	−0.0423***	−0.0198***	−0.0392***	−0.0236***	−0.0325***
	(0.0021)	(0.0054)	(0.0078)	(0.0028)	(0.0029)	(0.0030)	(0.0025)
import	0.0223***	0.0195*	0.0271*	0.0305***	−0.0097*	0.0302***	0.0061
	(0.0055)	(0.0112)	(0.0154)	(0.0083)	(0.0058)	(0.0075)	(0.0048)
hhi	0.0643***	−0.0302	0.1149	0.0712***	0.0586	0.0769***	0.0374
	(0.0225)	(0.0688)	(0.0802)	(0.0246)	(0.0372)	(0.0270)	(0.0325)
roa	0.6524***	0.9638***	1.3725***	0.7701***	0.5543***	0.6897***	0.6569***
	(0.1046)	(0.1055)	(0.0988)	(0.2019)	(0.0559)	(0.2125)	(0.0352)
lev	−0.1631***	−0.1924***	−0.1441***	−0.1753***	−0.1200***	−0.1754***	−0.1657***
	(0.0174)	(0.0289)	(0.0384)	(0.0282)	(0.0168)	(0.0277)	(0.0124)
scale	0.6120***	0.6143***	0.6211***	0.6061***	0.6337***	0.6053***	0.6233***
	(0.0039)	(0.0055)	(0.0062)	(0.0061)	(0.0032)	(0.0058)	(0.0024)
_cons	−0.8457***	−0.7225***	−0.7332***	−0.7830***	−1.1084***	−0.6472***	−0.9431***
	(0.1212)	(0.2013)	(0.2303)	(0.1416)	(0.0938)	(0.1754)	(0.1203)
行业固定效应	Y	Y	Y	Y	Y	Y	Y
时间固定效应	Y	Y	Y	Y	Y	Y	Y

续表

变量名称	东 (1) tfp_LP	中 (2) tfp_LP	西 (3) tfp_LP	经济带 (4) tfp_LP	非经济带 (5) tfp_LP	"一带一路" (6) tfp_LP	非"一带一路" (7) tfp_LP
企业固定效应	Y	Y	Y	Y	Y	Y	Y
样本量	413 566	27 344	16 032	334 452	122 490	286 094	170 848

注：括号内表示标准误；*、**、***分别表示10%、5%、1%的显著性水平。

表 4-8　　　　　　　　　　分所有制回归结果

变量名称	国有 (1) tfp_LP	民营 (2) tfp_LP	外资 (3) tfp_LP	其他 (4) tfp_LP
$larith\_rrate$	0.0255	0.0370***	0.0351***	0.0310**
	(0.0265)	(0.0080)	(0.0114)	(0.0123)
$lage$	0.2318***	-0.0474***	0.0387***	0.0451***
	(0.0402)	(0.0122)	(0.0119)	(0.0173)
$lage2$	-0.0577***	0.0069**	-0.0048	-0.0175***
	(0.0076)	(0.0030)	(0.0036)	(0.0037)
$import$	-0.0348**	0.0329***	-0.0164**	0.0350***
	(0.0140)	(0.0051)	(0.0071)	(0.0075)
hhi	-0.0142	0.0736**	0.0923***	0.0919*
	(0.0744)	(0.0372)	(0.0295)	(0.0505)
roa	0.9927***	0.6201***	0.6563***	1.1017***
	(0.3136)	(0.0809)	(0.1627)	(0.0750)
lev	-0.2025***	-0.2264***	-0.1006***	-0.2130***
	(0.0454)	(0.0201)	(0.0224)	(0.0431)
$scale$	0.6179***	0.6210***	0.6139***	0.6007***
	(0.0069)	(0.0045)	(0.0058)	(0.0034)
$\_cons$	-1.0711***	-0.4579	-0.5192***	-0.5047***
	(0.1857)	(0.2874)	(0.1000)	(0.1944)
年份固定效应	Y	Y	Y	Y
省份固定效应	Y	Y	Y	Y
行业固定效应	Y	Y	Y	Y
样本量	16048	131684	250879	58331

注:括号内表示标准误;*、**、***分别表示10%、5%、1%的显著性水平。

国有企业是国民经济的支柱,在一些行业中长期占据垄断优势,在财务、资源整合以及战略控制等方面具有不可比拟的优势。然而,我们应意识到,我国市场制度建立时间有限,国有企业享受各项补贴和政策优惠的同时,普遍存在人员冗余、管理效率低下等问题,面对汇率变动,企业通过吸收汇率冲击带来的影响化为自身技术进步的动力,进而改善全要素生产率的积极性较低。外资企业进入多为了利用我国丰富的自然资源和充裕的廉价劳动力,人民币升值带来劳动力成本上升,对企业利润造成负面影响,若进一步升值,企业可能会选择退出市场或转移至成本优势更大的其他国家。民营企业面临的竞争环境更加严峻,迫切需要研发创新和效率提升来保持竞争优势。在民营出口企业中,中小型企业所占比例较大,汇率升值带来的出口成本上升,加之企业融资渠道难,面临"融资难、融资贵"的困境,大量企业纷纷退出市场,进入退出效应带来的生产率提升效果更为明显。加之进口相对价格降低,民营企业迫切需要通过进口获取技术扩散和转移,加强竞争优势。综上所述,相较于国有企业,人民币实际有效汇率升值更有利于提升非国有企业全要素生产率。

三、稳健性检验

(一)内生性讨论

本书采用贸易加权的实际有效汇率,测算过程中涉及各国的贸易额以及中国与各国的双边汇率,因此人民币汇率变化会影响企业的进出口国家选择,从而影响贸易权重,带来汇率指标本身的内生性问题,不满足线性回归中的外生性要求,导致估计结果偏误。对于内生性问题,常用的方法是选择一个工具变量,这个变量与人民币汇率相关但与生产率不相关或者弱相关,之后进行两阶段最小二乘法估计。本书选取人民币汇率指标的滞后一期作为工具变量,回归结果见表4-9的列(1)。

表4-9　稳健性检验结果1(删去贸易代理商+2SLS)

变量名称	(1) 2SLS tfp_LP	(2) 4分位 tfp_LP	(3) 2分位 tfp_LP	(4) 去贸易代理商 tfp_LP
$larith\_rrate$	0.0933***	0.2174***	0.1750**	0.0451***
	(0.0115)	(0.0240)	(0.0776)	(0.0061)
$\_cons$	−1.1459***	−1.6600***	−1.4661***	−0.8691***
	(0.1421)	(0.1281)	(0.3792)	(0.0684)
控制变量	Y	Y	Y	Y
固定效应	Y	Y	Y	Y
样本量	308 464	456 942	456 942	456 104
变量名称	(5) 去贸易代理商 tfp_cd	(6) 国泰安 tfp_LP	(7) 2000—2006年 tfp_LP	(8) 删除垄断行业 tfp_LP
$larith\_rrate$	0.0307**	0.1066***	0.0279***	0.0453***

续表

变量名称	(5) 去贸易代理商 tfp_cd	(6) 国泰安 tfp_LP	(7) 2000—2006年 tfp_LP	(8) 删除垄断行业 tfp_LP
	(0.0035)	(0.0277)	(0.0134)	(0.0061)
_cons	−0.5396***	10.4972***	−0.8733***	−1.0250***
	(0.0624)	(0.3152)	(0.0915)	(0.0443)
控制变量	Y	Y	Y	Y
固定效应	Y	Y	Y	Y
样本量	607345	8225	198836	456376

注：括号内表示标准误；*、**、***分别表示10%、5%、1%的显著性水平；固定效应包含年份、时间和企业效应。

鉴于滞后一期不能完全解决模型存在的内生性问题，本书还参照盛丹和刘竹青（2017）的做法，将二分位和四分位行业层面实际有效率作为工具变量，并采用两阶段最小二乘法进行回归，回归结果见列（2）—（3）。可以看出，实际有效汇率对出口企业生产率的影响显著为正，说明人民币汇率升值能促进企业提升生产率，与前文回归结果保持一致，这一结论在考虑内生性问题之后依然稳健、可靠。

（二）其他稳健性检验

1. 更换样本

删除贸易代理商。2004年之前，我国对进出口企业的经营权有所限制，再加上企业自身受资金所限，部分企业进口中间品或者资本品并非通过直接进口，而是通过专门从事进出口的代理商。根据数据测算，贸易商出口额占总出口的比例平均为10%左右，进口额占比超过20%。参考张杰等（2013）的做法，将企业名称中包含"贸易""进出口""经贸""科贸"等字样的企业归为贸易代理商，并将这类企业进行剔除，之后分别用生产函数法生产率和LP生产率对实际有效汇率进行回归，结果见表4-9的列（4）—（5）。

更换数据库。国泰安经济金融研究数据库涵盖了沪深两市2003—2016年的上市公司，提供了企业所属地区、行业及财务信息等完整特征，是进行企业研究的重要数据库。为了进一步验证汇率变化的生产率效应，同时对工业企业数据库形成补充，本书利用"企业名称"将海关库与上市企业匹配，剔除金融类、ST类以及关键财务指标等缺失的样本。之后重复前文回归过程，结果见列(6),汇率变化的生产率提升效应依然显著存在。

更换样本期间。囿于工业企业数据库数据质量,部分基于海关库和工业库进行相关话题研究的文献只选取了 2000—2006 年作为研究期间。由于 2005 年之前人民币汇率变动非常有限,本书将研究区间扩展至 2013 年。为了进一步验证本书研究结论合理性,本书与多数文献保持一致,对 2000—2006 年样本进行单独回归,结果见列(7)。可以发现,即使更换样本期间,本书的基本结论依然稳健。

删除垄断行业样本。石油和天然气采选业、烟草制造业和水电煤生产及供应业等行业垄断势力强,可能会造成样本偏差。因此,本书将此类样本进行剔除,回归结果见列(8),有效汇率的系数依然在 1% 的水平上正显著。

2. 更换关键变量——生产率

样本的回归结果可能受到指标选择的影响。为了进一步判断回归结论的正确性,本书在此又选择了人均产出、生产函数法生产率和 acf 生产率,重复前文回归过程,回归结果分别见列(1)—(3)(表 4-10),汇率对企业生产率的影响依然在 1% 的水平上正显著,基本结论与前文保持一致。

表 4-10　稳健性检验结果 2(更换生产率和汇率指标)

变量名称	(1) $tfp1$	(2) tfp_cd	(3) tfp_acf	(4) tfp_LP	(5) tfp_cd	(6) $tfp1$	(7) tfp_acf
larith_rrate	0.0717*** (0.0058)	0.0307*** (0.0053)	1.4416*** (0.0698)				
lgeo_rrate				0.0862*** (0.0072)	0.1793*** (0.0081)	0.6526*** (0.0129)	0.7869*** (0.0839)
_cons	7.6733*** (0.3703)	−0.5397* (0.3067)	7.7682* (4.2606)	−0.8620*** (0.0991)	−0.2971 (0.2900)	7.8742*** (0.3671)	9.9339** (4.2567)
控制变量	Y	Y	Y	Y	Y	Y	Y
固定效应	Y	Y	Y	Y	Y	Y	Y
样本量	608594	608594	456070	456942	608594	608594	456070

注:括号内表示标准误;*、**、*** 分别表示 10%、5%、1% 的显著性水平,固定效应包含年份、省份和行业效应。

3. 更换关键变量——汇率

如第三章所述,本书用几何和算术平均方法分别测算了基于总贸易额、出口额和进口额加权的企业层面实际有效汇率和名义有效汇率。参照多数文献的做法,本书在回归中报告了贸易加权实际有效汇率的系数,基准回归采用算术平均法计算的结果,此处改用几何平均法测算结果,重复上述回归过程,并报告了对 LP 法、生产函数法、人均产出和 acf 法的回归结果,见表 4-10 列(4)至列(7)。可以看出,几何平均算法下实际有效回归对企业生产率的影响依然正显著,均通过了 1‰ 的显著性水平检验,进一步说明了本书的结论合理、稳健。

第五节 汇率变化对出口企业生产率的影响路径

本书对影响路径的检验采取逐步回归法,其是中介效应检验的经典方法,在心理学、组织行为学等各领域研究中均被广泛应用。该方法由 Baron 和 Kenny(1986)提出,具体步骤见式(4.18)—(4.20)。

$$Y = i + cX + e_1 \tag{4.18}$$

$$M = i + aX + e_2 \tag{4.19}$$

$$Y = i + c'X + bM + e_3 \tag{4.20}$$

温忠麟等(2004)对该方法进行了系统总结和提炼,截至 2024 年 10 月,该文章在知网的引用数量达 19 870 次。[①] 需要说明的是,逐步回归法在中介效应检验过程中的合理性在已有文献中可以找到证据(蒋灵多和陆毅,2017;Baron 和 Kenny,1986)。但同时,该方法也存在相应问题(Zhao 等,2010),它以主效应的显著为前提,且难以进行复杂的中介效应检验。结合本书实际情况来看,每个影响机制下选取一个中介变量,且主效应是显著的,因此该方法是适用的。

逐步回归法的第一步即为本书基准回归结果,人民币实际有效汇率对企业生产率具有显著的正向影响。本节主要报告第二步和第三步的结果,以对假说 2 进行验证:第二步,将汇率指标作为主要解释变量,中介变量作为被解

---

① 根据逐步回归法,主效应存在是中介效应存在的前提,首先应当将解释变量对被解释变量回归(式4.18),系数 c 必须显著。接着,将解释变量对中介变量回归(式4.19),系数 a 显著。最后,在模型中同时计入解释变量和中介变量,对被解释变量进行回归(式4.20),若系数 b 显著,同时解释变量的系数 c' 不显著或小于 c,均表明中介效应是存在的。

释变量;第三步,将中介变量和主要解释变量同时放入模型。

一、进入退出效应

根据理论分析可知,随着汇率升值,市场中部分低效率企业被迫退出,留存企业和新进入企业具有更高的生产率,企业间的竞争更加激烈,迫使企业改善资源配置,提升生产率,此为进入退出效应的基本解释。根据本书数据区间,将 2000 年定为基期,2001 至 2013 年出现的企业为新进入企业,退出的为退出企业,样本期间持续存在的企业为存活企业。参考许家云等(2015)的做法,若企业当期存在而下一期不存在,则定义该企业出现退出行为,令 $exit = 1$,否则为 0。表 4-11 中列(1)的结果表明,汇率升值增加了企业退出的概率,而列(2)的结果则显示,企业的退出行为能显著促进生产率提升。

表 4-11　　机制检验——进入退出、规模经济和资本深化效应

变量名称	(1) $exit$	(2) tfp_LP	(3) $scale2$	(4) tfp_LP	(5) $klabor$	(6) tfp_LP
$larith\_rrate$	0.0225***	0.0436***	0.0170***	0.0387***	0.0080***	0.0451***
	(0.0045)	(0.0061)	(0.0013)	(0.0062)	(0.0027)	(0.0061)
$exit$		0.0346***				
		(0.0029)				
$scale2$				0.5999***		
				(0.0038)		
$klabor$						0.0140***
						(0.0027)
$\_cons$	1.5780***	−0.9179***	0.1861***	−0.7183***	2.5450***	−0.9104***
	(0.0455)	(0.1031)	(0.0399)	(0.0977)	(0.0450)	(0.0888)
控制变量	Y	Y	Y	Y	Y	Y
固定效应	Y	Y	Y	Y	Y	Y
样本量	608594	456942	608594	456942	608594	456942

注:括号内表示标准误;*、**、*** 分别表示 10%、5%、1% 的显著性水平,固定效应包含年份、行业和企业效应。本章下表同。

二、规模经济效应

根据理论分析,汇率升值可能会对企业销售规模产生双重影响:一方面,

部分企业由于升高的生产率门槛退出市场,释放市场空间,有利于留存企业扩大规模;另一方面,新进入企业具有更高的效率和更强的竞争力,对在位企业的市场占有率形成挤压。因此,汇率升值对企业销售规模的最终影响方向不确定,具体结果需要根据各国详情而定。

根据上述分析,本书将企业销售额的自然对数($scale2$)作为销售规模的代理变量,采用逐步回归法进行检验。首先将企业的销售规模对企业实际有效汇率进行回归,结果见表4-11列(3),汇率指标的系数显著为正,说明人民币有效汇率上升利于出口企业扩大销售规模。接着将汇率和销售规模同时放入回归模型,列(4)的结果显示,两个主要解释变量的系数均在1%的显著性水平上为正,证明了规模经济效应在出口企业中的存在性,对企业生产率产生了显著影响。

三、资本深化效应

根据经典的Solow经济增长模型,资本深化是指一个国家在经济增长的过程中,同时发生资本积累和劳动力增长,但资本积累的速度较快,最终人均资本存量提高,或者资本劳动比上升。一个国家(或地区)在经济增长过程中若出现资本深化,经常伴随着技术进步。随着汇率上升,劳动力相对资本价格上升,企业会减少雇佣的劳动力人数,转向资本投入,从而提高资本劳动比,给企业甚至行业或整个社会带来资本深化。为了验证这一效应的存在性,本书将企业的固定资产与劳动人数之比作为资本劳动比($klabor$)的代理变量,对实际有效汇率的回归结果,即列(5)表明,人民币升值能提高企业的资本劳动比,带来资本深化。列(6)的结果表明,资本深化带来了技术进步,促进了企业生产率提升,且实际有效汇率的影响依然正显著。

四、进口效应

国际经济学发展的最新成就显示,出口和进口皆可为贸易伙伴国带来贸易利得(Feenstra,2010)。伴随国际分工演进,产品跨境流动不再局限于体现消费需求的最终品,更多表现为中间品和资本品投入,统称为生产性投入。随着中国制造不断嵌入全球价值链,生产性投入进口与日俱增,对全要素生产率的促进作用日渐成为探究进口贸易利得结构性源泉的重要问题,并在研究中得到了证实。一方面,生产性投入进口带来的产品多样化及进口竞争和进口产品技术扩散促使企业增进效率;另一方面,国际分工格局转型和全球价值链分工形成的产业关联影响了生产性投入进口作用于企业全要素生产率的机制嬗变。

若企业面临的有效汇率出现升值,从国外市场进口中间品和资本品的价格降低,企业将会增加生产性投入进口量。中间品中包含高技术含量和高质量的零部件,有利于企业实现价值提升;资本品通常技术含量高,具有生产专用性和规模经济性等特点,从国外进口高质量的资本品有利于企业通过资本深化实现技术进步,促进生产率提升。鉴于此,本书将海关库中商品的 HS8 位编码加总为 6 位,再将 HS6 位编码与国际通用的 BEC 分类编码相对应,识别中间品和资本品,计算企业当年进口商品种类并取对数。[①]实证检验人民币汇率上升是否促进了企业增加中间品和资本品进口,以及是否通过进口对生产率产生了正向促进作用。表 4 - 12 中,列(1)和列(2)是资本品($limcapva$)的回归结果,列(3)和列(4)是中间品($limintva$)的回归结果。[②] 可以看出,人民币汇率上升显著增加了企业进口的中间品和资本品种类,进而通过由此产生的学习效应、竞争效应和质量提升效应等对生产率产生显著的正向影响。

表 4 - 12　　　　　　机制检验——进口效应

变量名称	(1) $limcapva$	(2) tfp_LP	(3) $limintva$	(4) tfp_LP
$larith\_rrate$	0.0540***	0.0217**	0.6303***	0.0561***
	(0.0026)	(0.0104)	(0.0120)	(0.0088)
$limcapva$		0.0333***		
		(0.0031)		
$limintva$				0.1346***
				(0.0031)
$\_cons$	-0.8274***	1.5027***	-5.1417***	7.3056***
	(0.0960)	(0.1387)	(0.2041)	(0.1900)
控制变量	Y	Y	Y	Y
固定效应	Y	Y	Y	Y
样本量	608594	456942	608594	456942

[①] 根据 BEC 分类,"111""121""21""22""31""322""42""53"八类商品属于中间品,BEC 代码为"41"和"521"的商品是资本品,其余为消费品。
[②] 加入资本品和中间品进口之后,不再控制企业的进口行为,因此变量 $import$ 未出现于回归方程中。

第六节 拓展分析

一、2005 年汇改的影响

我国于 2005 年和 2015 年进行了重要的汇率改革,鉴于数据的可获得性,本节将立足于 2005 年汇率改革这一事件来进一步识别汇率变化与出口企业生产率之间的因果关系。[①]

2005 年汇率改革引致人民币汇率升值,竞争环境的变化给企业带来冲击,刺激其改善生产率来应对。接下来,参考 Ekholm 等(2012)和余静文(2018)的做法,构建出口企业的汇率暴露指标,以衡量其对汇率冲击的敏感度。

假设 p_i 和 p_i^* 分别表示国内和国外产品的价格(以本币计价),x_i 和 x_i^* 表示销售量,E 为名义汇率,实际汇率 $e_i=p_i/Ep_i^*$(e_i 上升代表本币升值)。企业的收入为 $R_i=(x_i+x_i^*/e_i)p_i$,由此可以计算收入的汇率弹性:

$$\frac{\partial R_i}{\partial e_i}\frac{e_i}{R_i}=-\frac{Ep_i^*x_i^*}{R_i}=-\lambda_i \quad (4.21)$$

类似地,假设 q_i 和 q_i^* 分别表示国内和进口投入品的价格,v_i 和 v_i^* 分别表示国内和进口投入品的数量。企业的成本为 $C_i=q_i(v_i+v_i^*/e_i)$,成本的汇率弹性可表示为:

$$\frac{\partial C_i}{\partial e_i}\frac{e_i}{C_i}=-\frac{Eq_i^*v_i^*}{C_i}=-\eta_i \quad (4.22)$$

进一步地,利润 $\pi_i=R_i-C_i$,可计算出利润的汇率弹性:

$$\frac{\partial \pi_i}{\partial e_i}\frac{e_i}{\pi_i}=\frac{e_i}{\pi_i}\left(\eta_i\frac{C_i}{e_i}-\lambda_i\frac{R_i}{e_i}\right)=-\lambda_i-\frac{(\lambda_i-\eta_i)}{\pi_i/C_i}=-\eta_i-\frac{(\lambda_i-\eta_i)}{\pi_i/R_i} \quad (4.23)$$

其中,$\lambda_i-\eta_i$ 即为汇率暴露指标($Exposure$)。这一指标越大,说明汇率

[①] 本节试图构建双重差分模型,利用 2003—2007 年数据进行实证研究,从间接的角度对汇率升值的生产率效应提供佐证。

升值对企业利润所造成的影响越大,市场竞争加剧程度越高,反之亦然。

接下来,通过双重差分的方法探讨汇率升值引致的竞争加剧进而对企业生产率的影响。为了更准确衡量 2005 年汇改这一事件的影响,同时考虑数据的可获得性,本书参考余静文(2018)的做法,选取 2005 年前后两年数据进行分析,样本区间为 2003—2007 年,其中 2003—2005 年为冲击前,2005—2007 年为冲击后。将 Δy_{it} 定义为企业 i 在 t 时期的生产率对数差分,以 2005 年为结点的两个时期可以表示为:

$$\Delta y_{i0} = (\ln Y_{i2005} - \ln Y_{i2003})/(2005 - 2003) \quad (4.24)$$

$$\Delta y_{i1} = (\ln Y_{i2007} - \ln Y_{i2005})/(2007 - 2005) \quad (4.25)$$

其中,$i=0$ 表示冲击前,$t=1$ 表示冲击后。双重差分计量模型构建如下:

$$\Delta y_{i1} - \Delta y_{i0} = \alpha + \beta(\Delta rer_1 - \Delta rer_0) \times Exposure_{i2005} \\ + X_{i2003}\gamma + \mu_i + \mu_t + \mu_{prv} + \varepsilon_{it} \quad (4.26)$$

其中,Δrer 表示实际有效汇率的对数差分,X 表示控制变量,μ_i、μ_t、μ_{prv} 分别表示企业、时间和地区固定效应,ε_{it} 表示随机扰动项,α、β、γ 为待估计参数。2005 年之前,Δrer_0 小于 0,人民币实际贬值,2005 年之后,Δrer_1 大于 0,人民币实际升值,β 为正则表明汇率暴露能促使企业提升全要素生产率。

本书将汇率暴露指标作为主要解释变量,加入控制变量和固定效应,根据式(4.26)进行回归,回归结果见表 4-13。列(1)—(3)对未匹配样本进行回归,随着加入控制变量并控制固定效应,汇率暴露指标始终显著为正,说明人民币升值带来的竞争加剧促使企业提高全要素生产率。

表 4-13　　　　　　　汇率暴露对企业生产率的影响

变量名称	未匹配（Δtfp_LP)			匹配后（Δtfp_LP）		
	(1)	(2)	(3)	(4)	(5)	(6)
$Exposure_{i2005}$	0.1247***	0.0636***	0.0534**	0.1018***	0.0589**	0.0539**
	(0.0226)	(0.0192)	(0.0208)	(0.0290)	(0.0246)	(0.0270)
lage		0.0422***	0.0455***		0.0551***	0.0554***
		(0.0070)	(0.0071)		(0.0115)	(0.0114)
lage2		−0.0065***	−0.0076***		−0.0078***	−0.0083***
		(0.0017)	(0.0016)		(0.0029)	(0.0026)

续表

变量名称	未匹配(Δtfp_LP)			匹配后(Δtfp_LP)		
	(1)	(2)	(3)	(4)	(5)	(6)
$import$		0.0213***	0.0165***		0.0197	0.0220
		(0.0031)	(0.0031)		(0.0161)	(0.0145)
hhi		0.1770***	0.1697***		0.2167***	0.2060***
		(0.0170)	(0.0197)		(0.0244)	(0.0269)
roa		0.5400***	0.5340***		0.5517***	0.5395***
		(0.0129)	(0.0248)		(0.0181)	(0.0400)
lev		0.0663***	0.0670***		0.0730***	0.0719***
		(0.0059)	(0.0069)		(0.0086)	(0.0102)
$scale$		0.0591***	0.0602***		0.0625***	0.0642***
		(0.0014)	(0.0014)		(0.0020)	(0.0020)
$\_cons$	1.7413***	1.2671***	1.3020***	1.7663***	1.2310***	1.2719***
	(0.0017)	(0.0107)	(0.0152)	(0.0025)	(0.0229)	(0.0253)
企业固定效应	N	N	Y	N	N	Y
时间固定效应	N	N	Y	N	N	Y
地区固定效应	N	N	Y	N	N	Y
样本量	10801	10801	10801	5448	5448	5448

进一步地,本书在双重差分之前进行倾向得分匹配(PSM)以控制样本选择偏差问题,匹配协变量参考控制变量。① 将企业根据2005年的汇率暴露指标进行分类:$Exposure_{i2005}$ 大于0为处理组,表明企业利润受汇率变化影响大;$Exposure_{i2005}$ 小于0为控制组,表明企业利润受汇率变化影响小。常用的匹配方法包括最近邻匹配、核匹配和半径匹配等,本书选择1∶3最近邻匹配。经过匹配,本书得到了5448家企业,估计结果见列(4)—(6)。列(6)中,$Exposure_{i2005}$ 系数显著为正(0.0539),$\Delta rer_1 - \Delta rer_0$ 为0.033,由此可计算出 $\beta = 1.6333$。由此得出,考虑样本选择问题之后,2005年汇率改革导致的人民币汇率升值对企业生产率的作用依然正显著。这一结论与余静文(2018)保持一致。

---

① 参考余静文(2018)的做法,本节采用2003—2007年平衡面板数据集,未考虑样本期内企业的进入和退出,降低了样本选择随机性,在一定程度造成样本选择问题。因此,下文继续运用PSM方法进行匹配,在此基础上进行再回归,降低估计结果偏误。

二、汇率升值和贬值的非对称影响

汇率升值具有显著的生产率提升效应,这一结论在本书以及已有文献中均能找到证据。那么若汇率贬值,是否会显著抑制生产率?汇率升值和贬值的影响是否存在非对称性呢?厘清这一问题有利于更全面认识汇率变化的生产率效应,为国家层面更好地制定相关汇率政策提供经验证据。

梳理已有文献可知,最初关于汇率非对称性的研究多关注汇率传递的非对称性,并从汇率变动方向(曹伟和倪克勤,2010)、经济周期(Jasova 等,2016)等角度深入探讨。随着对汇率相关话题研究的日渐丰富,国内越来越多的学者开始关注汇率变化或波动对其他经济指标影响的非对称性。例如,尚妍等(2016)在考虑储蓄投资结构与出口周期的基础上构建了多机制平滑转换模型,发现汇率对出口的调节作用严重依赖我国的结构失衡程度。宫健等(2017)结合理论模型和实证分析,论证了汇率波动对外汇储备所表现出的非线性、非对称影响。关于汇率变动对企业资源配置的不对称性影响,毛日昇等(2017)从行业的成本加成率分布着手,探讨了汇率变动对加成率的影响及表现出的不对称性。他们指出,为保持市场份额稳定,中国企业在汇率升值时通常会主动降低加成率,而汇率贬值时往往也不会提高加成率,造成汇率变化对企业成本加成的影响呈现出明显的非对称性。

对于生产率,汇率变化的影响可能也会呈现非对称现象。若实际有效汇率贬值,本国出口企业在国际市场会更有竞争力。然而,根据市场份额假说(Knetter,1994),出口企业为了保证市场份额,在本币贬值时通常不会提高加成率,而本币升值时会可能相应调低价格,这一假说适用于中国出口企业现状(毛日昇等,2017)。与此同时,汇率贬值意味着行业进入门槛降低,大量低效率企业进入,降低行业竞争程度以及企业提升生产率的迫切性。另外,汇率贬值意味着中间品进口成本增加,若不提升加成率,企业的利润空间会受到严重挤压,限制生产率进步所需的人力、资本等要素投入。遗憾的是,目前尚未有文献对这一话题进行深入探讨。

有鉴于此,本书参考毛日昇等(2017)的做法,在回归方程中加入汇率升值的虚拟变量,以对上述问题进行检验:

$$\ln tfp_{it} = \alpha + \beta_1 larith\_rrate_{it} + \beta_2 dum + \beta_3 rate\_dum_{it} + \gamma X_{it} \quad (4.27)$$
$$+ \mu_{ind} + \mu_i + \mu_{year} + \varepsilon_{it}$$

其中,dum 是汇率升值的虚拟变量,若企业在样本期内的实际有效汇率变化率大于 0,则 dum 取值为 1,否则为 0。$rate\_dum_{it}$ 是汇率与升值变量的交叉项,β_3 是本节重点关注系数。[①] 其他变量定义与前文保持一致,此处不再赘述。

表 4-14 展示了具体的回归结果,列(1)—(3)和列(4)—(6)分别将 LP 生产率和生产函数法生产率作为被解释变量。在逐步加入控制变量并控制不同层面固定效应之后,交互项($rate\_dum$)的系数始终在 1% 的水平上显著为负,表明汇率贬值对出口企业生产率的抑制效应显著高于汇率升值的影响。

表 4-14　　汇率变动对企业生产率的非对称影响

变量名称	(1) tfp_LP	(2) tfp_cd	(3) $tfp1$	(4) tfp_acf
$larith\_rrate$	0.037 1*	0.111 5***	0.250 9***	0.202 2***
	(0.020 1)	(0.008 1)	(0.011 8)	(0.012 6)
$rate\_dum$	−0.154 4**	−0.149 4***	−0.151 0**	−0.111 1***
	(0.056 1)	(0.034 8)	(0.062 0)	(0.013 4)
dum	0.463 9	0.767 5***	0.796 6**	0.216 5***
	(0.311 6)	(0.174 9)	(0.285 5)	(0.062 6)
$lage$	0.025 1	0.251 3***	0.231 3***	0.052 4***
	(0.049 3)	(0.031 0)	(0.066 0)	(0.004 9)
$lage2$	−0.016 3	−0.094 1***	−0.104 6***	−0.036 7***
	(0.012 9)	(0.009 3)	(0.015 1)	(0.001 1)
$import$	0.057 2	0.197 8***	−0.144 3***	0.044 1***
	(0.043 1)	(0.015 0)	(0.018 5)	(0.001 9)
hhi	0.210 9***	−0.060 5	0.318 9***	−0.340 8***
	(0.050 0)	(0.093 6)	(0.083 9)	(0.013 8)
roa	0.650 0***	0.675 0***	0.468 7***	0.132 3***
	(0.103 4)	(0.081 8)	(0.063 2)	(0.004 0)
lev	−0.167 6***	−0.185 5***	−0.059 9***	0.168 1***
	(0.044 4)	(0.018 6)	(0.015 8)	(0.003 2)
$scale$	0.584 4***	0.417 1***	0.446 6***	0.076 4***
	(0.012 6)	(0.014 3)	(0.024 9)	(0.000 8)
$\_cons$	0.304 6	0.190 8	1.223 4***	0.704 6***

[①] 升值虚拟变量的设置根据企业实际有效汇率的变化率而定,因此本书在数据处理过程中剔除了只存在一年无法计算变化率指标的企业。

续表

变量名称	(1) tfp_LP	(2) tfp_cd	(3) $tfpl$	(4) tfp_acf
	(0.340 3)	(0.237 8)	(0.315 7)	(0.087 4)
固定效应	Y	Y	Y	Y
样本量	433 397	577 067	577 067	432 514

三、汇率变化对出口企业生产率分布的影响

结合前文理论和实证研究,人民币有效汇率变化通过进入退出、规模经济、资本劳动比等途径带动出口企业优化内部资源配置,促进生产率提升。需要思考的是,在此过程中,出口企业的生产率分布是否受到影响？行业间资源配置效率能否得到优化？正确理解上述问题有助于从行业层面对出口企业的生产率提升产生新的认知,为如何提高出口行业资源配置效率提供思路。

企业间的生产率差异普遍存在,生产率分布蕴含了资源配置信息,是衡量资源配置效率的重要指标。近年来,越来越多的学者关注生产率的离散程度和分布变化,从资源配置的视角探讨造成不同地区、行业资源错位的因素(Midrigan 和 Xu, 2014；江艇等,2018；郭小年和邵宜航,2019)。例如,江艇等(2018)从城市的行政级别这一独特视角解释了不同城市的生产率及资源的配置效率,发现城市级别提高生产率的同时却加剧了资源错位程度。郭小年和邵宜航(2019)考察了行政审批制度对不同地区企业生产率分布的影响及作用机制。有关汇率与企业生产率演变这一话题,仅少数学者从汇率冲击视角加以探讨,尚未有文献直接分析汇率变化对出口企业生产率分布的影响。

事实是,随着人民币汇率升值,生产率门槛的变化使低生产率企业加速退出市场,促使优势要素流向高生产率企业,影响出口企业的生产率分布,本节是对相关研究的进一步推进和重要完善。

(一) 计量模型构建

为检验人民币有效汇率对企业生产率分布的影响,本节构建如下计量模型：

$$Dispersion_{it} = \alpha + \beta \ln rate_{it} + \gamma X_{it} + \mu_{ind} + + \mu_{year} + \varepsilon_{it} \quad (4.28)$$

其中，下标i和t分别代表行业和年份。$Dispersion_{it}$表示i行业在t时期的企业生产率离散程度。$lnrate_{it}$表示行业的实际有效汇率，X_{it}表示行业层面控制变量。μ_{ind}和μ_{year}分别表示控制行业和年份固定效应，ε_{it}表示随机扰动项，α、β、γ为待估计参数。

生产率离散程度是行业层面的概念，反映某一行业不同企业间的生产率差异程度。离散程度越大，表明行业内企业的生产率分布越均衡，反之亦然。本书参考张靖佳和陈璐瑶(2016)、江艇等(2018)的做法，在前文所得企业全要素生产率的基础上，从二分位和四分位两个角度刻画行业层面的企业生产率分布的标准差。为进一步保证回归结果稳健，生产率指标采用了LP生产率、生产函数法生产率、劳动生产率和acf生产率。

对于解释变量，本节参照第三章的企业层面有效汇率测算方法，采用算术加权的方法从贸易加权维度计算了行业层面的实际有效汇率。控制变量包括行业内企业平均员工数($labor$)、固定资产投资($fixasset$)、销售额($sales$)和年龄(age)。

（二）回归结果分析

根据回归结果(表4-15)，加入行业控制变量并控制了行业和时间固定效应之后，无论是二分位行业还是四分位行业，汇率的系数均至少在10%的水平下显著为负，说明人民币实际有效汇率升值可以降低行业生产率的离散程度，改善企业间资源配置效率。这也证实了前文的猜测，有效汇率升值可以在一定程度改善工业企业存在的资源错配现象。本节结论与已有文献(钱学锋和王胜，2017)保持了较好的一致性。

控制变量中：行业销售额的系数为正，表明销售规模扩大会提高行业的生产率离散程度；员工人数系数为负，表明员工人数增加有利于降低生产率离散度。值得注意的是，行业内平均年龄的系数为负，表明随着平均年龄增加，企业间的生产率离散程度会降低，说明汇率变化引致的新企业进入或退出是导致企业生产率分布变化的重要因素之一。

本章小结

本章首先构建理论模型分析了汇率变化对出口企业全要素生产率的影响

表4-15　　　　人民币有效汇率对出口企业生产率分布的影响

变量名称	二分位行业				四分位行业			
	(1) tfp_LP	(2) tfp_cd	(3) tfpl	(4) tfp_acf	(5) tfp_LP	(6) tfp_cd	(7) tfpl	(8) tfp_acf
lnrate	−0.8483*** (0.1281)	−0.2316** (0.0998)	−0.3259** (0.1452)	−0.5323*** (0.1281)	−0.2851*** (0.0524)	0.0899*** (0.0284)	0.1889*** (0.0339)	−0.1680* (0.0876)
labor	−0.1397*** (0.0339)	−0.1118*** (0.0210)	−0.1843*** (0.0306)	0.1069*** (0.0270)	0.0881*** (0.0116)	−0.0314*** (0.0063)	−0.0542*** (0.0075)	0.0604*** (0.0127)
fixasset	−0.2733*** (0.0422)	−0.0857*** (0.0197)	−0.0565** (0.0287)	−0.0295 (0.0253)	0.0073 (0.0092)	−0.0606*** (0.0050)	−0.0380*** (0.0060)	−0.0371*** (0.0121)
sales	0.3414*** (0.0479)	0.2035*** (0.0233)	0.2920*** (0.0339)	0.0610** (0.0299)	0.0134 (0.0107)	0.0879*** (0.0058)	0.1203*** (0.0069)	0.0302* (0.0158)
age	−0.0999** (0.0414)	−0.0313 (0.0361)	0.0158 (0.0525)	−0.0358 (0.0463)	−0.1398*** (0.0201)	−0.0502*** (0.0109)	−0.0514*** (0.0130)	−0.0278 (0.0212)
_cons	5.3020*** (0.7050)	1.1237** (0.4520)	0.7544 (0.6575)	2.1132*** (0.5801)	1.7462*** (0.2390)	0.2059 (0.1296)	−0.5952*** (0.1546)	1.0664*** (0.3945)
固定效应	Yes	Yes	Yes	Yes	Yes	Yes	Yes	Yes
样本量	525	525	525	525	6373	6373	6373	6373

及作用路径,继而进行实证研究设计,在测算出口企业全要素生产率的基础上,构建计量模型检验有效汇率对企业生产率的影响,并分行业、地区和所有制进行异质性检验。接着,采用逐步回归法对可能的影响机制进行检验,理论分析的四个效应得到验证。足以表明:人民币汇率升值通过优胜劣汰倒逼出口企业提高生产率;同时,汇率升值扩大了企业的销售规模,改善了资本和劳动要素配置,增加了资本品和中间品进口,进而对生产率产生正向促进效应。

进一步地,本章进行如下三个方面拓展分析:其一,构建了双重差分模型,立足于2005年汇率改革事件间接地验证了汇率升值对企业生产率的提升效应;其二,构建了汇率升值虚拟变量,探讨汇率变化对企业生产率影响的非对称性;其三,考察了汇率变化对出口企业生产率分布的影响,发现人民币有效汇率升值利于降低生产率离散度,提高企业间资源配置效率。

本章丰富了汇率与企业生产率的相关研究,不仅对已有文献形成了良好补充,在人民币汇率市场化改革以及长期内波动升值的背景下为提升出口企业的全要素生产率提供了新的思路,具有丰富的政策内涵。从国家层面上看,一方面要继续深化人民币汇率改革,正确认识人民币汇率变化对出口企业生产率的影响;另一方面要继续推进贸易自由化,增加进生产性投入进口的技术溢出和扩散效应。从企业层面上看,不仅要加大研发投入,培养关键核心技术,还要优化资源配置,提升规模经济效应,并搭建信息化服务平台,不断提高管理效率。

第五章 汇率变化与出口企业生产率：贸易类型异质性视角

前一章从总体探讨了汇率变化对出口企业生产率影响,本章将结合中国出口现实同时聚焦于企业的贸易类型差异,深入考察汇率变化对加工贸易和一般贸易企业生产率影响的差异及各类企业呈现的内部差异,同时深挖汇率变化对两类企业生产率非对称影响和对生产率离散度乃至企业间资源配置效率的改善效应。

第一节 引言

改革开放以来,我国对外贸易发展迅速,1978 年至 2023 年,我国出口贸易从 97.5 亿美元增长至 31 796 亿美元,增长势头强劲,贸易顺差整体呈扩大趋势,对经济增长的重要贡献不容忽视。在出口贸易与经济同步增长的同时,我们也应该注意到,与发达国家不同,加工贸易在诸多发展中国家都普遍存在。改革开放初期,我国东部沿海地区凭借地理、劳动力和政策等方面优势,以加工贸易的方式迅速融入国际分工体系中,打开了我国对外贸易发展新局面。

一直以来,加工贸易在我国贸易总量中几乎占据了"半壁江山"。如图 5-1 所示,从 2001 年至 2013 年,虽然我国加工贸易企业数量占比有所下降,但加工贸易企业出口额增长将近百倍,在出口贸易中所占比例呈现波动趋势,2001 至 2007 年下降明显,之后有所回升,占出口总额的比例约为 40%。可以看出,加工贸易出口在我国贸易体系中始终占据着重要地位,为国民经济增长贡献了重要力量。2023 年 1—9 月,全国加工贸易进出口总值 5.57 万亿元,占全国外贸进出口总值的 18.1%。虽然加工贸易的规模和比重有所下降,但是对稳

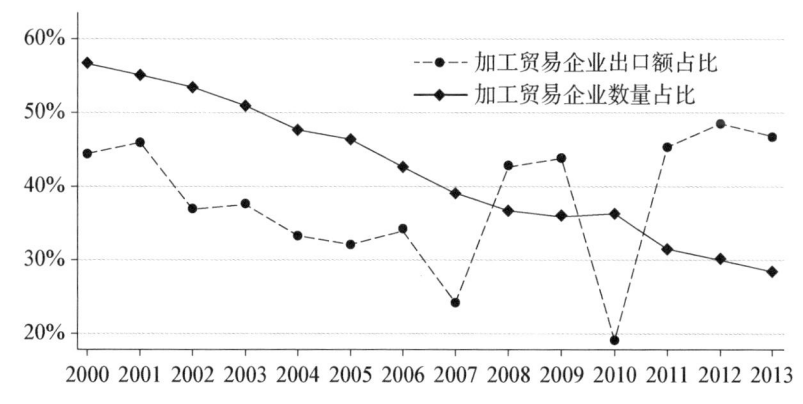

图 5-1　2000—2013 年加工贸易企业出口额占比变化趋势

外贸稳外资、稳住产业链供应链依然发挥着不可替代的重要作用。

鉴于加工贸易在出口贸易中的重要地位,在考察汇率对企业生产率影响的研究中,有必要对不同贸易类型进行比较研究。随着全球化进程不断加快,我国的人口红利正逐渐消失,劳动力的供给特点面临转变(蔡昉,2007)。同时,由于我国存在二元经济结构,即传统农业与现代工业并存,各产业之间的劳动力收入不均衡现象普遍存在,与发达国家的平均劳动收入水平也存在较大差距。即使如此,我国充足的劳动力依然能为加工贸易的发展与繁荣提供保障,加工贸易企业的比较优势仍然存在。

追求经济高质量发展过程中,如何引导加工贸易企业实现转型升级是需要着重考虑的问题。2011 年,商务部联合六部委出台了《促进加工贸易转型升级的指导意见》,将加工贸易转型升级的目标概括为"提升产业层次,延长产业链"。2016 年,国务院关于《促进加工贸易创新发展的若干意见》进一步提出要"加快推动加工贸易创新发展,提高发展质量和效益"。2020 年 4 月,国务院联防联控机制举行的新闻发布会提出要继续推进加工贸易高质量发展。2023 年底,商务部等 10 部门又联合印发《关于提升加工贸易发展水平的意见》,要求提升加工贸易发展水平。生产率提升是加工贸易企业转型升级的决定性因素(曲建,2012),是实现创新发展、培育国际贸易新优势的重要途径。

接下来,本章将分贸易类型考察汇率变化对出口企业生产率的影响以及一般贸易和加工贸易企业分别呈现出的内部异质性特征,并进一步分析汇率变化对生产率的非对称影响以及引致的生产率分布变化。在经济转型的关键时期,以期能为贸易整体以及加工贸易升级转型提供可靠的经验证据,促进出口企业及经济实现高质量发展。

第二节 理论分析

一、基础模型

(一) 基本假设

假设有 N 个国家,$H+1$ 个生产部门,劳动力是唯一投入要素。在 $H+1$ 个生产部门中,一个部门生产同质产品,其余 H 个部门生产具有水平差异化的产品。① 假设在异质性产品上的占收入的比例为 γ_h,那么在同质产品部门消费占收入的比例为 $1-\sum_h \gamma_h$。

沿用 Melitz(2003) 的基本假设,各国家以对称的形式进入模型。假设国家 i 的劳动力要素为 L_i。假设 $\sum_h \gamma_h$ 和 L_i 的差异都足够小,这样每个国家都会生产同质产品,且各国的劳动力工资 w_i 保持一致。同质产品部门每单位产出需要一单位劳动力,因此假设工资 $w_i=1$。

接下来需要考虑生产异质性产品的部门 h。为了进入市场,企业需要支付固定成本 f_E。进入市场后,企业可以观察到生产率分布 $G(\varphi)$②,再进行生产决策:继续生产或退出市场。如果企业选择继续生产,将面临额外的固定劳动力成本 f_D,如果企业只面向国内市场,除此之外就没有其他固定成本了。如果企业选择出口至国际市场,还需要支付额外的进入成本 f_X。③ 出口从 i 国出口至 j 国过程中,企业还面临"冰山成本"($\tau_{ij}>1$),到达目的国的每单位商品在出发地需要为 τ_{ij} 单位。④ 在出口目的国,企业面临的市场结构亦为垄断竞争。

假设消费者的效用函数为 CES 形式:⑤

---

① 这是与 Melitz(2003) 存在重要差异的地方,后者只假设企业生产异质性产品。假设每单位同质产品需要消耗一单位劳动力,因此将同质产品作为计价单位。
② 每单位产品需要耗费 a 单位劳动力,a 越大说明生产率越低,反之亦然。
③ f_X 可以看作是企业在国外构建分配和服务网络的花费,类似最初进入国内市场的 f_D。
④ 冰山成本又称"冰山运输成本",最初由萨缪尔森提出,是指产品在不同区域间的运输成本采用"冰山"形式,运输途中有一部分商品"融化"掉了。Krugman(1980)借用"冰山运输成本"这一概念,假设运输成本与运输量成比例,便于进行数理分析。本书假设 $(\tau_{ij})^{\epsilon-1} f_X > f_D$。
⑤ 效用函数的设定形式参考 Helpman 等(2004)。

$$U = \left(1 - \sum_{h=1}^{H} \gamma_h\right) \log z + \sum_{h=1}^{H} \frac{\gamma_h}{\alpha_h} \log\left(\int_{v \in M_h} x_h(m)^{\alpha_h} dm\right) \quad (5.1)$$

其中,z代表消费者对同质产品的消费量,M_h表示产品部门h中可能的商品种类,$x_h(m)$代表每个产品部门h中对m类商品的消费量。不同商品间的替代弹性为$\varepsilon=1/(1-\alpha)$,国家i面临的需求函数A_i为:

$$A_i = \frac{\gamma E_i}{\int_0^{n_i} p_i(m)^{1-\varepsilon} dm} \quad (5.2)$$

其中,E_i表示国家i的总支出水平,n_i表示国家i的产品种类,$p_i(m)$表示商品m的价格水平。

对于单个厂商来说,A_i是外生变量,由此可以得出国家i中产品的需求函数:$A_i p^{-\varepsilon}$。每个商品的劳动力系数为a,则垄断竞争厂商的产品价格为$p=a/\alpha$,$1/\alpha$表示企业的产品加成,生产率为$\varphi=1/a$。

由于需求函数为$A_i p^{-\varepsilon}$,当价格为$1/\varphi\alpha$且市场出清时,厂商的成本为$\alpha A_i(1/\varphi\alpha)^{1-\varepsilon}$,收入为$A_i(1/\varphi\alpha)^{1-\varepsilon}$,所得利润为:

$$\pi_D = (1-\alpha) A_i (1/\varphi\alpha)^{1-\varepsilon} - f_D \quad (5.3)$$

假设$B_i = (1-\alpha) A_i / \alpha^{1-\varepsilon}$,企业利润可化简为:$\pi_D = \varphi^{\varepsilon-1} B_i - f_D$。

对于出口厂商(从i国出口至j国)来说,由于存在冰山成本,所以产品价格为$\tau_{ij}/\varphi\alpha$,在j国面临的需求函数为$A_j(\tau_{ij} 1/\varphi\alpha)^{-\varepsilon}$,市场均衡时厂商的收入和成本分别为$A_j(\tau_{ij} 1/\varphi\alpha)^{1-\varepsilon}$和$\alpha A_j(\tau_{ij} 1/\varphi\alpha)^{1-\varepsilon}$,出口所得额外利润为:

$$\pi_X = (1-\alpha) A_j (\tau_{ij} 1/\varphi\alpha)^{1-\varepsilon} - f_X \quad (5.4)$$

假设$B_j = (1-\alpha) A_j/\alpha^{1-\varepsilon}$,企业出口所得利润可简化为:$\pi_X = (\tau_{ij}/\varphi)^{1-\varepsilon} B_j - f_X$。

当$B_i = B_j$时,表示i国和j国的需求相等。由于假设产品的替代弹性$\varepsilon>1$,$\varphi^{\varepsilon-1}$是企业全要素生产率的单调增函数。根据直观理解,出口企业需要支付额外的固定成本f_X,因此其生产率$\varphi_X^{\varepsilon-1}$高于进入国内市场的生产率$\varphi^{\varepsilon-1}$。为了求得企业的生产率临界值,令利润等于0,则:

$$\varphi^{\varepsilon-1} B_i = f_D, \ \forall i \quad (5.5)$$

$$(\tau_{ij}/\varphi)^{1-\varepsilon} B_j = f_X, \ \forall j \neq i \quad (5.6)$$

由此可见，只有当生产率超过 $\varphi_X^{\varepsilon-1}$ 时，出口厂商才能在国际市场获得正利润，当生产率位于 $[\varphi^{\varepsilon-1},\varphi_X^{\varepsilon-1}]$ 区间时，企业在国内市场是有利可图的，当生产率低于 $\varphi^{\varepsilon-1}$ 时，企业进入市场的利润为负，应当选择退出市场。

进一步地，在上述分析的基础上将实际汇率引入企业的出口决策中，假设双边的实际汇率为：

$$q_{ij}=\frac{e_{ij}w_j}{w_i} \tag{5.7}$$

其中，e_{ij} 代表 i 国和 j 国的双边名义汇率（直接标价法），汇率上升代表 i 国货币贬值。由于出口支付的额外固定成本 f_X 为企业在国际市场建立分销和服务网络，本书用外币表示。因此，当本币升值时，以外币表示的固定成本下降，此时出口厂商的固定成本为 $f_X q_{ij}$（表示为本币形式）。

从厂商的角度看，当产品在本国的售价不变时，本币升值将带来出口价格升高，且冰山成本的存在对升值的影响存在放大效应。为了简化推导过程，参考王乃嘉（2018）、宋超和谢一青（2017）的做法，将出口产品的销售价格设定为 $\tau_{ij}/q_{ij}\varphi\alpha$。其他假设与基础模型保持一致。

出口厂商在国际市场的需求函数为 $A_j(\tau_{ij}/q_{ij}\varphi\alpha)^{-\varepsilon}$，因此收入函数为 $A_j(\tau_{ij}/q_{ij}\varphi\alpha)^{1-\varepsilon}$，成本函数为 $\alpha A_j(\tau_{ij}/q_{ij}\varphi\alpha)^{1-\varepsilon}$ ①。在此基础上，可以构建出口企业在国际市场的利润函数：

$$\pi'_X=\left(\frac{\tau_{ij}}{q_{ij}\varphi}\right)^{1-\varepsilon}B_j-f_X \tag{5.8}$$

令利润函数等于0，可以求得出口厂商的临界生产率：

$$(\tau_{ij}/\varphi)^{1-\varepsilon}B_j=f_X(q_{ij})^{1-\varepsilon} \tag{5.9}$$

根据异质性企业理论的经典假设，产品之间的替代弹性通常大于1，所以 $\varepsilon>1$。可以看出，表明出口的生产率门槛与 q_{ij} 负相关。当 q_{ij} 下降时，本币升值，出口的临界生产率上升。

---

① 当价格等于 $\tau_{ij}/q_{ij}\varphi\alpha$ 时，i 国出口商在 j 国的收入为 $(\tau_{ij}/q_{ij}\varphi\alpha)\times A_j(\tau_{ij}/q_{ij}\varphi\alpha)^{-\varepsilon}=A_j(\tau_{ij}/q_{ij}\varphi\alpha)^{1-\varepsilon}$，成本为 $(\tau_{ij}/q_{ij}\varphi)\times A_j(\tau_{ij}/q_{ij}\varphi\alpha)^{-\varepsilon}=\alpha A_j(\tau_{ij}/q_{ij}\varphi\alpha)^{1-\varepsilon}$。

二、考虑贸易类型差异

对于加工贸易,我国出口退税的政策导向非常明显。政府为了鼓励发展加工贸易,往往会实施特殊的税收减免政策,对进口的中间品减免关税。我国对加工贸易和一般贸易采取差异化税收政策,其中一般贸易依照"先征后退"的原则,而加工贸易则"不征不退",[①]出口退税率调整对加工贸易的影响也相对较小。同时,由于一般贸易的退税率通常低于征收比例,所以加工贸易企业面临的实际税率低于一般贸易。在前文分析的基础上,本节进一步考虑企业的贸易类型,在模型中加入了加工贸易企业和一般贸易企业在出口退税率方面存在的本质差异,由此分析两类企业的生产率差异以及汇率变化对两类企业生产率影响的异同。

考虑出口退税情形下,出口企业在国际市场的利润可以表示为:

$$\pi''_X = \left(\frac{\tau_{ij}}{q_{ij}\varphi\alpha}\right) \times A_j \left(\frac{\tau_{ij}}{q_{ij}\varphi\alpha}\right)^{-\varepsilon} - \frac{\tau_{ij}}{q_{ij}\varphi\alpha} \times A_j \left(\frac{\tau_{ij}}{q_{ij}\varphi\alpha}\right)^{-\varepsilon} - A_j \left(\frac{\tau_{ij}}{q_{ij}\varphi\alpha}\right)^{-\varepsilon} \times$$
$$(t-bs) - f_X = (1-\alpha)A_j \left(\frac{\tau_{ij}}{q_{ij}\varphi\alpha}\right)^{1-\varepsilon} - A_j \left(\frac{\tau_{ij}}{q_{ij}\varphi\alpha}\right)^{-\varepsilon} \times (t-bs) - f_X$$

(5.10)

当 $s=1$ 时,代表加工贸易企业,税收负担为 $(t-b)$;[②]当 $s=0$ 时,代表一般贸易企业,税收负担为 t。这一设定与我国实际情况基本相符。

令利润函数等于 0,可得:

$$(1-\alpha)A_j \left(\frac{\tau_{ij}}{q_{ij}\varphi\alpha}\right)^{1-\varepsilon} = A_j \left(\frac{\tau_{ij}}{q_{ij}\varphi\alpha}\right)^{-\varepsilon} \times (t-bs) + f_X \quad (5.11)$$

两边同时除以 $(\tau_{ij}a)^{-\varepsilon}$:

$$\left(\frac{1}{q_{ij}\alpha}\right)^{1-\varepsilon} \frac{(1-\alpha)A_j\tau_{ij}}{\varphi} = A_j \left(\frac{1}{q_{ij}\alpha}\right)^{1-\varepsilon}(t-bs) + f_X \times (\tau_{ij}/\varphi)^\varepsilon \quad (5.12)$$

---

① 根据《中华人民共和国进出口关税条例(2017修订)》第四十一条:加工贸易进口环节征收关税的,制成品或进口料件在规定时间复出口的,海关按照规定退还其入境已征收税款。一般贸易企业虽然也享受税收优惠,但是退税比例通常低于纳税比例。在加工贸易企业中,来料加工企业采用"不征不退"的政策,即进口和出口环节都不征收增值税,进料加工企业只需要支付来自国内的部分原材料的增值税。总体来看,加工贸易企业享受的税收优惠力度明显大于一般贸易企业。

② 总体而言,企业享受的出口退税率不高于征税率,因此假设 $t > b$,与现实情况相符。

对上式进行移项：

$$\left(\frac{1}{q_{ij}\alpha}\right)^{1-\varepsilon}\frac{(1-\alpha)A_j\tau_{ij}}{\varphi} - f_X \times (\tau_{ij}/\varphi)^{\varepsilon} = A_j\left(\frac{1}{q_{ij}\alpha}\right)^{1-\varepsilon}(t-bs) \quad (5.13)$$

设等式左侧为 $1/\varphi$ 的函数 $f(1/\varphi)$，则：

$$f(1/\varphi) = \left(\frac{1}{q_{ij}\alpha}\right)^{1-\varepsilon}\frac{(1-\alpha)A_j\tau_{ij}}{\varphi} - f_X \times (\tau_{ij}/\varphi)^{\varepsilon} \quad (5.14)$$

由前文基本设定可知：$f_X > 0, \varepsilon > 1, \tau_{ij} > 1$。由于我国企业的加成能力普遍较弱，所以 $df(1/\varphi) < 0$，即 $f(1/\varphi)$ 是 φ 的增函数。[①] 当 $s=1$ 的时候，φ 较小，表示企业的生产率水平较低；当 $s=0$ 的时候，φ 较大，表示企业的生产率水平较高。

在考虑了加工贸易企业享受的税收减免程度之后，可以发现，加工贸易与一般贸易企业的税收优惠不一致，两类企业出口的边际成本存在差异。加工贸易企业税收优惠力度大，边际成本低于一般贸易，因此以加工贸易方式出口的企业生产率低于一般贸易企业。

接下来考虑汇率变化对不同贸易类型企业生产率的影响。首先对式(5.11)进行整理：

$$(1-\alpha)A_j\left(\frac{q_{ij}\varphi\alpha}{\tau_{ij}}\right)^{\varepsilon-1} = A_j\left(\frac{q_{ij}\varphi\alpha}{\tau_{ij}}\right)^{\varepsilon} \times (t-bs) + f_X \quad (5.15)$$

在式(5.15)对 q_{ij} 求偏导可得：

$$(1-\alpha)(\varepsilon-1)A_j\frac{\varphi\alpha}{\tau_{ij}}\left(\frac{q_{ij}\varphi\alpha}{\tau_{ij}}\right)^{\varepsilon-2} = A_j\varepsilon\frac{\varphi\alpha}{\tau_{ij}}\left(\frac{q_{ij}\varphi\alpha}{\tau_{ij}}\right)^{\varepsilon-1} \times (t-bs) \quad (5.16)$$

继续对上式进行整理和化简：

$$\frac{\tau_{ij}(1-\alpha)(\varepsilon-1)}{\alpha\varepsilon} = q_{ij}\varphi(t-bs) \quad (5.17)$$

即为：

[①] 这一设定符合我国基本现实：我国出口企业长期处于全球价值链低端环节，在国际市场上经常采取低价竞争策略，加成率普遍较低，甚至低于非出口企业(盛丹和王永进，2012；耿伟和王亥园，2019)。

$$q_{ij}=\frac{\tau_{ij}(1-\alpha)(\varepsilon-1)}{\alpha\varepsilon}\times\frac{1}{t-bs}\times\frac{1}{\varphi} \tag{5.18}$$

将 s 的取值(0 和 1)代入式(5.18):

当 $s=1$ 时, $\varphi_1=\dfrac{\tau_{ij}(1-\alpha)(\varepsilon-1)}{\alpha\varepsilon}\times\dfrac{1}{t-b}\times\dfrac{1}{q_{ij}}$ (5.19)

当 $s=0$ 时, $\varphi_2=\dfrac{\tau_{ij}(1-\alpha)(\varepsilon-1)}{\alpha\varepsilon t}\times\dfrac{1}{q_{ij}}$ (5.20)

其中,式(5.19)代表加工贸易企业,式(5.20)代表一般贸易企业。结合前文分析,由于 $\varepsilon>1$、$\alpha<1$、$t<b$,其他条件不变的情况下,当本币升值(即 q_{ij} 下降)时,加工贸易和一般贸易企业的生产率门槛都升高。由于 $t-b>0$,$\dfrac{\tau_{ij}(1-\alpha)(\varepsilon-1)}{\alpha\varepsilon}\times\dfrac{1}{t-b}>\dfrac{\tau_{ij}(1-\alpha)(\varepsilon-1)}{\alpha\varepsilon t}$,对于 q_{ij} 的同等下降幅度(即本币升值),加工贸易企业的临界生产率上升更多。

临界生产率提高意味着原有的低效率企业被迫退出市场,更高效率的企业进入,由此引致的新旧企业更替会加剧出口企业之间的竞争,倒逼企业不断提高生产率,以在竞争中立于不败之地。结合前一节理论分析,汇率变化可通过进入退出、规模经济、资本劳动比变化和进口等路径影响出口企业生产率,为上述结论提供了有力支撑。同时,随着汇率升值,加工贸易和一般贸易企业的生产率临界值均提高,表明汇率升值利于提升出口企业生产率这一结论适用于两类企业。但是,加工贸易企业的临界生产率上升幅度更大,说明相较于一般贸易企业,汇率升值使得加工贸易企业更替进程更快,竞争程度愈发加剧,在新的竞争条件下其生产率提升可能更多。更进一步地,低效率企业退出和高效率企业进入意味着不同出口行业的生产率分布进而企业间资源配置效率发生变化,这一结论在前一章得到了验证。随着汇率变化,加工贸易企业生产率临界值幅度更大,意味着汇率升值引致的企业间资源配置效应对于加工贸易企业可能更明显。因此,本章提出假说1。

假说1:汇率变化对加工贸易和一般贸易企业的生产率均能产生显著影响,加工贸易企业受到的影响更大。

第三节　不同贸易类型企业的特征差异

一、分年度企业数量和出口额变化

样本期内,一般贸易企业占比平均超过50%,且逐年增加,纯加工贸易企业占比呈下降趋势。出口企业数量增加较快,加工贸易和一般贸易企业数量同步增加,但一般贸易企业增幅更大。从表5-1看出,加工贸易企业占比从2000年的56.80%下降至2013年的28.42%;加工贸易出口额占比[1]从2000至2007年大体上呈逐年递减趋势,但2008年至2013年期间呈现波动趋势,其中2010年加工贸易出口额占比最低,仅为19.07%。

表5-1　加工贸易企业数量和金额情况

年份	出口企业数量	加工贸易企业数量	加工贸易企业数量占比	加工贸易出口额占比
2000	15 077	8 563	56.80%	44.43%
2001	17 721	9 770	55.13%	45.88%
2002	20 341	10 883	53.50%	36.95%
2003	24 509	12 440	50.76%	37.62%
2004	36 320	17 312	47.67%	33.27%
2005	38 733	17 954	46.35%	32.03%
2006	46 135	19 631	42.55%	34.22%
2007	53 299	20 853	39.12%	24.24%
2008	68 676	25 179	36.66%	42.84%
2009	56 590	20 347	35.96%	43.81%
2010	50 635	18 389	36.32%	19.07%
2011	55 427	17 469	31.52%	45.32%
2012	60 653	18 333	30.23%	48.54%
2013	64 478	18 327	28.42%	46.69%

资料来源:作者计算整理所得。

---

[1] 此处的加工贸易出口额占比是指:在本书匹配成功的出口企业样本中,参与加工贸易的企业出口额占总出口额的比重。

接着观察出口企业的出口目的国和出口产品种类[①]。表5-2列示了从2000年至2013年出口企业出口国家总数量和出口产品种类均值,以及一般贸易和加工贸易企业出口国家数量和出口产品种类均值。可以看出,样本期内,企业平均出口9.428个国家,出口6.825种产品,出口国家数量和产品种类总体呈上涨趋势,出口国家数量均值从2000年的6.144增加至2013年的11.01,出口产品种类从2000年的6.229逐年递增至2013年的7.417。与总体情况类似,一般贸易企业的出口国家数量和产品种类的均值呈增加趋势,且与总体均值差距减小。加工贸易企业出口国家和产品相对较为单一,2000年出口国家数量和产品种类均值分别为1.227和1.265,之后逐年递减,到2013年分别仅为0.550和0.326。

表5-2　　　　不同贸易方式分年度出口种类和国家

年份	出口国家数量 总体	一般贸易	加工贸易	出口产品种类 总体	一般贸易	加工贸易
2000	6.144	3.712	1.227	6.229	3.958	1.265
2001	6.530	4.338	1.060	6.047	4.093	1.027
2002	7.357	5.259	1.010	6.626	4.798	0.915
2003	7.860	5.895	0.946	6.780	5.118	0.849
2004	8.217	6.386	0.903	6.685	5.158	0.772
2005	8.759	6.859	0.933	6.934	5.432	0.744
2006	8.899	7.138	0.850	6.706	5.410	0.635
2007	9.118	7.453	0.766	6.640	5.459	0.540
2008	9.234	7.575	0.761	6.480	5.376	0.510
2009	9.303	7.684	0.738	6.515	5.451	0.478
2010	9.818	8.306	0.597	6.906	5.877	0.391
2011	11.16	9.487	0.646	7.122	6.106	0.371
2012	11.00	9.422	0.614	7.269	6.253	0.351
2013	11.01	9.540	0.550	7.417	6.474	0.326
总计	9.428	7.717	0.760	6.825	5.593	0.553

资料来源:作者计算整理所得。

初步表明,无论从加工贸易企业数量和出口金额占比看,还是从加工贸易

[①] 出口产品种类按照HS8位编码计算。

出口国家数量和产品种类看,加工贸易相对一般贸易的发展呈收缩趋势。可能是因为,在国家政策引导下,加工贸易企业正努力进行转型升级,结构得以优化,资金、技术密集型产品出口迅速增加,高技术产业的增加值也呈增长态势(孙玉琴等,2013)。虽然加工贸易占比减小,出口产品质量和专业化程度得以提高,是加工贸易企业转型升级的重要体现。

二、分年度全要素生产率变化

一般来说,加工贸易处于价值链低端环节,对企业生产率要求低,因此加工贸易企业生产率低于一般贸易企业,表5-3的结果支持了这一论断。从2000年至2013年,加工贸易企业的生产率均值一直低于一般贸易企业,总体均呈上升趋势,对各年结果进行t检验发现,两组企业的生产率存在显著差异。细分行业的结果类似(表5-4),各行业加工贸易企业生产率普遍低于一般贸易企业。

表 5-3　　加工贸易和一般贸易企业生产率比较(分年度)

年份	加工贸易 $tfp1$	加工贸易 tfp_cd	加工贸易 tfp_LP	一般贸易 $tfp1$	一般贸易 tfp_cd	一般贸易 tfp_LP
2000	4.925	4.509	5.463	5.141	4.516	5.685
2001	4.940	4.520	5.501	5.188	4.582	5.709
2002	4.967	4.557	5.570	5.247	4.656	5.745
2003	5.044	4.636	5.646	5.338	4.765	5.824
2004	5.074	4.692	5.604	5.420	4.866	5.776
2005	5.196	4.807	5.806	5.535	4.970	5.914
2006	5.306	4.901	5.947	5.640	5.058	5.988
2007	5.402	4.990	6.035	5.742	5.157	6.059
2008	5.462	5.045	*	5.814	5.209	*
2009	5.518	5.065	*	5.890	5.236	*
2010	5.426	5.036	6.086	5.734	5.171	6.046
2011	5.814	5.461	6.221	6.000	5.518	6.118
2012	5.823	5.464	6.235	6.040	5.528	6.131
2013	5.576	5.372	6.249	5.763	5.414	6.136
总计	5.374	4.988	5.910	5.744	5.202	6.007

注:*代表无观测值。
资料来源:作者计算整理所得。

表5-4 加工贸易和一般贸易企业生产率比较(分行业)

行业名称	加工贸易 tfp1	加工贸易 tfp_cd	加工贸易 tfp_LP	一般贸易 tfp1	一般贸易 tfp_cd	一般贸易 tfp_LP
煤炭开采和洗选业	5.184	5.001	7.874	6.267	5.555	8.513
石油和天然气开采业	6.778	5.467	8.185	6.218	5.453	8.744
黑色金属矿采选业	*	*	*	6.330	5.490	6.964
有色金属矿采选业	5.557	4.939	6.699	6.009	5.298	6.373
非金属矿采选业	5.263	4.628	5.540	5.597	4.878	6.031
其他采矿业	*	*	*	5.415	4.216	5.384
农副食品加工业	5.875	5.288	5.962	6.040	5.402	5.918
食品制造业	5.604	4.954	5.769	5.846	5.133	5.989
饮料制造业	6.365	5.289	6.367	6.153	5.259	6.282
烟草制品业	6.424	5.171	7.849	7.775	6.731	9.210
纺织业	5.314	4.902	5.871	5.662	5.136	5.819
纺织服装、服饰业	4.816	4.723	5.751	5.187	5.032	5.824
皮革、毛皮和制鞋业	4.959	4.927	5.942	5.229	5.135	5.879
木材加工和木制品业	5.474	4.965	5.648	5.652	5.187	5.795
家具制造业	5.239	4.902	5.823	5.446	5.107	5.770
造纸及纸制品业	5.663	5.042	5.823	5.918	5.182	6.021
印刷和记录媒介复制业	5.217	4.619	5.677	5.656	4.878	5.894
文教体育用品制造业	4.878	4.751	5.742	5.298	4.978	5.680
石油加工、炼焦及核燃料加工业	7.537	6.323	6.971	6.761	5.722	6.720
化学原料和化学制品制造业	6.333	5.481	6.191	6.272	5.444	6.212
医药制造业	5.903	5.148	6.178	6.000	5.179	6.349
化学纤维制造业	6.355	5.417	6.126	6.332	5.448	6.342
橡胶制品业	5.440	4.977	5.921	5.668	5.105	6.005
塑料制品业	5.474	4.954	5.709	5.701	5.109	5.824
非金属矿物制品业	5.348	4.833	5.776	5.570	5.020	5.960
黑色金属冶炼和压延加工业	6.805	5.856	6.606	6.618	5.779	6.572
有色金属冶炼和压延加工业	6.619	5.767	6.504	6.380	5.539	6.324
金属制品业	5.488	4.983	5.837	5.694	5.166	5.831
通用设备制造业	5.673	5.074	5.965	5.749	5.157	5.978
专用设备制造业	5.568	5.018	6.004	5.803	5.204	6.075
交通运输设备制造业	5.817	5.209	6.182	5.937	5.284	6.281
电气机械及器材制造业	5.437	5.074	5.959	5.778	5.305	6.077
通信设备、计算机及其他电子设备制造业	5.574	5.187	6.214	5.764	5.308	6.243

续表

行业名称	加工贸易 tfp1	加工贸易 tfp_cd	加工贸易 tfp_LP	一般贸易 tfp1	一般贸易 tfp_cd	一般贸易 tfp_LP
仪器仪表制造业	5.098	4.844	5.786	5.516	5.088	6.028
其他制造业	5.065	4.897	5.794	5.352	5.098	5.796
废弃资源综合利用业	6.291	5.548	6.128	6.633	5.719	6.161
电力、热力生产和供应业	8.640	6.475	8.795	6.141	5.149	6.864
燃气生产和供应业	9.091	6.987	8.358	6.729	5.476	6.421
水的生产和供应业	6.439	5.147	5.960	8.123	6.289	7.841

注：*代表无观测值。
资料来源：作者整理计算所得。

接着，本章对加工贸易企业和非加工贸易企业分别绘制了贸易加权的算术平均实际有效汇率（$larith\_rrate$）和全要素生产率（tfp_LP）之间的散点图。图5-2显示，对于两类企业来说，汇率升值均能促进生产率增长，但加工贸易企业受到的促进作用可能更大。另外，根据散点图，加工贸易的全要素生产率分布区间较为分散，整体低于非加工贸易企业，与前文统计结果保持一致。

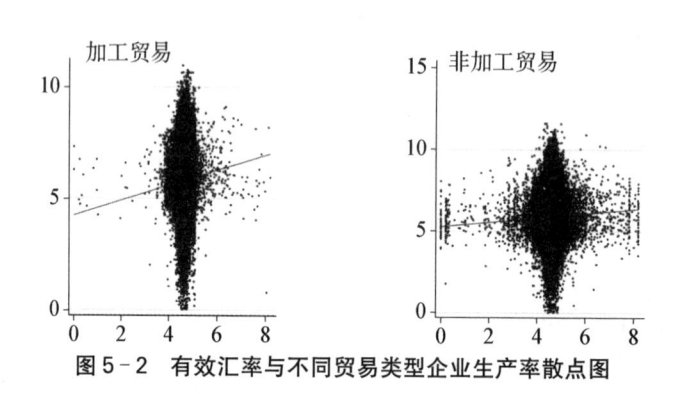

图5-2 有效汇率与不同贸易类型企业生产率散点图

第四节 汇率变化的生产率提升效应

一、计量模型构建

为了准确识别贸易类型异质性的作用，本书还从两个方面对第四章基准回归模型进行指标更换。首先,在回归方程中分别加入加工贸易虚拟变量($proc$)及其与汇率指标的交互项(pro_rate)[①],计量模型见式(5.21)。其次,在回归方程中加入加工贸易强度(pro_level)及其与汇率指标的交互项(pro_rate2)[②],计量模型见式(5.22)。

$$\ln tfp_{it} = \alpha + \beta_1 larith\_rrate_{it} + \beta_2 pro\_rate + \beta_3 proc \\ + \gamma X_{it} + \mu_i + \mu_{ind} + \mu_{year} + \varepsilon_{it} \quad (5.21)$$

$$\ln tfp_{it} = \alpha + \beta_1 larith\_rrate_{it} + \beta_2 pro\_rate2 + \beta_3 pro\_level \\ + \gamma X_{it} + \mu_i + \mu_{ind} + \mu_{year} + \varepsilon_{it} \quad (5.22)$$

其中,下标i和t分别代表企业和年份。其他变量定义及模型设定细节与前文保持一致。

二、加工贸易和一般贸易企业对比分析

根据前文分析,随着有效汇率增加,企业生产率得以显著提升,加工贸易企业生产率普遍低于一般贸易。将贸易类型划分为加工贸易和一般贸易,主要源自中国贸易结构的变化。[③] 加工贸易主要包括来料加工和进料加工,来料加工由国外厂商提供全部或者部分原材料,企业主要赚取加工费;进料加工企业自行进口原材料,经过加工装配之后将半成品或者成品销往国外。相比而言,进料加工企业比来料加工企业的附加值高,但二者均属于低端生产,生产率较低。限于数据问题,本书不再对加工贸易企业进行细分。

接下来,对加工贸易企业和一般贸易企业分别回归,检验汇率变化对两类企业生产率的影响差异性,表5-5是基于加工贸易样本的回归结果,表5-6是一般贸易样本的回归结果。根据结果可知,无论是加工贸易还是一般贸易,有效汇率的均为正,并通过了1%的显著性水平检验。按照LP生产率回归结果,人民币汇率每升值1%,加工贸易企业和一般贸易企业生产率分别上升0.09%和0.03%;按照生产函数法生产率回归结果,人民币汇率每升值1%,

---

[①] 加工贸易虚拟变量参照前文分类,加工贸易组企业$proc=1$,一般贸易企业$proc=0$。
[②] 参照盛丹和刘竹青(2017)的做法,加工贸易强度(pro_level)等于企业加工贸易出口额与出口贸易总额之比,这一比例越大,证明企业的加工贸易强度越高。
[③] 1996年以来,我国贸易结构发生转变,表现为"两头倚重"的模式(郎金焕和史晋川,2013):一头是一般贸易,另一头是加工贸易,从国外进口原材料和中间品,加工之后再出口。

加工贸易企业和一般贸易企业生产率分别上升0.14%和0.07%。可以看出，无论采用哪种生产率指标，有效汇率对加工贸易企业的影响均明显大于一般贸易企业，说明汇率升值对加工贸易生产率的促进作用更加明显，验证了假说1。可能是因为：一方面，加工贸易企业多从事低技术生产工作，利用国内的廉价劳动力资源为国外产品"贴牌"或代工，由于进入门槛低，大量的中小出口企业进入市场从事加工贸易。当汇率升值，出口企业在国际市场的竞争优势被削弱，大批的低生产率企业不得不退出市场，进入退出的动态调整利于企业调整内部资源配置，带动生产率提升。虽然一般贸易企业也会出现类似效应，但受到的冲击相对较小。另一方面，加工贸易企业生产过程中用到的部分原材料或者中间品无法从国内市场获得，需要从国外市场进口，人民币升值降低进口产品相对价格，给加工贸易企业带来成本优势，为生产率提高提供可能性。虽然一般贸易企业进口的中间品价格也同步降低，但加工贸易企业进口中间品或原材料的投入比例更大，因此受到的影响更加明显。本书结果与Campa和Goldberg(1999)一致：汇率对企业的影响在很大程度上取决于其定价能力，定价能力越强的企业受到的冲击越小，反之亦然。加工贸易企业，无论是来料加工还是进料加工，产品定价能力都低于一般贸易企业，对汇率变化更加敏感。

表 5-5　　　　　　　　加工贸易样本回归结果

变量名称	(1) tfp_cd	(2) tfp_cd	(3) tfp_cd	(4) tfp_LP	(5) tfp_LP	(6) tfp_LP
$larith\_rrate$	0.2969***	0.1153***	0.1425***	0.4143***	0.0837***	0.0939***
	(0.0102)	(0.0074)	(0.0132)	(0.0134)	(0.0096)	(0.0152)
$lage$		0.1966***	0.1988***		0.0835***	0.0845***
		(0.0079)	(0.0140)		(0.0086)	(0.0122)
$lage2$		−0.0733***	−0.0740***		−0.0223***	−0.0235***
		(0.0019)	(0.0038)		(0.0021)	(0.0032)
$import$		−0.1834***	−0.1771***		0.0101***	0.0057
		(0.0032)	(0.0065)		(0.0037)	(0.0060)
hhi		0.1771***	0.0105		−0.2216***	−0.0529
		(0.0210)	(0.0451)		(0.0230)	(0.0393)
roa		0.5788***	0.5720***		0.5141***	0.4982***
		(0.0055)	(0.1365)		(0.0060)	(0.1433)
lev		0.2396***	0.2394***		−0.0799***	−0.0852***

续表

变量名称	(1) tfp_cd	(2) tfp_cd	(3) tfp_cd	(4) tfp_LP	(5) tfp_LP	(6) tfp_LP
scale		(0.0043)	(0.0208)		(0.0049)	(0.0201)
		0.4409***	0.4351***		0.5942***	0.6036***
		(0.0010)	(0.0057)		(0.0012)	(0.0053)
_cons	3.5981***	−0.4539***	−1.5659**	3.9752***	−1.1335***	−1.2746***
	(0.0480)	(0.0359)	(0.6383)	(0.0627)	(0.0475)	(0.0765)
年份固定效应	N	N	N	N	Y	Y
企业固定效应	N	N	Y	N	N	Y
行业固定效应	N	N	Y	N	N	Y
样本量	235450	235450	235450	183327	183327	183327

注：括号内表示标准误；*、**、***分别表示10%、5%、1%的显著性水平。

表5-6　　　　　　　　　　　一般贸易样本回归结果

变量名称	(1) tfp_cd	(2) tfp_cd	(3) tfp_cd	(4) tfp_LP	(5) tfp_LP	(6) tfp_LP
larith_rrate	0.1488***	0.0092**	0.0072*	0.1663***	0.0280***	0.0343***
	(0.0055)	(0.0040)	(0.0040)	(0.0080)	(0.0049)	(0.0063)
lage		0.2512***	0.2472***		0.0926***	0.0953***
		(0.0054)	(0.0054)		(0.0060)	(0.0087)
lage2		−0.1012***	−0.0993***		−0.0267***	−0.0278***
		(0.0013)	(0.0013)		(0.0014)	(0.0021)
import		−0.1572***	−0.1579***		0.0582***	0.0463***
		(0.0022)	(0.0023)		(0.0025)	(0.0048)
hhi		−0.1626***	−0.1279***		0.1101***	0.0848***
		(0.0138)	(0.0152)		(0.0152)	(0.0242)
roa		0.7469***	0.7441***		0.8585***	0.8459***
		(0.0048)	(0.0047)		(0.0057)	(0.0767)
lev		0.1537***	0.1501***		−0.2315***	−0.2210***
		(0.0039)	(0.0039)		(0.0045)	(0.0166)
scale		0.4037***	0.4040***		0.6073***	0.6143***
		(0.0008)	(0.0008)		(0.0010)	(0.0030)
_cons	4.5120***	0.5819***	−0.1540**	5.2366***	−0.9494***	−0.7918***
	(0.0254)	(0.0206)	(0.0655)	(0.0371)	(0.0265)	(0.1061)
年份固定效应	N	N	N	N	Y	Y
企业固定效应	N	N	Y	N	N	Y

续表

变量名称	(1) tfp_cd	(2) tfp_cd	(3) tfp_cd	(4) tfp_LP	(5) tfp_LP	(6) tfp_LP
行业固定效应	N	N	Y	N	N	Y
样本量	373 144	373 144	373 144	273 615	273 615	273 615

注：括号内表示标准误；*、**、***分别表示10%、5%、1%的显著性水平。

另外，本书对式(5.21)和式(5.22)进行回归，回归结果见表5-7。Panel A列(1)—(4)分别为生产函数生产率、LP生产率、劳动生产率与acf生产率对各变量的回归系数。可以看出：加工贸易虚拟变量的系数均在1%的水平上显著为负，说明参与加工贸易对企业生产率产生了负向影响；交互项系数显著为正，说明对于加工贸易企业，有效汇率上升对生产率产生的正向促进作用更大。本书对Panel B的处理与Panel A类似，可以发现，加工贸易强度系数均显著为负，说明加工贸易强度越大，企业的生产率越低。对于交互项系数，仅列(2)不显著，再次验证了升值对加工贸易企业生产率的影响更大。

表5-7　考虑加工贸易虚拟变量和加工贸易强度的回归结果

Panel A：加工贸易虚拟变量

变量名称	(1) tfp_cd	(2) tfp_LP	(3) $tfp1$	(4) tfp_acf
$larith\_rrate$	0.071 4***	0.014 8**	0.083 3***	0.044 3***
	(0.007 1)	(0.006 1)	(0.008 4)	(0.005 8)
pro_rate	0.182 1***	0.167 7***	0.037 7*	0.130 8***
	(0.016 9)	(0.013 7)	(0.019 9)	(0.013 9)
$proc$	−0.974 5***	−0.824 3***	−0.462 4***	−0.478 1***
	(0.078 8)	(0.063 9)	(0.092 9)	(0.065 2)
$\_cons$	2.463 9***	−0.722 9***	6.807 4***	1.102 0***
	(0.300 3)	(0.100 6)	(0.365 8)	(0.239 0)
控制变量	Y	Y	Y	Y
固定效应	Y	Y	Y	Y
样本量	608 594	456 942	608 594	456 070

续表

Panel B:加工贸易强度

变量名称	(1) tfp_cd	(2) tfp_LP	(3) $tfp1$	(4) tfp_acf
$larith\_rrate$	0.0982***	0.0429***	0.0714***	0.0922***
	(0.0066)	(0.0062)	(0.0078)	(0.0058)
pro_rate2	0.3913***	0.0580	0.3027***	0.1939***
	(0.0759)	(0.0391)	(0.0784)	(0.0434)
pro_level	−2.0866***	−0.3638**	−1.9121***	−0.9279***
	(0.3586)	(0.1837)	(0.3705)	(0.2040)
$\_cons$	2.3432***	−1.0083***	6.9601***	0.9165***
	(0.3024)	(0.0305)	(0.3690)	(0.2411)
控制变量	Y	Y	Y	Y
固定效应	Y	Y	Y	Y
样本量	608594	456942	608594	456070

注：括号内表示标准误；*、**、***分别表示10%、5%、1%的显著性水平；固定效应包含年份、时间和企业效应。本章下表同。

三、加工贸易企业的内部异质性

为了进一步考察汇率对加工贸易内部异质性企业生产率的影响，本书对加工贸易企业进行分组回归。根据分行业回归结果（表5-8），有效汇率对所有组别企业的影响均显著为正，但对技术密集型企业的影响（0.1408）大于劳动（0.0921）和资本密集型企业（0.0867）。类似地，随着有效汇率上升，高科技企业生产率受到的激励效应高于非高科技企业。可能是因为，在汇率升值背景下，从事高科技产品加工装配的企业更能从进口产品中获得技术扩散和知识转移，从而提升生产率。分地区回归结果见表5-9列(1)—(3)。可以看出，与总体回归结果类似，中部地区企业受到的影响依然不显著，但是西部企业受到的正向促进效应高于东部企业。根据分所有制回归结果，即列(4)—(6)，有效汇率在民营加工贸易企业组的影响系数远大于国有和外资企业。

表5-8　加工贸易分行业回归结果

变量名称	劳动密集 (1) tfp_LP	资本密集 (2) tfp_LP	技术密集 (3) tfp_LP	高科技 (4) tfp_LP	非高科技 (5) tfp_LP
$larith\_rrate$	0.0921***	0.0867***	0.1408***	0.1098***	0.0941***
	(0.0246)	(0.0233)	(0.0233)	(0.0270)	(0.0170)
$\_cons$	−1.3916***	−1.1802	−1.3451***	−1.1682***	−1.3477***
	(0.1223)	(0.1093)	(0.1179)	(0.1332)	(0.0902)
控制变量	Y	Y	Y	Y	Y
固定效应	Y	Y	Y	Y	Y
样本量	57106	60816	57785	44654	138673

表5-9　加工贸易企业分地区和所有制回归结果

变量名称	东 (1) tfp_LP	中 (2) tfp_LP	西 (3) tfp_LP	国有 (4) tfp_LP	民营 (5) tfp_LP	外资 (6) tfp_LP
$larith\_rrate$	0.0975***	−0.0608	0.2177***	0.0573	0.0814***	0.0590***
	(0.0156)	(0.0701)	(0.0828)	(0.0663)	(0.0290)	(0.0180)
$\_cons$	−1.1370***	−0.5946	−2.0702***	−1.2407***	−0.6707***	−1.1180
	(0.0724)	(0.3657)	(0.5053)	(0.3590)	(0.1699)	(84.3814)
控制变量	Y	Y	Y	Y	Y	Y
固定效应	Y	Y	Y	Y	Y	Y
样本量	174736	5905	2686	4044	25728	141639

四、一般贸易企业的内部异质性

分行业回归结果(表5-10)表明:汇率对劳动密集型企业生产率的促进效应大于资本和技术密集型企业,三组企业的回归系数均在1%的统计水平上显著;非高科技组的影响系数和显著性均高于高科技组。可能的原因是,汇率升值带动劳动力成本上升,更利于一般贸易企业中的劳动密集型和非高科技企业,使其增加资本投入,改善内部要素配置,带动生产率提升。分地区回归结果即表5-11列(1)—(3)与加工贸易企业不同,有效汇率对东部地区企业生产率的影响在1%的显著性水平上为正,而对中部和西部企业的影响不显著。列(4)—(6)为分所有制回归结果,可以看出,民营企业生产率受到的促进效应略高于外资企业,而国有企业组回归系数不显著。

表 5-10　　　　　　　　一般贸易分行业回归结果

变量名称	劳动密集 (1) tfp_LP	资本密集 (2) tfp_LP	技术密集 (3) tfp_LP	高科技 (4) tfp_LP	非高科技 (5) tfp_LP
$larith\_rrate$	0.068 2***	0.033 1***	0.025 0***	0.029 3**	0.036 7***
	(0.015 2)	(0.010 0)	(0.008 7)	(0.012 0)	(0.007 2)
$\_cons$	−1.124 5***	−1.031 6	−1.324 3***	−1.033 2***	−0.827 8***
	(0.087 7)	(370.742 8)	(0.060 2)	(0.067 6)	(0.111 2)
控制变量	Y	Y	Y	Y	Y
固定效应	Y	Y	Y	Y	Y
样本量	48 192	93 203	120 927	76 958	196 657

表 5-11　　　　　一般贸易企业分地区和所有制回归结果

变量名称	东 (1) tfp_LP	中 (2) tfp_LP	西 (3) tfp_LP	国有 (4) tfp_LP	民营 (5) tfp_LP	外资 (6) tfp_LP
$larith\_rrate$	0.042 2***	0.000 2	0.010 6	0.018 3	0.032 4***	0.029 7**
	(0.007 0)	(0.018 3)	(0.022 8)	(0.029 5)	(0.008 2)	(0.012 7)
$\_cons$	−0.781 6***	−0.689 3***	−0.692 6***	−1.044 6***	−0.441 9	−0.442 0***
	(0.126 3)	(0.230 0)	(0.233 0)	(0.208 7)	(0.339 0)	(0.111 1)
控制变量	Y	Y	Y	Y	Y	Y
固定效应	Y	Y	Y	Y	Y	Y
样本量	238 830	21 439	13 346	12 004	105 956	109 240

五、稳健性检验

(一) 内生性讨论

汇率指标测算过程中涉及各国的贸易额以及中国与各国的双边汇率,因此人民币汇率变化会影响企业的进出口国家选择,从而影响贸易权重,导致汇率指标本身的内生性问题，造成估计结果偏误。为了解决这一潜在问题，本书选取汇率指标的滞后一期作为工具变量，两阶段最小二乘法估计结果见列表 5-12 列 (1)。另外，鉴于滞后一期难以完全解决内生性问题，本章继续构建四分位行业层面的人民币实际有效汇率指标作为工具变量，两阶段最小二乘法回归结果见列(2)。可以看出，无论采用何种工具变量，人民币实际汇率对两组企业生产率的影响始终具有显著的提升作用，且加工贸易企业受到的激励效应更大，与前文回归结论保持一致。因此，本章所得结论在考虑内生性问题之后依然稳健。

表 5-12　　　　　　　　　稳健性检验结果

变量名称	(1) tfp_LP	(2) tfp_LP	(3) $tfp1$	(4) tfp_acf	(5) tfp_LP	(6) tfp_cd
加工贸易						
$larith\_rrate$	0.1673***	0.2786***	0.1543***	0.1604***		
	(0.0235)	(0.0775)	(0.0190)	(0.0118)		
$lgeo\_rrate$					0.0874***	0.1022***
					(0.0111)	(0.0140)
控制变量	Y	Y	Y	Y	Y	Y
固定效应	Y	Y	Y	Y	Y	Y
样本量	130706	183327	235450	182935	183327	235450
一般贸易						
$larith\_rrate$	0.0654***	0.1945***	0.0697***	0.0332***		
	(0.0124)	(0.0374)	(0.0084)	(0.0047)		
$lgeo\_rrate$					0.0335***	0.0203***
					(0.0047)	(0.0056)
控制变量	Y	Y	Y	Y	Y	Y
固定效应	Y	Y	Y	Y	Y	Y
样本量	177758	273615	373144	273135	273615	373144

（二）其他稳健性检验

1. 更换关键指标——生产率

在基准回归中，本章采用生产函数法和 LP 法生产率，在此对生产率指标进行更换,用人均产出和 acf 生产率。回归结果见表 5-12,列(3)和列(4)分别为 acf 生产率和人均产出对汇率的回归结果。可以看出,更换生产率指标之后,本章的基本结论依然成立:人民币有效汇率对加工贸易和一般贸易企业的生产率的影响均在 1% 的水平上正显著,加工贸易企业受到的正向促进作用更大。

2. 更换关键指标——汇率

对于汇率指标,此处改用几何平均法计算结果,重复上述过程,列(5)和列(6)分别报告了 LP 生产率和生产函数生产率的回归结果。结果表明,无论是几何平均还是算术平均,人民币有效汇率对企业生产率的影响都正显著,说明了本书的结论合理、稳健。

六、影响路径的差异性

根据表 5-13 和表 5-14,加工贸易企业的进入退出效应和进口效应都大于一般贸易企业。加工贸易企业多属于低成本加成企业,多雇用低技能工人,人民币汇率升值造成劳动成本上升,加之企业自身生产率较低,大量低效率企业选择退出市场,因此汇率变化可以通过进入退出效应对加工贸易企业造成更大的影响。另外,加工贸易企业从国外进口大量的中间品和原材料,人民币汇率升值造成进口品价格相对较低,加工贸易企业变得更加有利可图,会进一步增加中间品进口,在提高利润的同时还能学习进口中间品和资本品中包含的先进技术,对生产率产生促进作用更大。值得注意的是,汇率变化对加工贸易企业带来的规模经济效应不明显,说明汇率升值未能显著扩大加工贸易企业的规模。[①]

表 5-13　　　　　　　　一般贸易企业中介效应检验

变量名称	(1) exit	(2) tfp_LP	(3) $klabor$	(4) tfp_LP	(5) $scale2$
$larith\_rrate$	0.0088***	0.0340***	0.0079***	0.0342***	0.0586***
	(0.0048)	(0.0063)	(0.0025)	(0.0063)	(0.0116)

---

① 根据理论分析,出口退税率的不同导致两类企业进入成本和进入退出门槛出现差异,影响机制检验也表明,加工贸易企业的进入退出效应和进口效应比一般贸易企业更加显著,不仅证明了模型构建过程加入出口退税因素的合理性,还与前文理论分析和实证检验保持一致,保证了全文的逻辑连贯。

续表

变量名称	(1) $exit$	(2) tfp_LP	(3) $klabor$	(4) tfp_LP	(5) $scale2$
$exit$		0.0282*** (0.0055)			
$klabor$				0.0166*** (0.0060)	
样本量	373 144	273 615	373 144	273 615	373 144

变量名称	(6) tfp_LP	(7) $limintva$	(8) tfp_LP	(9) $limcapva$	(10) tfp_LP
$larith\_rrate$	0.0301*** (0.0064)	0.3958*** (0.0220)	0.0328*** (0.0063)	0.4368*** (0.0253)	0.0337*** (0.0063)
$scale2$	0.6024*** (0.0031)				
$lintv$			0.0035*** (0.0006)		
$limcapv$					0.0012*** (0.0005)
样本量	273 615	373 144	273 615	373 144	273 615

表 5-14　　加工贸易企业中介效应检验

变量名称	(1) $klabor$	(2) $exit$	(3) tfp_LP	(4) tfp_LP	(5) $scale2$
$larith\_rrate$	0.0131** (0.0060)	0.0393*** (0.0118)	0.0930*** (0.0152)	0.0937*** (0.0152)	0.0214 (0.0338)
$exit$			0.0337*** (0.0047)		
$klabor$				0.0102*** (0.0026)	
样本量	235 450	235 450	183 327	183 327	235 450

变量名称	(6) tfp_LP	(7) $limintva$	(8) tfp_LP	(9) $limcapva$	(10) tfp_LP
$larith\_rrate$	0.0769*** (0.0156)	1.4900*** (0.0657)	0.0720*** (0.0070)	1.5356*** (0.0971)	0.0457*** (0.0069)

续表

变量名称	(6) klabor	(7) exit	(8) tfp_LP	(9) tfp_LP	(10) scale2
scale2	0.5896***				
	(0.0054)				
lintv			0.0420***		
			(0.0003)		
limcapv					0.0539***
					(0.0003)
样本量	183327	235450	183327	235450	183327

另外,为了进一步说明进入退出效应对加工贸易企业生产率增长的重要性,本节继续采用 MP 方法对加工贸易和一般贸易企业的生产率进行动态分解。具体分解过程参考 Melitz 和 Polanec(2015)和杨汝岱(2015)的做法,将企业的整体生产率增长来源分解为企业内、企业间、进入和退出效应四个部分。结果发现,进入退出效应对加工贸易企业生产率增长的贡献(14.7%)大于一般贸易企业(11.8%)。①

第五节 拓展分析

一、考虑贸易类型的非对称影响

本节将继续探讨汇率对出口企业生产率的非对称影响问题,并关注这一

---

① 具体公式为:
$$\Delta tfp = (tfp_{St} - tfp_{St-1}) + s_{Et}(tfp_{Et} - tfp_{St}) + s_{Xt}(tfp_{St-1} - tfp_{Xt-1})$$
$$= \overline{(tfp_{St} - tfp_{St-1})} + \sum_{i \in S}(s_{it} - \overline{s_t})(tfp_{it} - \overline{tfp_{st-1}}) + s_{Et}(tfp_{Et} - tfp_{St}) + s_{Xt}(tfp_{St-1} - tfp_{Xt-1})$$
,其中 tfp_{it} 表示出口企业 i 在 t 时期的生产率;s_{it} 表示出口企业 i 在 t 时期的员工人数占比;S、E、X 表示企业的状态,分别代表在位,进入和退出。$\overline{(tfp_{St} - tfp_{St-1})}$ 表示在位企业生产率的算术平均加权值之差,代表企业内效应;$\sum_{i \in S}(s_{it} - \overline{s_t})(tfp_{it} - \overline{tfp_{st-1}})$ 表示在位企业间的配置效率变动对企业生产率增长的贡献,代表企业间效应;$s_{Et}(tfp_{Et} - tfp_{St})$ 表示新进入企业对生产率增长的贡献,代表进入效应;$s_{Xt}(tfp_{St-1} - tfp_{Xt-1})$ 表示退出企业对生产率增长的贡献,代表退出效应。

非对称性在一般贸易和加工贸易企业中是否存在。计量模型设置参考式(4.27),回归结果见表 5-15。可以看出,这一非对称性在两组企业均显著存在,且加工贸易企业的这一现象更明显。

表 5-15　汇率变动对企业生产率的非对称影响(分贸易类型)

变量名称	(1) tfp_LP	(2) tfp_cd	(3) $tfpl$	(4) tfp_acf
	加工贸易			
$larith\_rrate$	0.053 2*	0.200 8***	0.438 3***	0.358 1***
	(0.027 7)	(0.008 8)	(0.008 6)	(0.029 1)
$reer\_dum$	−0.104 3*	−0.350 5***	−0.379 8***	−0.224 2***
	(0.057 0)	(0.059 5)	(0.107 6)	(0.030 6)
dum	0.269 7	1.699 3***	1.844 8***	0.672 5***
	(0.299 6)	(0.291 9)	(0.501 7)	(0.144 5)
控制变量	Y	Y	Y	Y
固定效应	Y	Y	Y	Y
样本量	177 598	228 272	228 272	177 202
	一般贸易			
$larith\_rrate$	0.008 4	0.043 3***	0.101 8***	0.091 2***
	(0.007 9)	(0.004 2)	(0.004 4)	(0.013 8)
$reer\_dum$	−0.214 4***	−0.052 9*	0.018 2	−0.050 2***
	(0.047 1)	(0.027 5)	(0.058 6)	(0.014 7)
dum	0.720 3**	0.323 5**	−0.192 3	−0.015 3
	(0.279 4)	(0.133 7)	(0.251 9)	(0.068 8)
控制变量	Y	Y	Y	Y
固定效应	Y	Y	Y	Y
样本量	255 799	348 795	348 795	255 312

二、考虑贸易类型的生产率分布情况

根据前文,汇率变化对加工贸易和一般贸易企业生产率的影响呈现差异化趋势:一方面,加工贸易企业进口中间品比例高,进口效应明显;另一方面,享受的出口退税优惠大,汇率变化引致市场进入门槛发生较大变化。已有研究考察了人民币汇率变化对制造业资源配置率的影响,但始终未重点关注出口行业的生产率分布变化情况,更鲜有文献聚焦不同贸易类型企业的资源配置效率改善问题,难以为加工贸易企业通过效率改善实现高质量发展提供证据。同时,前文理论模型也表明汇率变化对加工贸易企业生产率分布进而资源配置效率的影响更大。有鉴于此,本节继续探讨人民币汇率变化给不同贸易类型企业带来的资源配置效应。

根据回归结果(表5-16),对于二分位行业和四分位行业,人民币实际有效汇率对加工贸易和一般贸易企业生产率离散度的影响均显著为负,其中加工贸易样本的系数更大,且均通过了1%的显著性水平检验。可以表明,汇率升值能显著改善两类企业的资源配置效率,但加工贸易企业的改善效果可能更明显。结合前文,汇率升值带来显著的生产率提升效应,加工贸易受到的促进效应更大,且主要源自进入退出效应和进口效应。企业平均年龄的系数显著为负,且加工贸易企业受到的影响大于一般贸易企业,在一定程度说明新旧企业的更换有利于降低行业内企业的生产率离散度,改善资源在不同企业间的配置效率。

本章小结

一直以来,加工贸易都是我国对外贸易必不可少的组成部分,是企业快速融入全球价值链、参与国际分工的重要途径,为我国经济增长和贸易发展贡献了重要力量。总结基本数据特征发现:一般贸易企业数量占比平均超过一半,且逐年增加,而纯加工贸易企业占比呈下降趋势;类似地,一般贸易企业的出口国家数量和种类均不断增加,而加工贸易企业的出口国家和产品相对单一,并逐渐递减;加工贸易企业生产率普遍低于一般贸易企业,二者存在显著差异。从企业数量和出口额占比、出口国家数量和产品种类变化趋势来看,一般贸易的重要程度增加,我国贸易结构正逐渐改善,但加工贸易企业依然是出口企业的重要组成部分。

理论分析发现,本币升值对加工贸易企业生产率的提升效应大于一般贸易企业,本章构建计量模型加以验证,并对加工贸易和一般贸易企业进行了内部异质性分析。结果发现:第一,无论是加工贸易还是一般贸易,人民币有效汇率的影响均显著为正,加工贸易企业生产率受到的正向激励作用更大;第

表5-16　加工贸易企业生产率分布检验结果

加工贸易

	2分位行业				4分位行业			
变量名称	(1) tfp_LP	(2) tfp_cd	(3) tfpl	(4) tfp_acf	(5) tfp_LP	(6) tfp_cd	(7) tfpl	(8) tfp_acf
lnrate	−0.9950***	−0.4149***	−0.4925*	−0.5464***	−0.3210***	0.1259*	0.2173***	−0.1817***
	(0.2367)	(0.1486)	(0.2515)	(0.1336)	(0.0913)	(0.0671)	(0.0789)	(0.0452)
_cons	5.5111***	2.5141***	2.7121**	2.9766***	2.0349***	0.1044	−0.4853	1.2468***
	(1.0099)	(0.6340)	(1.0728)	(0.5699)	(0.3740)	(0.3087)	(0.3791)	(0.1837)
控制变量	Y	Y	Y	Y	Y	Y	Y	Y
固定效应	Y	Y	Y	Y	Y	Y	Y	Y
样本量	475	475	475	475	5683	5683	5683	5683

一般贸易

变量名称	(1) tfp_LP	(2) tfp_cd	(3) tfpl	(4) tfp_acf	(5) tfp_LP	(6) tfp_cd	(7) tfpl	(8) tfp_acf
lnrate	−0.5792***	−0.2879*	−0.2226	−0.3502***	−0.1823***	0.0906	0.2375***	−0.1237***
	(0.1546)	(0.1431)	(0.1949)	(0.0906)	(0.0616)	(0.0636)	(0.0824)	(0.0465)
_cons	3.5467***	1.6784***	0.5568	1.6281***	1.2558***	0.1394	−0.9362**	0.9215***
	(0.6695)	(0.5511)	(0.7375)	(0.3125)	(0.2891)	(0.2859)	(0.3832)	(0.2297)
控制变量	Y	Y	Y	Y	Y	Y	Y	Y
固定效应	Y	Y	Y	Y	Y	Y	Y	Y
样本量	519	519	519	519	6277	6277	6277	6277

二,两组企业的内部异质性回归结果与总体分组结果差异不大,但加工贸易组中的技术密集型和高科技企业生产率受到的影响更大。进一步机制检验表明:人民币实际有效汇率变化会带来进入退出效应和进口效应,加工贸易企业的中介效应结果大于一般贸易企业,但汇率变化带来的规模经济效应在加工贸易企业中不显著,说明汇率升值未显著促进加工贸易企业销售规模增加。本章还进行了拓展分析,分类型考察了汇率变化对生产率的非对称影响以及对出口企业生产率离散度进而企业间资源配置的影响,结果发现加工贸易的不对称现象及资源配置效率改善效果均强于一般贸易企业。

本章研究结论具有较强的政策指导意义。国家层面:不仅要在推进贸易自由化进程中完善出口企业的优胜劣汰机制,还应循序渐进地引导加工贸易发展,试图找到一般贸易企业与加工贸易企业之间的最优配比。企业层面:继续鼓励出口企业培养创新能力,并从激励机制、董事会结构、监督管理制度等方面对治理结构进行改革,为生产率增长提供保障。

第六章　出口企业的融资约束和全球价值链嵌入问题

本章继续前文研究,聚焦出口企业尤其是加工贸易企业在生产率提升过程中面临的融资困难、价值链"低端锁定"风险高等重要问题。通过测算企业的融资约束和全球价值链参与度指标,结合理论分析和实证检验结果,试图在经济结构转型、新旧动能转换的关键时期为合理解决出口企业尤其是加工贸易企业的融资约束问题和实现全球价值链攀升提供证据。

第一节　出口企业的融资约束问题

企业提升全要素生产率过程中离不开资金支持,而随着汇率变化,依靠自有资金很难维持这一过程的持续性。在完全竞争市场结构下,经济运行效率高,内、外部融资可以实现替换,企业的投资行为不会受到财务状况的制约。但现实是,我国金融机制还不够健全,信息不对称、委托代理等问题在金融市场中普遍存在,增加了企业的外部融资成本,给企业带来资金约束问题。

较多出口企业尤其是加工贸易企业面临的融资约束问题日益凸显,不仅对出口企业贸易类型选择产生重要影响,还可能掣肘企业研发资金投入。李钢(2018)指出,由于融资约束问题突出,企业出口的积极性严重受挫,追求外贸发展和出口贸易转型升级过程中,应当加大金融支持力度。2023年中央金融工作会议也强调要"着力营造良好的货币金融环境""提高资金使用效率"。对于我国出口企业来说,融资约束对汇率升值带来的生产率提升效应是否存在制约作用? 加工贸易企业和一般贸易企业面临的融资约束程度是否存在显著差异? 若存在差异,汇率升值的生产率提升效应所受到的制约作用是否又会呈现不同特征呢? 深入研究上述问题有利于深刻认识加工贸易和一般贸易在提升生产率进而增强国际竞争力过程中可能面临的资金约束问题及存在的差异，从而制定合理的政策。

一、理论分析

（一）资金约束对企业技术进步的限制

在现实情况中，企业总会面临或大或小的资金约束，需要在生产过程中做出技术选择，决定资本和劳动要素的组合比例。参考苗文龙和张德进（2017）、娄伶俐（2018），本书假设企业投入资本和劳动两种要素，生产函数为 $Q=F(K,L)$，K 代表资本，L 代表劳动。如图6-1所示，以 L 为横轴，以 K 为纵轴，C 是企业的等成本线，K 代表企业面临的资金约束。等产量线和等成本线的交点代表企业在不同约束情况的最优选择，即图中的 a 点和 b 点：在 a 点，企业的资本投入多于劳动投入，代表资本密集型的生产技术；在 b 点，企业的资本投入小于劳动投入，代表劳动密集型的生产技术。假设企业可以选择这两种生产方式，以达到同一产量 Q_1。企业是理性的，在相同的产量水平下，总是追求最低成本，因此其生产选择（a 点或 b 点）取决于资本和劳动要素的相对价格。若劳动的相对价格低，企业的生产选择为 b 点，此时劳动力投入量为 L_2，资本投入量为 K_2；反之，若劳动的相对价格较高，企业则会在 a 点进行生产，劳动和资本的投入量分别为 L_1 和 K_1。

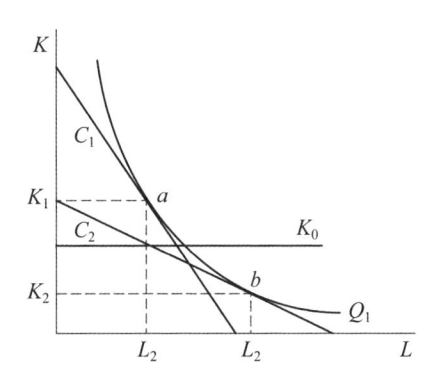

图6-1 企业的技术选择和融资约束

根据我国现实情况，劳动力要素丰富，要素价格低廉，企业往往会选择在 b

点代表的生产技术。当汇率上升,劳动力相对价格升高,企业会减少劳动力投入,生产选择逐渐从 b 点移动至 a 点,迫使企业增加资本投入,达到更高的技术水平,完成从粗放生产向集约生产的转变。然而,如果一个国家(或地区)的金融发展水平有限,企业面临的资本约束大,在从劳动密集型向资本密集型企业转型的过程中受资金掣肘,无法购买先进的设备和学习先进的经验,对技术进步的影响有限。

图 6-1 中,假设企业面临 K_0 的资本约束线,从 b 点向 a 点转移的过程中面临资金约束,无法实现企业的成功转型,只能在 b 点采用粗放式的发展模式。如果企业想得到发展,扩大规模、增加产量,在现有资金约束情况下只能增加劳动力要素投入。如图 6-2 所示,产量从 Q_1 增加到 Q_2 和 Q_3 时,劳动力要素投入从 L_1 逐步增加到 L_2 和 L_3,而资本投入不变,一直保持在 K_0。可以看出,由于资金约束,企业只能选择劳动密集型技术选择下的发展模式,生产率难以实现显著提高。

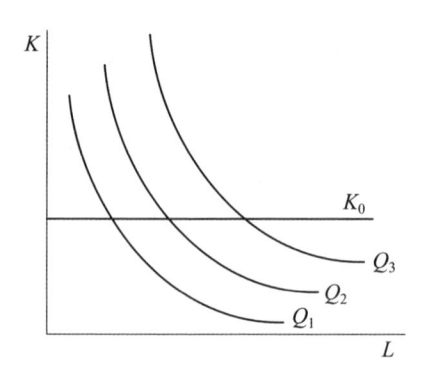

图 6-2 企业依靠劳动投入的发展模式

更进一步地,在企业预算约束的基础上考虑成本约束,C_1、C_2 和 C_3 分别代表企业在产量 Q_1、Q_2 和 Q_3 情况下的等成本线。如果同时面临资金约束和成本约束,企业的生产规模无法达到 Q_3,最多只能停留在 Q_2 的水平上,导致我国出口企业中存在大量低生产率的中小企业。当汇率上升时,大量中小企业无法冲破资金约束向资本密集型生产模型转移,应对空间有限,难以对技术进步产生促进作用。

(二) 无资金约束时的企业选择

如果企业面临的资金约束程度降低,从 K_0 变化至 K_1,等成本线也发生改变,变为 C_1'、C_2' 和 C_3',企业的发展空间增大,可以达到图6-3无法达到的产量 Q_3。同时,由于资金约束减少,企业有条件进行资本投入,通过购买新型设备、改善工艺等,实现生产方式转型,促进生产率提升。

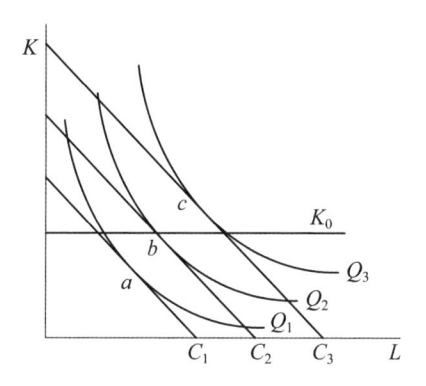

图6-3 考虑成本约束的企业发展模式

在图6-4中,随着企业的资金约束从 K_0 变化至 K_1,企业的资本存量突破了改变生产方式所需的最低门槛,通过引进新型设备和技术扩大规模,提高生产率,降低单位产品成本,从而消化汇率升值带来的压力。从图中可以看出,在新的资本约束水平下,企业有条件在 a'、b' 和 c' 进行生产,此时企业不仅实现了生产方式转型,还扩大了生产规模。

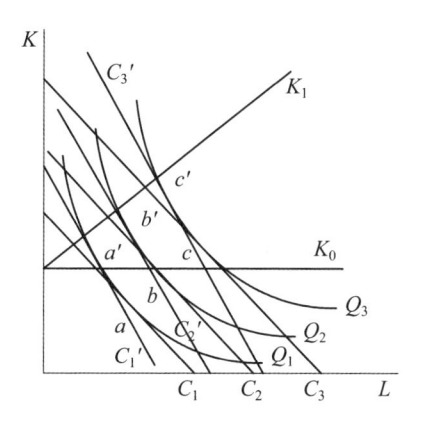

图6-4 现代生产方式下的发展模式

随着生产规模继续扩大,加之企业的生产技术提升和设备更新,企业的规模突破某一临界值时可产生规模经济效应,[①]带动企业进入规模报酬递增的阶段。一旦企业实现了规模报酬递增,随着生产扩张,单位产品的平均成本不断降低,企业的竞争优势不断增强,给企业带来了通过更大技术进步来实现更高水平规模经济的动力。在这种情况下,企业可以消化汇率升值带来的压力并将之转化为技术进步的动力,实现生产率提升。

根据上述分析,汇率变化带来的生产率提升效应可能会受到企业资金约束的限制。同时,很多出口企业由于前期资金不足,被迫从事对资金要求相对较低的加工贸易活动,企业生产率和产品附加值都较低,核心竞争力有限,抗风险能力不足,企业在汇率升值背景下通过扩大规模、增加资本投入等途径提升生产率过程中,一旦资金约束程度加大,对生产率的冲击将是巨大的。据此,本章提出假说1。

假说1:融资约束会对汇率升值的生产率提升效应产生负向调节作用,且这一作用可能表现出明显的贸易类型差异。

二、出口企业的融资约束情况

(一)融资约束指标构建

企业融资约束指标的测量是本章拟解决的重要问题。国内外关于融资约束形成了丰富的研究,但在指标的量化方面始终未达成统一的结论,对企业融资约束的测算存在较大差异。总体来看,对于融资约束指标的构建主要可以分为单一指标、复合指数和综合指标三类(Whited 和 Wu,2006;王碧珺等,2015)。然而,以投资-现金流敏感性方法为代表的单一指标测度法和不断丰富完善的复合指数方法(如 SA 指数、WW 指数)均存在不同程度的缺陷,在大样本的经验研究中适用性较差(余子良和佟家栋,2016;吕越等,2018)。鉴于企业所受融资约束状况与其内源资金约束、外源资金约束、投资机会等多方面

[①] 根据娄伶俐(2008),企业若想转变生产方式,从劳动密集型转向资本密集型,所需的临界资本存量为:$K_a = \left[\frac{(1-1/s)A}{v^\varepsilon}\right]^{\frac{1}{\varepsilon-1}}$。其中,A 表示所需的技术水平,v 表示设备的专业化程度,ε 表示规模经济系数,大于 1 表示企业成本每增加 1%,企业的总产量可以增加 ε%,存在规模经济。可以看出,所需要的技术水平越高,临界资本存量越大;新增设备的专业化程度越高,规模经济系数越高,企业的生产效率越高,有能力用更少的资本投入来达到较高的生产水平。

因素密切相关(阳佳余,2012),为确保研究结论的稳健可靠,本书参考王碧珺等(2015)、Yan等(2018)的思路,综合企业的多种指标信息来构造其融资约束的评价指标。

具体地,参考已有文献的指标选取,同时结合本书数据,本书选取了六个具有代表性的分项指标,可以涵盖企业面临的内源和外源融资约束。这六个指标分别为:(1)企业规模,用企业总资产取对数表示,规模越大的企业通常更容易从外部市场获取资金支持,面临的外部融资约束越小(Musso和Schiavo,2008);(2)企业年龄,用当前年份与企业成立年份之差表示,成立时间越久的企业通常有更好的信用和外部合作关系,融资能力也通常更强(Hadlock和Pierce,2010);(3)清偿比率,用所有制权益与企业负债之比表示,可以反映企业偿债能力,偿债能力越强,企业的信誉和融资能力越强(Bellone等,2010);(4)固定资产净值率,用固定资产与总资产之比表示,这一比率越大意味着企业偿债的保障越大、融资约束水平越小(Manova等,2015);(5)盈利能力,用企业的营业利润与销售收入之比来衡量,盈利能力强的企业能从市场寻求更多的投资机会,融资约束问题也能得到缓解;(6)现金比率,用企业的营业利润与总资产之比表示,能够在一定程度反映企业自有资金充裕度,这一数值越大意味着企业内源融资能力越强(王雅琦和卢冰,2018)[①]。分项指标选定之后,借鉴已有文献做法,通过两个步骤来构建融资约束综合指标:第一,根据六个分项指标的取值和分布情况,对各指标进行排序,划分为十个区间(各区间占10%),并对这十个区间依次赋值为1—10,指标的取值越大证明企业的融资能力越弱,面临的融资约束程度越高;第二,得到六个分项指标的数值之后,为了避免计算方式差异导致的偏误,首先将加总的融资约束综合指标进行标准化处理,形成[0,10]区间的融资约束指标(CF1),同时保留加总的融资约束指标(CF2)。所得指标值越大,表示企业面临的融资约束问题越严重。

(二)出口企业的融资约束程度演变趋势

表6-1列示了出口企业的融资约束分年度变化特征。[②] 总体来说,企业面临的融资约束均值从2000年至2013年呈现下降趋势,说明随着我国经济

[①] 按照王雅琦和卢冰(2018)的做法,现金流比率=(营业利润+折旧)/总资产,考虑到本书数据实际情况,2008年和2009年折旧数据缺失,因此用营业利润与总资产之比近似替代。
[②] 限于篇幅,正文只列示了CF1的统计性描述结果,CF2的结果见附表B-3。

发展和各项制度完善，企业的融资约束问题有所改善。分贸易类型来看，加工贸易企业的融资约束程度明显高于一般贸易企业。具体来说，2000年以来，加工贸易融资约束程度下降较为明显，均值从2000年的5.545下降至2013年的4.701。加工贸易企业的融资约束程度明显高于一般贸易企业。与之不同的是，一般贸易企业的融资约束程度在样本期内虽然也呈现下降趋势，但下降相对平缓，个别年份呈现波动趋势。可能是因为，资金约束大的出口企业难以支付生产前期的大规模投入，不得不选择利润水平更低的加工装配环节，从事低端的加工贸易，而一般贸易企业通常融资能力更强，有能力生产技术含量更高的产品。另外，国有企业的融资约束在样本期的均值为4.775，明显小于民营企业的5.209，且两组企业的指标差距于2004年和2010年进一步增大。虽然2010年之后民营企业与国有企业的融资约束差距有所减小，但差距依然显著存在，这与国有企业的所有权优势以及政府对国有企业的政策倾斜有关。根据企业的行业属性分组结果，高科技企业的融资约束均值为4.885，小于非高科技企业的5.106，二者差距在样本期内呈缩小趋势。高科技企业多属技术密集型，是国际竞争的重要阵地，企业自身盈利能力强，加之国家政策支持，能大大缓解企业面临的融资约束问题。

表6-1　　　　　　融资约束指标的分年度均值（CFI）

年份	总体	加工贸易	一般贸易	国有	民营	高科技	非高科技
2000	5.361	5.545	5.121	4.934	5.484	5.092	5.456
2001	5.336	5.510	5.123	4.995	5.570	5.050	5.439
2002	5.251	5.395	5.086	4.917	5.489	4.952	5.354
2003	5.227	5.325	5.127	4.853	5.523	4.925	5.324
2004	5.446	5.537	5.362	4.878	5.832	5.206	5.523
2005	5.255	5.329	5.191	4.750	5.568	5.066	5.316
2006	5.224	5.267	5.192	4.733	5.540	5.067	5.276
2007	5.209	5.223	5.199	4.728	5.529	5.031	5.267
2008	5.271	5.335	5.234	4.803	5.465	5.119	5.324
2009	5.082	5.104	5.069	4.604	5.301	4.922	5.137
2010	5.189	5.173	5.199	4.651	5.547	5.014	5.249
2011	4.557	4.660	4.510	4.197	4.732	4.508	4.577
2012	4.628	4.722	4.587	4.306	4.768	4.576	4.648
2013	4.598	4.701	4.557	4.429	4.717	4.592	4.600
总计	5.048	5.171	4.971	4.775	5.209	4.885	5.106

数据来源：作者计算整理所得。

三、融资约束的制约效应分析

(一) 计量模型构建

本章继续考察汇率变化对不同贸易类型出口企业生产率的影响,并进一步纳入融资约束的影响。处理方法是,在第四章基准回归模型的基础上进一步将企业的汇率变化和融资约束程度相结合,引入实际有效汇率与融资约束的交互项,计量模型如下:①

$$\ln tfp_{it} = \alpha + \beta_1 larith\_rrate_{it} + \beta_2 larith\_rrate_{it} \times CF_{it} + \beta_3 CF_{it} \quad (6.1)$$
$$+ \gamma X_{it} + \mu_{ind} + \mu_i + \mu_{year} + \varepsilon_{it}$$

其中,下标 i 和 t 分别代表企业和年份。tfp_{it} 表示企业的全要素生产率,$larith\_rrate_{it}$ 表示实际有效汇率,CF_{it} 表示融资约束,$larith\_rrate_{it} \times CF_{it}$ 为汇率与融资约束的交互项,X_{it} 表示控制变量,μ_{ind}、μ_i 和 μ_{year} 分别表示控制行业、企业和年份固定效应,ε_{it} 表示随机扰动项,α、β_1、β_2、β_3、γ 为待估计参数,β_1、β_2、β_3 为重点关注参数。控制变量与前文保持一致,此处不再赘述。

(二) 总体回归结果

根据前文理论分析,由于融资约束问题的存在,汇率升值对企业全要素生产率的促进效应可能受到影响,针对融资约束的检验结果见表6-2,列(1)和列(2)是 $CF1$ 的回归结果,列(3)和列(4)是 $CF2$ 的回归结果,被解释变量为LP生产率。

从结果可以看出,有效汇率对企业生产率的影响依然正显著,而融资约束和交互项的影响系数在加入控制变量和固定效应之后依然为负,且通过了1%的显著性水平检验。以 $CF1$ 的结果为例,加入控制变量并控制个体和年份固定效应之后,交互项($cfrate1$)的系数从 -0.423 变化至 -0.0533,均通过了1%的显著性水平检验。$CF2$ 的回归结果类似。足以表明,随着融资约束程度越高,人民币实际有效汇率升值对生产率的提升效应会受到制约。在其他条件不变的情况下,资金约束越小,汇率升值带来的资源配置和生产率提升效应

---

① 本章先对所有样本进行总体回归,之后分贸易类型进行分组回归,前后计量模型一致。

越明显。可能的原因是，汇率升值促使企业通过进入退出、扩大规模、提高资本劳动比和进口效应来影响生产率，而企业进入市场、扩大规模、增加资本投入以及增加资本品和中间品都离不开资金支持。随着人民币汇率上升，若外部金融市场不发达导致融资难、融资贵，加之企业自身内源融资能力有限，极有可能因为流动性困难而停止营业，退出市场。

表6-2　　　　　　　　考虑融资约束的总体回归结果

变量名称	(1) tfp_LP	(2) tfp_LP	(3) tfp_LP	(4) tfp_LP
$larith\_rrate$	0.2626***	0.2480***	0.3096***	0.3072***
	(0.0190)	(0.0235)	(0.0228)	(0.0280)
交互项	−0.0423***	−0.0533***		
	(0.0036)	(0.0044)		
$CF1$	−0.0875***	−0.0610***		
	(0.0169)	(0.0218)		
$cfrate2$			−0.0078***	−0.0099***
			(0.0007)	(0.0008)
$CF2$			−0.0162***	−0.0113***
			(0.0031)	(0.0040)
$lage$		−0.0830***		−0.0830***
		(0.0115)		(0.0115)
$lage2$		0.0053*		0.0053*
		(0.0030)		(0.0030)
$import$		0.2883***		0.2883***
		(0.0062)		(0.0062)
hhi		0.4807***		0.4807***
		(0.0376)		(0.0376)
roa		0.6958***		0.6958***
		(0.1142)		(0.1142)
lev		0.8020***		0.8020***
		(0.0317)		(0.0317)
$scale$		0.0481***		0.0481***
		(0.0157)		(0.0157)
$\_cons$	6.1733***	7.4285***	6.2705***	7.4963***
	(0.0885)	(0.2021)	(0.1064)	(0.2166)
时间固定效应	N	Y	N	Y
企业固定效应	N	Y	N	Y

续表

变量名称	(1) tfp_LP	(2) tfp_LP	(3) tfp_LP	(4) tfp_LP
行业固定效应	N	Y	N	Y
样本量	456 140	456 140	456 140	456 140

注:括号内表示标准误;*、**、***分别表示10%、5%、1%的显著性水平,Y表示控制了相应的固定效应。

(三) 分贸易类型回归结果

加工贸易一直是对外贸易的重要组成部分,是推动我国外贸发展的重要力量。根据前文分析可知,汇率升值对加工贸易企业的生产率促进效应更大,融资约束问题的制约作用是否呈现出类似现象呢?分贸易类型的回归结果见表6-3,可以看出,加入融资约束及交互项之后,有效汇率对两组企业生产率的影响依然正显著,交互项的系数为负,在所有样本组均通过了1%的显著性水平检验,加工贸易组的系数大于一般贸易。足以表明,汇率升值对出口企业生产力的提升效应因融资约束而受到抑制,且加工贸易受到的抑制作用更大。可能是因为,很多出口企业由于前期资金不足,被迫从事对资金要求相对较低的加工贸易活动,企业生产率和产品附加值都较低,核心竞争力有限,抗风险能力不足。在汇率升值背景下,企业通过扩大规模、增加资本投入等途径提升生产率过程中,一旦资金约束程度加大,对生产率的冲击将是巨大的。

表6-3 分贸易类型回归结果

	CF1 回归结果			
	加工贸易		一般贸易	
变量名称	(1) tfp_LP	(2) tfp_LP	(3) tfp_LP	(4) tfp_LP
$larith\_rrate$	0.536 2***	0.269 5***	0.248 3***	0.273 0***
	(0.039 0)	(0.052 6)	(0.021 6)	(0.026 3)
交互项	−0.066 4***	−0.077 3***	−0.048 5***	−0.053 4***
	(0.007 3)	(0.009 4)	(0.004 2)	(0.004 9)

续表

CF1 回归结果

变量名称	加工贸易		一般贸易	
	(1) tfp_LP	(2) tfp_LP	(3) tfp_LP	(4) tfp_LP
$CF1$	−0.059 8*	−0.074 7	−0.079 5***	−0.067 1***
	(0.034 2)	(0.045 8)	(0.019 4)	(0.023 8)
$\_cons$	4.697 5***	7.051 5***	6.352 8***	7.237 9***
	(0.183 0)	(0.361 1)	(0.100 6)	(0.221 1)
控制变量	N	Y	N	Y
固定效应	N	Y	N	Y
样本量	182 907	182 907	273 233	273 233

CF2 回归结果

变量名称	加工贸易		一般贸易	
	(5) tfp_LP	(6) tfp_LP	(7) tfp_LP	(8) tfp_LP
$larith\_rrate$	0.610 0***	0.355 4***	0.302 2***	0.332 3***
	(0.046 8)	(0.062 2)	(0.026 1)	(0.031 5)
交互项	−0.012 3***	−0.014 3***	−0.009 0***	−0.009 9***
	(0.001 4)	(0.001 7)	(0.000 8)	(0.000 9)
$CF2$	−0.011 1*	−0.013 8	−0.014 7***	−0.012 4***
	(0.006 3)	(0.008 5)	(0.003 6)	(0.004 4)
$\_cons$	4.631 0***	6.968 6***	6.441 1***	7.312 4***
	(0.219 4)	(0.396 4)	(0.121 2)	(0.236 5)
控制变量	N	Y	N	Y
固定效应	N	Y	N	Y
样本量	182 907	182 907	273 233	273 233

注：括号内表示标准误；*、**、*** 分别表示 10%、5%、1% 的显著性水平,固定效应包括行业、时间和企业效应。本节下表同。

另外,在加工贸易和一般贸易样本组中,本书还进一步细分所有权属性和行业属性进行回归分析,加工和一般贸易企业结果类似。细分所有权回归结果表明,融资约束及交互项的系数在民营企业中均显著为负,国有企业的系数虽为负,但统计上并不显著。究其原因,民营企业所处的竞争环境激烈,企业创新活力大,面对汇率升值,更有动力改进技术、提高生产率。但与此同时,融资难、融资贵等问题一直以来都是民营企业尤其是中小企业面临的共同难题,是企业发展的重要障碍,这一问题会制约企业生产率提升。细分所有权回归结果表明,相较于高科技企业,融资约束对非高科技企业的抑制作用更大,可能是因为,高科技企业盈利能力强,生产过程中可以享受更多政府补贴,融资约束问题相对小,产生的制约作用有限。

(四) 内生性讨论

1. 汇率变量内生性

与前文分析类似,本书构建的企业层面实际有效汇率指标本身可能存在内生性问题,造成估计结果偏误。因此,本书选取汇率指标的滞后一期作为工具变量,进行两阶段最小二乘法估计,回归结果见表6-4列(1)和列(4)。汇率对企业生产率的影响依然正显著,交互项的系数和显著性亦与前文保持了较好的一致性。

表6-4　　　　　　　　考虑内生性的检验结果

	CF1 回归结果					
	加工贸易			一般贸易		
变量名称	(1) tfp_LP	(2) tfp_LP	(3) tfp_LP	(4) tfp_LP	(5) tfp_LP	(6) tfp_LP
$larith\_rrate$	0.0249*** (0.0012)	0.5474*** (0.0328)	0.1871*** (0.0250)	0.0183*** (0.0009)	0.0786*** (0.0126)	0.3411*** (0.0111)
交互项	-0.0325*** (0.0041)	-0.0731*** (0.0061)	-0.0613*** (0.0024)	-0.0054*** (0.0017)	-0.0245*** (0.0028)	-0.0604*** (0.0013)
CF1	-0.1333*** (0.0216)	0.3326*** (0.0283)	-0.0157 (0.0108)	-0.2884*** (0.0098)	0.0907*** (0.0130)	-0.0360*** (0.0077)
_cons	8.3756*** (0.2313)	3.9248*** (0.1864)	7.4989*** (0.2717)	8.5466*** (0.1825)	6.3720*** (0.1987)	7.0705*** (0.1895)
控制变量	Y	Y	Y	Y	Y	Y
固定效应	Y	Y	Y	Y	Y	Y
样本量	182 907	182 907	182 907	273 233	273 233	273 233

续表

	CF2 回归结果					
	加工贸易			一般贸易		
变量名称	(1) tfp_LP	(2) tfp_LP	(3) tfp_LP	(4) tfp_LP	(5) tfp_LP	(6) tfp_LP
larith_rrate	0.0246***	0.5806***	0.1851***	0.0180***	0.4739***	0.3382***
	(0.0012)	(0.0285)	(0.0248)	(0.0009)	(0.0153)	(0.0110)
交互项	-0.0049***	-0.2076***	-0.0607***	-0.0007**	-0.1620***	-0.0568***
	(0.0006)	(0.0078)	(0.0024)	(0.0003)	(0.0039)	(0.0013)
CF2	-0.0296***	0.1513***	-0.0029	-0.0544***	0.1151***	-0.0065***
	(0.0035)	(0.0056)	(0.0020)	(0.0016)	(0.0027)	(0.0014)
_cons	8.5079***	7.0566***	7.4095***	9.0233***	7.2980***	7.0866***
	(0.3954)	(0.4603)	(0.3382)	(0.1369)	(0.1936)	(0.1030)
控制变量	Y	Y	Y	Y	Y	Y
固定效应	Y	Y	Y	Y	Y	Y
样本量	182907	182907	182907	273233	273233	273233

2. 融资约束内生性

企业的融资约束可能不是严格外生的,与生产率存在反向因果关系:生产率越低的企业,国际竞争力和在资本市场的融资能力均越弱,导致融资约束问题严重。为了尽可能避免内生性造成的结果偏差,本书试图寻找可靠的工具变量进行两阶段最小二乘法估计。参照已有研究的常用做法(吕越等,2018),选取融资约束的4分位行业层面均值和滞后一期作为工具变量。列(2)和列(5)是滞后变量的回归结果,列(3)和列(6)是行业均值的回归结果。可以看出,考虑主要解释变量的内生性之后,本书的主要结论未发生明显改变。

(五) 其他稳健性检验

1. 更换汇率指标

基准回归中采用算术平均法计算的贸易加权汇率,此处改用几何平均指标,重复上述过程,表6-5列(1)和列(2)加工贸易企业组分别对CF1和CF2的回归结果,列(4)和列(5)为一般贸易企业回归结果。可以发现,对于不同贸易类型企业,融资约束与交互项的回归系数均为负显著,加工贸易企业的系数大于一般贸易企业,与前文所得结论保持一致。

表6-5　　　　　　　　　稳健性检验结果

变量名称	加工贸易			一般贸易		
	(1) tfp_LP	(2) tfp_LP	(3) tfp_LP	(4) tfp_LP	(5) tfp_LP	(6) tfp_LP
$lgeo\_rrate$	0.0235	0.0194		0.0148*	0.0074	
	(0.0175)	(0.0182)		(0.0082)	(0.0084)	
$larith\_rrate$			0.0146***			0.0134***
			(0.0013)			(0.0008)
交互项	−0.0356***			−0.0072***		
	(0.0041)			(0.0021)		
CF1	−0.1176***			−0.2784***		
	(0.0193)			(0.0098)		
交互项		−0.0052***			−0.0007**	
		(0.0007)			(0.0003)	
CF2		−0.0281***			−0.0544***	
		(0.0031)			(0.0016)	
$mktrate$			0.0215***			0.0066***
			(0.0016)			(0.0007)
mkt			0.0959***			0.0156***
			(0.0078)			(0.0036)
$\_cons$	8.1156***	8.4511***	−0.2626	8.3482***	8.7293***	0.0005
	(0.3406)	(0.3415)	(0.5977)	(0.1022)	(0.1027)	(0.1170)
控制变量	Y	Y	Y	Y	Y	Y
固定效应	Y	Y	Y	Y	Y	Y
样本量	182907	182907	65848	273233	273233	138758

2. 更换融资约束指标

金融市场发展和资源配置效率提高有助于企业缓解汇率风险(王乃嘉,2018)。有效汇率变化促使出口企业提高生产率的过程中,只有在融资约束较小的情况下汇率升值的生产率提升效应才能得到更大程度发挥。根据王乃嘉(2018),市场化程度较高的地区,企业面临的金融摩擦和金融抑制会得到缓解，相应的融资约束程度会降低。因此，本书选取各省份的市场化指数来近似地反映当地企业面临的融资约束水平，二者呈反向关系：市场化指数越高，企业面临的融资约束水平越低。[①] 列(3)和列(6)分别是加工贸易和一般贸易的回归结果。可以看出，其他条件不变的情况下，市场化指数越高，企业的生产率越高，交互项的结果显著为正，说明市场化程度提高增强了汇率对企业生产率的促进效应，加工贸易受到的促进效应和增强效果都大于一般贸易企业。

第二节　出口企业的全球价值链嵌入问题

20世纪90年代以来，以西方发达国家跨国公司为主导的全球价值链(Global Value Chain，GVC)分工体系日益瞩目。2014年，APEC峰会将GVC列入共同宣言，以推进GVC的发展合作。在GVC快速发展的大背景下，中国从计划经济迈向市场经济，中国企业积极融入全球价值链并在国际分工中占据了重要地位，取得了举世瞩目的经济增长奇迹。WTO发布的《全球价值链发展报告》指出，自2001年加入WTO以来，中国的全球价值链参与度呈上升趋势，2017年取代日本成为亚洲的价值链中心节点。通过参与全球价值链，中国逐渐从低端制造向高附加值的生产活动转变，在多个行业成为创新引领者，并通过高质量共建"一带一路"、贡献金砖"中国智慧"等多项举措向全球输出中国产品和技术，共享发展成果。

随着全球分工体系深化，出口企业的全球价值链参与度呈上升趋势，加工贸易企业的这一指标明显高于一般贸易企业。[②] 然而，加工贸易企业多处于价值链低端环节，在国际分工中处于被动地位，产品技术含量和议价能力低下，极易陷入"低端锁定"陷阱，是否会削弱汇率升值对出口企业生产率的促进效果呢？这一作用对于不同贸易类型企业是否表现出明显差异呢？回答以上问题可以有针对性地帮助两类出口企业在融入全球价值链过程中有效避免可能

[①] 市场化指数从四个维度加以评估，分别为：政府与市场的关系、非国有经济的发展程度、产品市场的发育程度和要素市场的发育程度。本书数据来自《中国分省份市场化指数报告(2016)》，样本区间为2008—2013年。由于2008年前后的统计口径不统一，本书采用最新评估结果。

[②] 这一结果由作者计算所得，与已有研究(吕越等，2018)保持一致。加工贸易企业使用进口中间投入品的比重较大，因此在全球价值链中的参与度高。

出现的"低端锁定"风险而稳步实现生产率提升。

人民币实际有效汇率升值促进出口企业提升生产率过程中,全球价值链参与度的调节作用不容忽视。同时,鉴于一般贸易和加工贸易企业的本质区别以及在国际分工地位的明显差距,全球价值链参与度的这一调节作用可能会呈现贸易类型差异。然而,国内尚未有文献对相关问题进行阐述并开展细致研究。

一、理论分析

融入全球价值链是出口企业参与国际交流网络、实现知识创造的重要途径,可能会显著作用于汇率变动的生产率效应。一方面,中国出口企业虽然多处于价值链相对低端位置,但融入国际分工体系为本土企业与来自发达国家拥有技术、品牌等优势的跨国公司进行知识互动提供了重要机遇,并通过组织间知识溢出为企业提供了良好的学习机会(李元旭和谭云清,2010)。随着汇率升值,出口企业通过增加规模、改变要素投入等途径实现生产率增长,而跨国公司树立的榜样作用及企业自身学习能力的提高会加强这一效果。另一方面,更高的价值链参与度意味着企业可以从不同的市场获得多样化的管理经验,复杂的国际形势倒逼其改善管理模式,均利于提升管理效率。管理效率可以反映管理者的组织运营能力(孙浦阳等,2018),出口企业受汇率因素的刺激改善内部资源配置过程中,是对企业管理者的重要考验,管理效率高的企业更根据内外部环境变化及时调整各项运营决策(Lev 和 Radhakrishnan,2005)。

然而,虽然加工贸易企业的价值链参与度明显高于一般贸易企业,但多处于价值链低端环节,当从低端环节向高端环节攀升时,极易遭受来自发达国家跨国公司的"纵向压榨",不得不继续处在低端环节,甚至跌入价值链底部,跌入"低端锁定"陷阱(Humphrey 和 Schmitz,2002;高翔等,2019),又可能对汇率变动引致的生产率提升效应产生限制。据此,本章提出假说2。

假说2:全球价值链参与度会对汇率升值的生产率提升效应产生正向调节作用,但这一作用对于加工贸易企业可能并不显著。

二、出口企业的全球价值链参与度

企业全球价值链参与度（FVAR）的测算一般用国外增加值率表示（任永磊等，2017；吕越等，2017），目前的测算方法主要有两种。

第一种方法由 Upward 等（2013）提出。该方法基于 Wang 等（2013）的思路，利用工业库与海关库的合并数据集测算微观企业的国外增加值。计算过程中，企业的进口均作为中间投入，通过加工贸易方式进口的产品均用于出口，而通过一般贸易方式进口的产品按相同比例用于国内销售和出口。企业 FVAR 的计算公式如下：

$$FVAR_1 = \frac{V_F}{X} = \frac{M^p + X^o[M^o/(D+X^o)]}{X} \quad (6.2)$$

其中，FVAR 为企业的全球价值链参与度（或出口的国外增加值率），V_F 表示企业出口产品中的国外增加值，M、X 和 D 分别表示企业的进口、出口和国内销售额，上标 o 和 p 分别代表一般贸易和加工贸易。企业的进、出口数据来自海关数据库，国内销售数据由企业销售额减去出口交货值所得。另外，对于国内销售额小于 0 的企业，假定出口国外增加值等于加工贸易和一般贸易进口。若企业的国外增加值大于出口，则将出口的国外增加值率设定为 1。

第二种方法主要参考吕越等（2015，2017）的做法，是对第一种方法的改进。首先，将产品的 HS8 位编码加总为 6 位再转换为 BEC 编码，以识别进口的中间品、资本品和消费品，将式（6.2）中的 M^o 替换为 M^o_m，即中间品进口。其次，参照第四章的做法识别中间贸易商，并将这一类样本进行剔除。同时，将式（6.2）中的国外增加值 V_F 替换为 V_{AF}（即实际国外增加值），将加工贸易进口 M^p 修正为 M^p_A（即实际加工贸易进口），一般贸易进口 M^o 修正为 M^o_{AM}（即实际一般贸易的中间品进口）。① 第三，考虑中间投入品中的国外附加值。

---

① 由于中间贸易商的间接进口数据无法直接获取，本书参考张杰等（2013）和吕越等（2015）的做法，计算中间贸易商对特定商品（i 或 j）的进口额在总进口中的占比 m，并假定其他企业通过贸易中间商的间接进口比例等于 m，可以估算 M^p_A 和 M^o_{AM}：

$$M^p_A = \sum_i \frac{M^p_i}{1-m_i}, i \text{ 为加工贸易进口的产品}; M^o_{AM} = \sum_j \frac{M^o_{mj}}{1-m_j}, j \text{ 为一般贸易进口的中间投入品}$$

企业使用的原材料中通常含有国外成分,参照 Koopman 等(2012)和吕越等(2017)的做法,将这一份额认定为 5%。考虑以上三个方面改进措施之后,企业的全球价值链参与度测算方法可以表示为:

$$FVAR_2 = \frac{V_{AF}}{X} = \frac{\{M_A^p + X^o[M_{AM}^o/(D+X^o)]\} + 0.05(M^T - M_A^p - M_{AM}^o)}{X}$$
(6.3)

其中,M^T 表示企业的中间品投入,其他变量在前文已经介绍。

三、全球价值链参与度的增强效应分析

(一) 计量模型构建

本节继续从总体和分贸易类型考察汇率变化对出口企业生产率的影响,并纳入企业的全球价值链参与度因素,探讨参与度是否影响汇率变化的生产率效应以及这一影响在不同贸易类型企业中是否存在差异。与上一节类似,在第四章基准回归模型的基础上将企业的汇率指标和全球价值链参与度相结合,进入实际有效汇率与全球价值链参与度的交互项,计量模型如下:

$$\ln tfp_{it} = \alpha + \beta_1 larith\_rrate_{it} + \beta_2 larith\_rrate_{it} \times FVAR_{it} + \beta_3 FVAR_{it} + \gamma X_{it} + \mu_{ind} + \mu_i + \mu_{year} + \varepsilon_{it}$$
(6.4)

其中,下标 i 和 t 分别代表企业和年份。tfp_{it} 表示企业的全要素生产率,$larith\_rrate_{it}$ 表示企业的实际有效汇率(取对数),$FVAR_{it}$ 表示企业的价值链参与度,$larith\_rrate_{it} \times FVAR_{it}$ 为汇率指标与价值链参与度的交互项,X_{it} 表示控制变量,μ_{ind}、μ_i 和 μ_{year} 分别表示控制行业、企业和年份固定效应,ε_{it} 表示随机扰动项,α、β_1、β_2、β_3、γ 为待估计参数,β_1、β_2、β_3 为重点关注参数。控制变量定义与前文保持一致。

(二) 总体回归结果分析

表 6-6 是总体回归结果。其中,列(1)和列(2)是 LP 生产率对汇率的回归结果,列(3)和列(4)是生产函数生产率对汇率的回归结果,汇率和价值链参与度的交互项是本节重点关注指标。

表6-6　考虑全球价值链参与度的总体回归结果

变量名称	(1) tfp_LP	(2) tfp_LP	(3) tfp_cd	(4) tfp_cd
$larith\_rrate$	0.2053***	0.0445***	0.1375***	0.0352***
	(0.0070)	(0.0064)	(0.0051)	(0.0057)
交互项	0.0830***	0.0134***	0.0745***	0.0324***
	(0.0029)	(0.0025)	(0.0024)	(0.0063)
$FVAR$	0.0760***	0.0084	−0.0829***	0.0155**
	(0.0060)	(0.0057)	(0.0044)	(0.0063)
$lage$		0.0884***		0.2381***
		(0.0073)		(0.0085)
$lage2$		−0.0260***		−0.0934***
		(0.0020)		(0.0023)
$import$		0.0146***		−0.2011***
		(0.0050)		(0.0050)
hhi		0.0638***		−0.0800***
		(0.0210)		(0.0245)
roa		0.6876***		0.7164***
		(0.1107)		(0.0920)
lev		−0.1653***		0.1962***
		(0.0176)		(0.0151)
$scale$		0.6128***		0.4144***
		(0.0038)		(0.0036)
$\_cons$	4.9982***	−0.9099***	4.4671***	−0.5698*
	(0.0327)	(0.0915)	(0.0235)	(0.3101)
年份固定效应	N	Y	N	N
行业固定效应	N	Y	N	Y
企业固定效应	N	Y	N	Y
样本量	444 622	444 622	585 967	585 967

注：括号内表示标准误；*、**、***分别表示10%、5%、1%的显著性水平，Y表示控制了相应的固定效应。

总体来看，无论采用哪个生产率指标，在加入价值链参与度及交互项之后，人民币汇率对生产率的正向促进效应依然显著，所有回归均通过了1%的显著性水平检验，交互项的系数在1%的统计水平下也显著为正。以LP生产率回归结果为例，随着加入控制变量并控制了年份、行业以及企业固定效应之后，主要解释变量的系数变小，但显著性保持不变。回归结果表明，对于价值链嵌入程度高的企业,有效汇率对生产率的促进效应得到放大。可能是因为,参与度高的企业能从国际分工中获取更大的学习效应和更高程度的管理效率改善,此类企业面对汇率升值这一外部因素刺激更能有效配置资源,强化汇率升值对生产率的改善效应。

(三) 分贸易类型回归结果分析

继续对加工贸易和一般贸易企业分别进行回归分析,回归结果见表6-7。可以看出,对于加工贸易企业来说,在加入了控制变量,并控制了时间、行业和企业固定效应之后,交互项的系数始终不显著。说明嵌入全球价值链未能进一步增强有效汇率对生产率的积极影响。一般贸易企业的结果不同,交互项的系数在1%的水平上显著为正,说明汇率升值带来的生产率提升效应得以放大。加工贸易企业多从事低端的加工、装配等活动,在价值链分工中处于被动地位,企业的主动学习意识和吸收能力都有限。资源配置过程中,企业的学习包括探索学习和利用学习,前者更能体现对新知识、新技术的整合和开发能力(March, 1991)。当汇率变动,出口企业在国际市场的不确定性增加,更需要较强的探索式学习能力,而加工贸易有限的学习能力致使全球价值链参与度难以发挥出应有的正向调节作用。

表6-7　分贸易类型回归结果

变量名称	(1) tfp_LP	(2) tfp_LP	(3) tfp_cd	(4) tfp_cd
加工贸易				
$larith\_rrate$	0.3069***	0.0956***	0.2187***	0.2824***
	(0.0135)	(0.0099)	(0.0103)	(0.0107)
交互项	0.0035	0.0011	0.0054	0.0033
	(0.0039)	(0.0026)	(0.0031)	(0.0032)
FVAR	0.1110***	0.0132	0.0088	0.0037
	(0.0156)	(0.0140)	(0.0143)	(0.0145)
_cons	4.3410***	1.3052***	3.9891***	5.8453***
	(0.0628)	(0.2416)	(0.0479)	(0.2665)
控制变量	N	Y	N	Y
固定效应	N	Y	N	Y
样本量	181041	181041	231160	231160

续表

变量名称	加工贸易			
	(1) tfp_LP	(2) tfp_LP	(3) tfp_cd	(4) tfp_cd
$larith\_rrate$	0.0644*** (0.0080)	0.0168** (0.0070)	0.0897*** (0.0056)	0.0598*** (0.0053)
交互项	0.0930*** (0.0043)	0.1092*** (0.0035)	0.0838*** (0.0035)	0.0709*** (0.0031)
$FVAR$	0.7387*** (0.0058)	0.4056*** (0.0059)	0.2310*** (0.0042)	0.2479*** (0.0047)
$\_cons$	5.4862*** (0.0370)	3.6877*** (0.1007)	4.7260*** (0.0261)	4.7555*** (0.0816)
控制变量	N	Y	N	Y
固定效应	N	Y	N	Y
样本量	263581	263581	354807	354807

注:括号内表示标准误;*、**、***分别表示10%、5%、1%的显著性水平,固定效应包含时间、行业和企业效应。本节下表同。

(四)内生性讨论

1.汇率指标内生性

根据前文分析,本书构建的企业层面实际有效汇率指标本身可能存在内生性问题,不满足线性回归中的外生性要求,造成估计结果偏误。为了解决这一潜在问题,选取汇率指标的滞后一期作为工具变量,进行两阶段最小二乘法估计,表6-8列(1)和列(4)分别是加工贸易和一般贸易企业的回归结果。可以看出,一般贸易企业交互项的系数依然正显著,而加工贸易企业的交互项系数不显著,与前文结果保持了较好的一致性。

表6-8　　　　　　　　考虑内生性的检验结果

变量名称	加工贸易			一般贸易		
	(1) tfp_LP	(2) tfp_LP	(3) tfp_LP	(4) tfp_LP	(5) tfp_LP	(6) tfp_LP
$larith\_rrate$	0.1832*** (0.0186)	0.0901*** (0.0133)	0.1063*** (0.0162)	0.0536*** (0.0104)	0.0312*** (0.0063)	0.0332*** (0.0051)

续表

变量名称	加工贸易			一般贸易		
	(1) tfp_LP	(2) tfp_LP	(3) tfp_LP	(4) tfp_LP	(5) tfp_LP	(6) tfp_LP
FVAR	0.3341***	0.0172	0.2773	0.0807***	0.0743***	0.0423***
	(0.1212)	(0.1042)	(0.2429)	(0.0052)	(0.0050)	(0.0104)
交互项	0.0203	0.0051	0.0586	0.0219***	0.0218***	0.0161***
	(0.0259)	(0.0222)	(0.0520)	(0.0037)	(0.0037)	(0.0026)
_cons	−1.9087***	−1.2717***	−1.3596***	−1.1088***	−0.6953***	−0.8609***
	(0.2847)	(0.2767)	(0.2489)	(0.1042)	(0.0962)	(0.0734)
固定效应	Y	Y	Y	Y	Y	Y
样本量	181041	181041	181041	263581	263581	263581

2. 全球价值链参与度内生性

企业的全球价值链参与度可能不是严格外生的。例如,对于生产率较低的加工贸易企业来说,由于缺乏竞争力,只能选择附加值低、科技含量低的加工装配环节从事出口活动,其在生产过程中使用大量进口投入品,价值链参与度较大。为了尽可能避免内生性造成的结果偏差,本书试图寻找可靠的工具变量进行两阶段最小二乘法估计。企业的价值链参与度是一个复杂的概念,目前还未有文献提出有效的工具变量。本书参照已有文献的常用做法(吕越等,2018),选取价值链参与度的4分位行业均值和滞后一期作为工具变量。列(2)和列(4)是行业均值的回归结果,列(3)和列(6)是滞后变量的回归结果。可以看出,考虑主要解释变量的内生性之后,本书的主要结论未发生明显改变。

(五)其他稳健性检验

1. 更换生产率指标

基准回归中,本节采用了LP和生产函数生产率,表6-9列(1)和列(3)更换了生产率指标,采用acf生产率。可以看出,更换生产率指标之后,汇率、价值链参与度和交互项的显著性和影响方向均未发生实质改变,支持了本书的基本结论。

表6-9　　　　　　　　　　稳健性检验结果

变量名称	加工贸易 (1) tfp_acf	加工贸易 (2) tfp_LP	一般贸易 (3) tfp_acf	一般贸易 (4) tfp_LP
$larith\_rrate$	0.1327***		0.0365***	
	(0.0150)		(0.0065)	
$lgeo\_rrate$		0.0801***		0.0288***
		(0.0084)		(0.0038)
交互项	0.0055	0.0295	0.0092***	0.0158***
	(0.0267)	(0.0293)	(0.0033)	(0.0026)
FVAR	0.0550	0.0467	0.1185***	0.0595***
	(0.1252)	(0.0902)	(0.0055)	(0.0043)
_cons	0.5363*	−1.2381***	1.9666***	−0.8168***
	(0.3188)	(0.2405)	(0.0935)	(0.0717)
固定效应	Y	Y	Y	Y
样本量	180794	181041	263447	263581

2. 更换汇率指标

本书对企业层面实际有效汇率的测算采用了算术平均和几何平均方法。在基准回归中，汇率指标采用算术平均法计算的贸易加权汇率，此处改用几何加权指标，重复前文过程，回归结果见列（2）和列（4）。可以看出，无论是算术平均还是几何平均，本节的基本结论未发生改变：对于一般贸易企业来说，有效汇率对生产率的正向影响随着企业的价值链参与度提高而增大，加工贸易的这一作用则不显著。

本章小结

融资约束问题日益凸显、全球价值链参与度提升过程中易陷入"低端锁定"陷阱是我国出口企业尤其是加工贸易企业面临的典型问题。本章试图挖掘现有问题是否会影响汇率升值的生产率提升效应，并着重探寻加工贸易和一般贸易企业受到的影响差异，以便对现存问题和贸易升级转型提供切实可行的解决思路。基于融资约束的研究发现，汇率升值对生产率的提升效应受到融资约束因素制约,且加工贸易受到的制约作用更大。类似地,企业融入全球价值链亦可能对汇率变化的生产率效应产生影响,但这一作用效果与融资约束相反,且加工贸易企业受到的正向调节作用不显著。

本章研究具有如下政策内涵。国家层面:第一,深化金融体制改革,重视出口企业融资约束问题,改善出口企业尤其是加工贸易企业融资困难局面。第二,以提升企业的出口竞争力为主要目标,鼓励出口企业尤其是一般贸易企业积极融入全球价值链,提升全球价值链参与度,同时还应出台政策,为中小企业提供培训,提醒企业防范国际市场的政治风险,并在信贷、基础设施建设以及行政流程等方面创造便利条件。企业层面:第一,提升内源融资能力,为生产率提升创造条件;第二,合理嵌入全球价值链,一般贸易企业应提高全球价值链参与度,而加工贸易企业则应注重在价值链环节上的学习效应。

第七章　国内外经验分析

第一节　应对人民币升值的国内案例

本节以鲁泰纺织股份有限公司（以下简称为"鲁泰纺织"）为研究对象，分析鲁泰纺织的发展历程及其如何在人民币升值过程中打造企业生存样本，从实践层面对前文的理论分析和研究结论提供支持。

一、企业背景介绍

鲁泰纺织成立于1987年，从事中高档衬衫用色织面料、印染面料、针织面料、成衣等产品的生产和销售，是一家集研发设计、生产制造、营销服务于一体的国际化纺织服装企业。1993年，公司进行了股份制改造，并于1997年和2000年发行B股和A股，成功上市。上市之后，公司不断扩大规模，升级设备，优化产品结构。2013年之后，鲁泰纺织开始推行"全面国际化"战略，在意大利米兰设立办事处、在美国成立公司，并在东南亚的柬埔寨、缅甸、越南等国家建立了生产基地，推动形成国际化产业布局。

经过多年努力，鲁泰纺织在绿色低碳技术、筒子纱数字化自动染色成套技术、纺织面料颜色数字化关键技术以及少盐少水染色技术等方面都取得了关键突破，获得多项国家级和省部级科技进步奖项。近年来，鲁泰纺织被认定为国家级企业技术中心、国家级实验室和高新技术企业，被中国纺织工业联合会评为"2024中国纺织服装品牌竞争力优势企业"，被山东省纺织服装行业协会评为2023年度山东省纺织服装行业"数字化转型创新单位"。

二、人民币升值的影响

对于贸易企业来说，人民币升值是一把双刃剑。一方面，人民币升值给企业进口、技术创新等带来积极影响。一是降低进口成本。作为一家服装类企业，鲁泰纺织在生产过程中需要进口大量的棉花等原材料，人民币升值使得以外币计价的进口原材料成本降低，同样的预算可以购买更多的原材料。随着人民币升值，鲁泰纺织用于进口原材料的预算不断增加，除了满足扩大生产规模的需要，增加原材料库存量，还可以减少汇兑损失。二是促进产品升级。根据前文分析，随着人民币升值，企业出口产品的价格升高，在国际市场上的竞争力下降，被迫通过技术创新和产品质量提升来克服贸易条件恶化带来的不利影响。在人民币升值过程中，鲁泰纺织更加注重品牌、技术和产品，不断加大技术研发力度，提高生产效率，推动产业向更高端的方向发展。三是增加汇兑收益。在人民币升值期间，鲁泰纺织通过增加外汇借款额，将借款按照较低的汇率结汇，从而获得汇兑收益。在2003年8月到2004年7月期间，鲁泰纺织累计从银行借款4500万美元，并全部按照当时的汇率结汇，获得了相应的汇兑收益。

另一方面，人民币升值也可能对企业利润、市场布局等带来风险。一是压缩出口利润。企业出口一般采用外币结算，而采购以人民币结算，人民币升值会增加企业成本压力，造成毛利率下降。2021年，新冠病毒在全球蔓延，疫情扰动造成部分海外工厂停产，部分订单转移至国内生产，叠加人民币升值和能源价格上涨因素，公司的毛利率明显下滑。二是影响海外市场布局。在汇率变动过程中，企业需要调整在国际市场的定价策略和销售策略，并做好相应的风险预警机制，从而影响其在海外市场的布局结构、布局模式和布局策略。

三、打造高币值下的企业生存样本

2008年，原材料上涨叠加人民币汇率加速升值，国内制造业特别是对国际市场依赖度较高的纺织业企业经营压力陡增，行业利润被大幅压缩，不少大型企业面临倒闭或被收购风险。在此情形下，鲁泰纺织却实现了效益高增长，成功打造了汇率升值背景下企业生存的典型样本，其主要做法与经验可归纳如下：

第一，深化国际合作，扩大市场规模。鲁泰纺织在巩固与已有客户关系的同时，还积极寻求新的合作伙伴，以深度融入全球分工体系，提高企业的市场竞争力。鲁泰纺织在中国、美国、意大利、日本、印度、越南、柬埔寨、缅甸等8个国家设立了17家控股子公司、3个办事处，从研发设计、客户服务、生产经营、市场开拓等环节全方位完善产业布局。还在越南、缅甸、柬埔寨等"一带一路"沿线国家设立生产基地，覆盖纺纱、漂染、织布、整理、成衣加工等环节，有效提升了产品和服务供给能力。

第二，提高管理水平，优化资源配置。鲁泰纺织不断优化内部管理，加强产业链供应链建设，用以降低成本、提升对汇率变化的应对能力。在构建科学的运营系统基础上，鲁泰纺织不仅打造了"中国＋配套国家"的供应链，在多个国家或地区布局生产基地，不断提升对国内外资源要素的配置能力，使企业得到长远发展，还灵活运用金融工具，以尽可能规避外汇市场风险。在金融衍生工具方面，鲁泰纺织与银行签订远期结汇合同，综合运用远期信用证和即期信用证等多种结算方式，有效规避了人民币汇率波动对经营业绩的影响。在此过程中，鲁泰纺织还加强风险管理，包括市场风险、流动性风险及履约风险等，确保衍生品交易业务与正常的进出口业务相对应。

第三，加快技术升级，增加产品附加值。面对人民币升值带来的经营压力，鲁泰纺织不断加快技术创新，提高产品的技术含量，增强在国际市场的竞争力。公司不断引进国际先进设备和技术，淘汰落后产能，以保证技术和产品在行业中始终具备竞争优势。具体地：先后从比利时、德国和日本等国引进了代表世界先进水平的设备，对高档色织布面料的生产和整理项目进行了大规模技术改造；通过智能化设备大幅提升全产业链的智能制造水平，并利用数字技术建立了数字化、信息化平台，以进一步降低能耗，促进企业提质增效。

另外，鲁泰纺织还积极加大原材料进口力度。2005年汇改之后，人民币进入升值通道，鲁泰纺织积极增加原材料进口，扩大进口原材料所占的比例，以抵消出口产品收汇造成的汇兑损失。数据显示，在2005年至2007年，鲁泰纺织的棉花进口金额逐年上升，从870.7万美元上升至2973.9万美元，增幅高达242%。

第二节　汇率调控及提高生产率的国际经验

一、德国的经验

1960年至1995年，德国马克的汇率从4.17马克兑1美元上升至1.4马克兑1美元。同时，德国一直以来都有着较高的贸易顺差，本币大幅升值并未对德国的出口造成严重冲击，反而刺激德国通过一系列举措不断提高生产率、加大研发力度来保持竞争力，对中国有较大的借鉴意义。

（一）德国马克的汇率变动情况

1. 布雷顿森林体系期间，马克升值压力增加

"二战"后，德国开启了经济和社会重建，20世纪50至60年代中期，在马歇尔计划的支持下，德国经济实现高速发展，创造了"经济奇迹"：GDP年均增速将近8%，贸易差额由负转正，私人消费和固定资产投资活跃，失业率降至不到1%。布雷顿森林体系瓦解前夕，德国已经成为仅次于美国和苏联的第三大经济体。

从1949年开始，马克的汇率被固定在4.2马克兑1美元，相较于购买力平价下的3.33，4.2代表马克被低估，为德国提升出口产品竞争力、加速经济恢复提供了良好条件。随着德国经济发展和国际地位提升，经常账户顺差屡创新高，马克在国际市场的使用范围不断扩大，面临升值压力。与此同时，国内物价开始反弹，1956年3月CPI同比增速超过3%。经过多方讨论和权衡，马克在1961年3月首次升值，兑美元汇率从4.2变化至4，升值5%左右。由于上升幅度有限，国内通货膨胀未得到抑制，德国的资本账户和经常账户依然保持双顺差。

1969年8月开始，马克开启了新一轮升值进程，不仅较好地应对了国际收支大量顺差、经济过热带来的压力，还有效防止了经济领域的大幅波动。在此期间，德国政府采取了如限制非居民购买国内货币市场票据、限制境外马克使用等一系列资本管制措施，这些措施在一定程度减缓了马克的国际化速度，但未能阻挡马克成为主要的国际储备货币。

2. 1973年至1985年，马克渐进升值

随着布雷顿森林体系瓦解，美元与黄金不再挂钩，越来越多的国家不再将货币与美元挂钩，而是逐渐实行浮动汇率制，德国亦不例外。马克对美元汇率和实际有效汇率几经起伏，但总体稳中有升。1973年至1979年，德国经济不断走强，马克兑美元汇率从4马克＝1美元升值到2.4马克＝1美元，升值幅度超过60%。1979年至1985年，马克对美元汇率出现了阶段性贬值，跌至2.9马克＝1美元。1979年，由于伊朗政局动荡停止输出石油，国际油价急剧攀升，引发第二次石油危机。危机爆发后，德国的石油进口价格大增，国际收支恶化，经济表现不及美国，马克开始贬值。第二次石油危机持续了两年多，危机结束之后，德国经济基本面大大改善，马克的汇率重新回到了升值通道。

3. 1985年"广场协议"之后，马克继续升值

1985年，为了解决美元对当时主要发达经济体货币汇率高估以及美国贸易逆差持续扩大问题，美国、法国、德国、日本和英国财政部长和央行行长在纽约广场酒店签署《广场协议》。"广场协议"之后，五国开始联合干预外汇市场，在国际市场大量抛售美元，矫正美元估值过高的问题。1995年，马克对美元汇率相较于《广场协议》之前升值比例超过100%。1999年1月1日，欧元作为一种具有独立性和法定货币地位的超国家性质的货币正式发行，马克作为仅次于美元的国际储备货币，为欧元成为国际储备货币奠定了良好的基础。欧元诞生之后，对欧元的管理模式和货币政策理念与德国保持了高度一致，继续将维持物价稳定作为首要目标。

（二）德国的经验与做法

汇率是影响商品价格和国际竞争力的关键因素，随着马克不断升值，德国在全球的贸易份额却并未出现显著下滑，1974年至1991年维持在10%左右，显著高于1950年的3.76%。同时，马克的国际化进程不断加快，德国的实体经济强势发展，全要素生产率稳步提升，其经验做法为发展中国家提供了良好的借鉴。

1. 强化中央银行的独立性，以稳物价为重要目标

德国联邦银行于1957年根据《联邦银行法》而成立，承担着货币发行、货币流通、币值稳定、代理联邦财政收支等多项职能，是世界上独立性最强的中央银行。健全的宏观经济运行机制是经济稳步发展的重要保障，而独立的中央银行则是确保货币政策法律机制健康运作的首要条件。依据《联邦银行

法》,联邦银行属于公法意义上的联邦直接法人,拥有完全的自主权,政府不得对银行的业务、政策、人事任免等进行干涉,从根本上保证了联邦银行货币政策的独立性和延续性。受德国的"稳定文化"影响,德国联邦银行将维持物价稳定作为首要目标,不仅较好地控制了国内的物价水平,还为马克增强内在价值提供了重要保障。1950年至1995年,德国的平均通胀率为2.87%,而同期美国和日本的平均通胀率都超过了4%,德国成为23个主要工业国家中通胀率最低的国家。

2. 深耕实体经济,打造"德国制造"名片

实体经济是兴国安邦的基础,德国始终坚持实业为主导。20世纪90年代,经济全球化快速发展,发达国家面临来自低工资国家的挑战,以美国、日本为首的国家开始将制造业向低工资国家转移,而德国却坚持发展制造业,"德国制造"享誉全球,成为专业和品质的象征。

出口是德国经济增长的重要推动力量,2008年美国次贷危机之后,全球需求疲软,德国GDP在2009年出现下滑,随着各国经济恢复和外部需求企稳回升,德国GDP在2010年强势反弹,增速达到4.1%。同时,德国制造还适时调整生产体系以适应国际化发展。例如,德国知名企业如西门子、大众集团等在国际化过程中不断优化内部结构,果断放弃亏损的部门,并瞄准国际市场的多样化需求,提升产品质、打造企业品牌,成功在汇率波动过程中成功实现国际化。在多个国家的经济发展被"产业空心化"拖累之时,德国经济依然在稳步增长,展现巨大发展潜力。

3. 坚持科技创新,提升产品的国际竞争力

汇率影响商品的价格性竞争力,但价格性竞争力是难以持续的。马克的升值在短期内削弱了出口产品的竞争力,但德国通过供给侧改革抵消了本币升值对出口的不利影响,并提升了本国贸易条件。在马克升值过程中,德国放弃了模仿性强、技术含量低的劳动密集型产品,而是通过人力资本和新知识带动创新,打造品牌和技术优势,不断提升企业在全球价值链的位置,增强企业在国际贸易活动中的议价能力。2010年,德国经济研究所的一项研究表明,在工业化国家中,德国的技术密集型行业的附加值占比处于较高水平。林德拉(2012)也指出,在经济合作与发展组织(OECD)大国中,德国是唯一不能用实际有效汇率的变化来解释其贸易份额在全球占比变化的国家。

二、日本的经验

(一)日元的汇率波动情况

第二次世界大战后,日本经济迅速崛起,人均 GDP 一度超过美国,位居世界第一。20 世纪 80 年代初,第二次石油危机结束之后,美国实行"双赤字"策略,加快了美日经济的复苏步伐。随着日本经济和国力走强,"强日元"的呼声高涨,加上"广场协议"的签订,日元在短期快速升值。"广场协议"之后,从 1985 年至 1987 年,日元对美元汇率升值超过 50%。1988 年,日元对美元汇率为 120 日元=1 美元,较"广场协议"前升值了一倍。之后,日元继续升值,20 世纪 90 年代达到"广场协议"前的 3 倍。在此期间,日元的实际有效汇率也保持整体上升趋势(见图 7-1)。1984 年底,日元的实际有效汇率为 84,1988 年一度达到 124。1989 年开始虽然有所下滑,进入 20 世纪 90 年代之后,日元实际有效汇率继续大幅提升,并于 1995 年达到峰值,较 1984 年升值了将近 80%。

图 7-1　1980—1999 年日元的月度实际有效汇率变化
数据来源:CEIC 数据库,经作者整理所得。下图同。

由于担心本币升值对本国制造业带来冲击,日本试图通过宽松的财政政策来刺激内需。1986 年开始,根据贝克-宫泽交易、卢浮宫协议等安排,日本开始连续降息,卢浮宫协议后最后一次降息至 2.5%,远远低于 1980 年 9% 的利率水平。货币政策方面,日本加大基础货币投放,基础货币增速在 1987 年一度达到 15%,M2 增速在 1990 年也超过了 10%。宽松的货币政策和财政政策使得大量资金流入房地产行业,房地产热度持续升温,房产价格提升带来的财富效应极大地增强了居民的消费和投资意愿。1989年,为了防止经济过热,日本央行开始采取紧缩的货币政策,连续进行加息,基准利率从1989年的2.5%上升到1990年的6%,快速收紧的货币政策刺破了经济泡沫,导致日本经济陷入停滞,进入"失去的三十年"。

(二) 日本的经验与做法

"广场协议"之后,德国和日本都面临本币升值的挑战,但两国在调控政策的选择上却呈现较大差异。德国的宏观政策较为克制,通过提高生产率、加大研发力度来改善竞争局面,而日本则在前期实行扩张性的财政和货币政策,经济过热之后又快速采取紧缩政策,不仅未能实现房地产软着陆,反而导致经济走下坡路。当前,中国经济发展情况与曾经的日本存在类似之处,总结日本的经验教训有利于中国在人民币国际化过程中实现经济高质量发展。

1. 调整产业结构,加速技术升级

"广场协议"之前,日本出口企业多处于成长期,靠增加出口量和在国际市场提升市场占有率获得利润。"广场协议"之后,日元大幅升值,产品价格竞争力减弱,加上本土制造业成本上升,出口企业难以通过扩大企业规模、降低平均生产成本来维持利润,必须转变经营策略,通过加大技术研发和科技创新提高产品附加值,以技术和产品塑造企业的核心竞争力。因此,越来越多的企业开始致力于提升产品质量和生产效率而非一味通过降价来获得市场份额。"日本制造"逐渐从一般加工制造向高科技、高附加值的产品转型,日本提升生产效率的"精益生产"模式也成为全球学习的榜样。在此期间,多家企业通过深耕国内国际市场成功崛起,向全球输出日本品牌。例如,优衣库精准捕捉到了国内消费降级的趋势,通过全球采购、高效物流、打造高效供应链、压缩中间商利润、聚焦基本款服装等手段,将成本控制到极致,从一家地方服装店发展成为日本乃至全球服装行业的巨头。

与此同时,政府也出台一系列政策推动技术进步。例如,在1995年至2010年期间实行三期计划以支持技术创新。其中,第一期始于1995年,用于改善科技创新环境,打通科技成果转化通道。第二期始于2001年,主要用于基础研究和科技活动国际化。第三期始于2006年,主要致力于本国科技人才培养和引进国际高科技人才。日本还在1995年颁布了《科学技术基本法》,并以此为基础形成五年一期的《科学技术基本计划》,为强化战略性基础研究、深化科研制度改革等提供了基本遵循。

2. 布局海外市场，寻求投资机遇

日元的过快升值给日本制造业造成了较大的冲击，一些低附加值的劳动密集型企业的盈利空间被大幅压缩。同时，日本还面临人口老龄化问题，制造业用工成本上升。随着经济走向通缩期，国内投资机会减少，大量企业利用本币升值的机会进行海外投资，并通过海外生产和销售来规避汇率风险。一方面，日元升值降低了企业购买海外资产、搭建海外生产体系的成本。企业在东道国设立子公司不仅可以规避出口面临的贸易摩擦，还可以根据东道国市场的需求偏好调整产品设计，提高产品在国际市场的认可度。另一方面，日本出台多项政策支持企业开展海外投资活动。例如，20世纪80年代末、90年代初启动的"黑字还流"计划在加快对外投资、改善国际收支方面取得了显著效果。1997年日本海外子公司营业收入占总公司收入比达到37.5%，2020年这一比例接近70%；2021年日本海外净资产规模占GDP比重达到75%，较1996年增长3倍；1996年至2023年，日本海外投资规模从30.6万亿日元上升至274.7万亿日元，占GDP的比重从5.7%上升至49.4%。

在进行大规模海外扩张的同时，日本制造业占比虽然有所下滑，但本土保留的多为高精尖制造业，竞争优势和议价能力强，企业的盈利能力较好。汽车、电子产品等技术含量高的优势产业在全球建立生产基地进一步增强了供应链韧性，且海外收入的快速增加为稳定国内就业和居民收入水平提供了保障。可见，虽然日本经济在20世纪90年代陷入了停滞，但扎实的经济基础和先进的技术水平仍使得日本展现出较强的发展韧性。

三、新加坡的经验

近年来，国际局势复杂多变，新加坡对美元汇率和实际有效汇率却不断走高。作为"亚洲四小龙"之一，新加坡经济基础坚实，凭借高度开放的市场、独特的货币政策和多元的经济结构，在全球经济增速放缓的情况下依然展现出巨大发展潜力，为中国提供了良好的借鉴。

（一）新加坡元的汇率变动情况

新加坡属于小型开放经济，高度依赖进出口，汇率对进出口成本进而国内物价水平、资源要素配置和经济增长的影响较为显著。新加坡金融管理局

(MAS)实行有管理的浮动汇率制度,通过汇率政策而不是利率政策来影响市场的流动性。一直以来,MAS将保持新币坚挺作为首要任务,通过将新币兑一篮子主要贸易伙伴货币的贸易加权汇率维持在不公开的目标区,来实现货币政策的调控目标。如果新币汇率在区间内波动,MAS不进行干预,一旦波动幅度超过既定区间,MAS就会进场将汇率水平拉回这一区间。在这种机制下,新币的汇率稳定性较强,很少出现大起大落。

如图7-2所示,1994—2023年,新币的实际有效汇率呈现波动上升趋势,在2005年6月达到实际有效汇率最低值(99.02),2023年底则上升至新的高点,达到134.5。总体来看,新币汇率虽然有所波动,但波动幅度不大,稳定性较强。分阶段来看:新币在1994年至1998年保持上升趋势,而1998年至2005年则以下降为主,直至2007年开始反弹并在2015年达到新的高点。之后,新币的实际有效汇率虽然略有下降,但在很长一段时间的变化幅度都较小。2020年,全球遭受新冠疫情冲击,新币汇率出现短暂的下滑,但从2022年开始强势反弹。

图7-2 1994—2023年新币的月度实际有效汇率变化

(二)新加坡的经验与做法

1. 实行货币稳定政策,提升投资环境的稳定性

新加坡的货币政策以稳定为核心,通过各环节的精细化管理和制定前瞻性的调控策略来确保货币价值稳定。得益于货币稳定政策,新元的汇率变化较为平稳,不会引起购买力大幅波动,有利于控制通货膨胀,降低通货膨胀风险。对于国际贸易和国际投资活动来说,汇率波动风险是影响决策的关键因

素。稳定的汇率有效降低了可能存在的汇率风险，贸易商和投资者可以更好地规划和管理跨境交易，减少汇兑损失。通过多年实践，新加坡政府较好地控制了通货膨胀和维持汇率稳步升值，极大地提升了政府信誉，增强了国内外投资者的信心，众多企业在新加坡设立亚洲总部或财务中心。联合国贸发会议发布的《2024年世界投资报告》显示，2023年全球外商直接投资金额有所下降，但新加坡却独树一帜，吸引外来直接投资1 600亿美元，同比增长13%，而这主要得益于新加坡稳定的政治环境、健全的制度环境和良好的营商环境。

2. 加强制度建设，谨慎推进新币国际化

在制度建设方面，新加坡推出了弹性工资制度，将员工的工资分为固定工资和可变工资，企业在经济不景气时期可以减少可变工资并在经济复苏之后增加工资。这一制度使企业可以通过薪资调整降低劳动力生产本而不是本币贬值来提升出口产品的竞争优势，避免陷入"本币贬值—通货膨胀率上升—工资上涨—出口利润减少—经济下滑"的恶性循环。同时，在公积金制度下，居民积攒了大量财富，对新币升值存在刚性需求，经济不景气时宁愿降低工资而不是货币贬值。在货币国际化过程中，虽然新加坡1978年就取消了外汇管制，但为了防止国际投机行为影响新币汇率，MAS出台了一系列限制措施，包括不允许国内银行向非居民金融机构发放超过500万新元的借款、不允许非居民金融机构对新币的投机行为、禁止非居民再利用新币贷款购买不动产等。

3. 以国际化带动创新

国际化不仅能带动经济发展，还可以激发创新活力。作为全球国际化程度最高的国家之一，新加坡积极打造国际化的创新生态、不断优化营商环境、多措并举吸引全球高科技人才，成功跻身全球著名科技创新中心行列。新加坡国内资源匮乏，根据产业发展需求积极制定实施总部计划，吸引全球著名的跨国公司设立区域总部，成为跨国企业设立区域总部最多的城市，为科技创新提供了得天独厚的策源力。新加坡还不断完善政府职能，构建"有目标、有计划、有重点地吸引海外人才"的引才体系，吸引了大批来自海外的科学家、工程师和留学生，为科技进步提供了最根本的智力支撑。

四、俄罗斯的经验

（一）俄罗斯卢布的汇率变化情况

卢布第一次大幅贬值发生在1996—1998年。1997年，亚洲金融风暴从东南亚国家蔓延至东北亚国家,继而波及欧美、拉美等地,全球经济发展遭受重创。俄罗斯国内发生美元抢购潮,资金外流现象明显,加上俄罗斯外汇储备短缺,政府宣布延期偿还西方国家的债务,恐慌情绪不断在市场中传导,卢布贬值加剧。从1998年7月至1999年1月,卢布的实际有效汇率从110.42下降到54.17,不足半年下降幅度高达50%。

在1999—2008年,卢布汇率整体较为稳定,呈现稳步而缓慢升值的特征。在这一时期,俄罗斯经济开始恢复,国内消费和投资逐渐活跃,国际石油价格上涨带来石油美元流入,推动卢布升值。但是,由于俄罗斯的经济结构较为单一,对能源的依赖程度高,能源部门的产值占工业总产值的三分之一,一旦能源价格大幅波动,卢布汇率也难以保持稳定。因此,石油美元的加速流入虽然推动了卢布升值,但也为汇率波动带来了不稳定因素。

2009—2013年,卢布汇率表现出先贬值后升值的特征。2009年初,受次贷危机影响,卢布汇率出现贬值,但贬值幅度相对较小。卢布的实际有效汇率从2008年12月的123.92下降到2009年2月的105.46,卢布对美元汇率从2008年的24.86卢布兑1美元变化至31.74卢布兑1美元。在此期间,国际油价保持高位,俄罗斯经济增长较快得到恢复,国际市场对卢布的需求依然旺盛,形成了卢布的支撑。

2014—2016年,卢布汇率波动幅度加大,贬值明显。2014年,克里米亚危机爆发,以美国为首的西方国家对俄罗斯采取了一系列制裁措施,除了经济制裁,还包括政治、外交、军事等多领域的制裁。2014年开始,国际油价连续两年大幅下跌,俄罗斯国际收支快速恶化,卢布失去基本面支撑,开始快速贬值。2015年,美联储进入加息周期,国际资本外流,卢布进一步贬值。

2016年至今,卢布汇率波动明显,但前期波动幅度远小于2022年之后。2016年初至2022年初,卢布实际有效汇率先上升又波动下降,基本维持在80到120区间之内。2020年暴发全球新冠疫情,卢布虽然再次贬值,但贬值幅度不大而且回调速度快。2022年2月,俄乌冲突爆发,卢布迅速贬值,实际有效汇率下降至76.34。随后,俄罗斯开始实施"卢布结算令",规定向对俄不友好国家和地区供应天然气时使用卢布结算,同时限制国内资金外流。经过一系列"组合拳",卢布开始强势反弹,实际有效汇率在2022年11月上升至历史最高水平。2023年,囿于地缘政治和国际市场的压力,俄罗斯加大了基础货币投放以刺激经济发展,卢布再次开启了贬值周期。

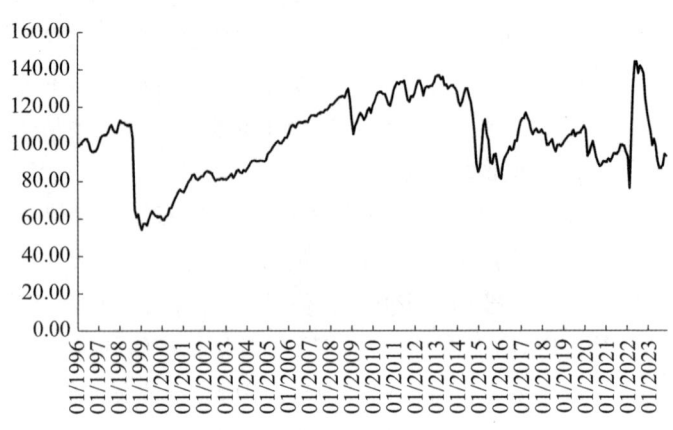

图 7-3　1996—2023 年卢布的月度实际有效汇率变化

(二) 俄罗斯的经验与做法

1. 及时调整汇率制度

苏联解体之前,在计划经济体制下,卢布不可自由兑换,长期存在汇率高估现象。苏联解体之后,俄罗斯采取了较为激进的经济改革措施,促进了自由化、私有化,也彻底改变了卢布汇率的形成机制。

1992—1994 年,俄罗斯颁布了《俄联邦外汇调节法》和《俄联邦外汇调节与管制法》,允许本国居民在国内将卢布与外国货币进行自由兑换。1995—1998 年,俄罗斯政府加大对卢布的管控力度,于 1995 年引入了"外汇走廊",将卢布对美元汇率控制在一定区间,增强市场对卢布的稳定预期。但由于国内的通货膨胀问题依然突出,卢布升值又为扩大国内出口带来了不利因素,维持"外汇走廊"的难度加大。1998 年 8 月,俄罗斯政府由于无法支付到期债务,宣布提高"外汇走廊"的上限。卢布对美元汇率限制从 5.1—7 卢布兑 1 美元变化到 6—9.5 卢布兑 1 美元,卢布对美元汇率大幅贬值。1998 年 9 月,俄罗斯政府被迫宣布允许卢布自由浮动。

1998 年金融危机之后,能源价格上涨带动俄罗斯经济发展,俄罗斯选择兼顾型货币政策,既控制通货膨胀又抑制卢布升值。然而,根据"不可能三角",一国无法在保持货币政策独立的同时维持固定汇率,俄罗斯难以兼顾通货膨胀和卢布汇率。为了抑制卢布升值,俄罗斯不得不购入外汇,"被动超发"卢布。2008 年全球金融危机之后,俄罗斯的货币政策开始将降低通货膨胀率作为主要目标,并逐步增强汇率弹性,从管理浮动汇率制度向自由浮动汇率制度转变。

2. 采取反制裁"组合拳"

2022年俄乌冲突爆发之后，西方国家对俄罗斯采取了经济、政治、外交等多方面制裁措施，卢布在短期大幅贬值，影响了俄罗斯金融市场的稳定。为了应对制裁，增强卢布的支撑和内在价值，俄罗斯打出了多项反制裁"组合拳"，稳定外汇市场的效果良好。针对能源制裁，俄罗斯总统普京签署了"卢布结算令"，规定与"不友好"国家的天然气交易须使用卢布结算。欧盟约40%的天然气从俄罗斯进口，在俄罗斯宣布天然气结算新规则之后，卢布开始走强。俄罗斯央行还将卢布锚定黄金，规定每克黄金以固定5 000卢布交易，而国际市场的黄金价格为每克黄金6 000卢布，这一措施有助于稳定卢布的价值和俄罗斯的金融体系，加速去美元化。同时，为了防止资本外流，俄罗斯央行将基准利率从之前的7%左右提升到20%。为了避免出现美元挤兑潮，禁止居民从外币账户中提取超过1万美元的现金，禁止普通居民携带1万美元以上的等值外币出境。

3. 重视科技创新

俄罗斯一直致力于发展高效创新型经济，试图将科技政策与宏观调控政策实现协同。早在1999年，俄罗斯就出台了关于科技创新的相关法律。2006年起，相继出台了《2015年前俄联邦科技和创新发展战略》《俄罗斯创新体系和创新政策报告》《2020年前俄联邦创新发展战略》等政策文件。2015年，克里米亚危机导致卢布贬值，国内经济受挫。OECD发布的"提高俄罗斯生产率：技能、教育与创新"报告进一步指出，俄罗斯与OECD国家的劳动生产率存在显著差距，未来要实现经济可持续增长需提高生产率，加强科技创新和人力资本培育。2022年4月，俄罗斯继续发布《关于宣布俄罗斯联邦科学技术十年》，明确指出了未来十年俄罗斯科技创新领域的三大基本任务，通过吸引新鲜血液壮大科研队伍，激发民众投身科学研究、为国家做贡献的积极性。

本章小结

在国际环境复杂多变、地缘政治格局不稳、全球供应链持续重构的背景下，总结我国企业应对人民币升值的典型做法、梳理来自发达国家和新兴市场国家的经验能为出口企业有效应对人民币汇率波动、全面提升全要素生产率提供经验借鉴。梳理发现：从国内企业看，企业汇率升值背景下加快产品升级、优化内部管理有利于打造新的竞争优势；从国际经验看，在"广场协议"之后，德国马克和日元都表现出升值趋势，但两国采取的调控政策却大不相同。德国始终坚持独立稳健的货币政策，将控制通货膨胀作为首要目标，通过供给侧改革塑造制造业竞争优势，而日本在日元快速升值的过程中快速采取了宽松的财政和货币政策，资产价格膨胀之后又在短时间内连续加息，资产价格快速下跌并通过传导效应蔓延至全社会，造成了经济停滞。新加坡的汇率制度有效地避免了外部冲击导致的经济波动，使新加坡在全球金融波动中保持了较高的稳定性和吸引力。俄罗斯随着经济发展阶段变化和卢布汇率波动不断调整汇率制度，并通过一系列金融"组合拳"有效应对了来自西方国家的制裁。同时，我们还应注意到，在应对汇率波动时，四个国家都高度重视科技创新，不断通过人才、制度、要素等方面改革来促进技术进步，提高生产率，塑造核心竞争力。

第八章　汇率波动背景下提升出口企业全要素生产率的对策

第一节　国家层面

一、继续深化汇率改革，正确认识汇率变化的生产率提升效应

一方面，要继续人民币汇率市场化改革，完善汇率形成机制。本书的基本结论表明，人民币汇率升值对出口企业生产率具有显著的正向促进作用。因此，我国应当进一步深化人民币汇率市场改革，从外汇市场管控和配套政策改革着手来完善汇率的形成机制，充分利用未来人民币升值对出口企业发展的有利影响。首先是外汇市场管控方面，要改进汇率的调控方式，增加人民币汇率弹性，同时理顺外汇供求关系，促进外汇市场健康发展。2018年，央行停用人民币逆周期因子，同时降低了对外汇市场的干预，人民币汇率弹性增加。在现有改革成就的基础上，我国应当继续采取政策中性措施，同时丰富外汇交易主体和交易产品，放松交易过程的限制，最终释放市场活力。当然，汇率市场化不代表对汇率不加以调控，而是根据市场供需关系，事先做好防备措施，避免市场出现过度或异常波动。其次是配套政策改革，要推动货币政策转型和金融市场健康发展，以降低企业可能面临的汇率风险。国家有必要建立清晰的货币政策锚，及时向市场释放合理信号，引导市场预期，增强货币政策实施效果。除了外汇市场，我国还应在股票、债券和货币市场积极吸引外资，以"引进来"带动"走出去"，提升金融市场的深度和广度，从而提高对国内储蓄的利用率、降低资金错配风险。

另一方面，要正确认识汇率变化对出口企业生产率的影响。有效汇率变化可以通过进入退出、资本深化、规模经济和进口效应影响出口企业生产率。

同时,汇率变化对出口企业生产率的影响表现出明显的地区、行业和所有制差异,劳动密集型、民营和东部地区企业受到的影响更大。因此,国家要正确认识汇率变化的生产率效应,并根据出口企业特质采取个性化措施。例如,针对东部地区企业,保证区域协调发展的同时继续发挥京津冀、长三角、大湾区等经济带的引领作用,增强东部地区出口企业的竞争意识和创新活力,进而带动起全国出口企业转型升级。针对民营企业,要积极落实相关发展和扶持政策,扎实推进各项降低成本行动,助力其培养核心竞争力,打造行业品牌,进而增强我国出口产品的国际竞争力。

二、持续推进贸易自由化,健全出口企业优胜劣汰机制

第一,持续推进贸易自由化,增大生产性投入进口带来的技术扩散和转移效应。一方面,要鼓励出口企业进口先进技术和设备。国家应培育进口促进平台,同时放宽外资投资和合作条件,鼓励各类跨国企业投资境内的高技术产业,大力支持企业进口高技术含量的零部件和设备。除此之外,还要优化国内市场营商环境和秩序,对于符合《产业结构调整指导目录》和《外商投资产业指导目录》的企业,减免其办理进口税收减免的相关手续,降低进口成本。另一方面,要优化国际布局,增大与"一带一路"国家的贸易往来。"一带一路"沿线涉及诸多国家和产业,经济互补性强,发展机遇和潜力巨大,助推中国与沿线各国的经济融合,实现互利共赢。2023年,中国与东盟的双边贸易持续增长,东盟连续4年保持中国第一大贸易伙伴地位。借助进博会平台,国家可进一步鼓励出口企业把"一带一路"国家作为进口的重要来源地,扩大化工、矿产、等产品的进口种类和规模,同时加强与东盟各国的交流合作,最大限度满足企业生产和人民消费需求。

第二,要健全出口企业优胜劣汰机制,及时、妥善处理僵尸企业。市场资源是有限的,应退而未退的企业不仅占用资源,还会拉低行业的整体效率,挤占其他新兴企业获取资金支持的机会。对于行业内存在的僵尸企业,国家应从三个方面加以处置。首先,要构建精准、完善的识别机制。中央政府做好规划,地方各级政府要积极配合,敢于作为,厘清企业的权属关系,同时做好信息共建共享,采用大数据、云计算等互联网技术筛选出目标企业。其次,处置过程不能搞一刀切,分类进行处置。对于"僵而不死"目标企业,通过逐个排查,判断其是否存在"柳暗花明"的可能性。对于的确扭亏无望的企业,可以启动

破产清算程序;对于存在复活希望的企业,根据"一企一策"的指导思想制定合适的重组、股权转让或债转股等方案,助力其焕发新的生命活力。最后,从长远来看,还要继续完善市场竞争体制,以防止出现新的"僵尸企业"。

三、助力出口企业数字化转型,逐步引导加工贸易企业发展

一方面,要加快跨境电商平台构建,鼓励出口企业充分利用现代互联网技术实现转型升级。新冠疫情叠加中美贸易摩擦,世界主要经济体还未完全实现经济复苏,境外需求整体低迷限制了我国出口,人民币汇率波动造成出口企业面临汇率风险,加之贸易保护主义在部分国家或地区呈抬头趋势,致使我国出口企业发展以及贸易转型升级受阻,迫切需要寻求新的出口。在跨境电商和互联发展背景下,国家应加快跨境电商平台建设,充分利用跨境电商资源整合和成本低廉的优势。中央与地方政府都应当出台相关政策和资金支持来引导出口企业通过跨境电商平台实现转型升级,并充分利用互联网、云计算、人工智能等技术创新模式,完善与跨境电商平台相匹配的支付、监管等体系建设。

另一方面,我国正处于经济转型的关键时期,在追求贸易循序渐进转型升级的过程中应当维持一定比例的加工贸易,并试图寻求加工贸易和一般贸易之间的最优配比。根据本书研究结论,有效汇率对加工贸易企业生产率的影响更大,胡翠等(2015)也指出,对于提升出口企业的生产率,加工贸易受到的影响甚至大于一般贸易,其重要地位不容忽视。更重要的是,我国应当引导加工贸易企业多参与高科技和技术密集型产品的加工环节,以获取更多的技术溢出,提高自身竞争力。总体来说,无论是加工贸易企业还是一般贸易企业,在人民币汇率升值预期增强的背景下,都应该抓住机遇,利用数字经济带来的便利化,提高生产、装配、管理等各项流程效率。

四、深化金融体制改革,缓解出口企业的融资约束问题

基于企业融资约束异质性的研究表明,融资约束会制约汇率升值带来的生产率提升效应。针对我国金融市场发展现状,应当从以下几个方面着手,深化金融体制改革,不断增强金融服务实体经济的能力。第一,要提高金融市场与实体经济发展需求的匹配度。对于战略性新兴产业,应当增加金融支持力度,利用新兴互联网技术来创新金融产品,提升服务质量和针对性。对于产能

过剩、污染环境、利润率低下的"僵尸企业",应降低扶持力度,减少资金流入。在新旧动能转换的关键阶段,还应当鼓励企业通过兼并重组实现转型,为符合条件的企业提供专项贷款,允许企业通过发行债券、股票等方式在金融市场融资,并鼓励社会资金参与,促进企业通过兼并重组顺利实现转型,加强不同行业形成良好的协同效应。第二,要拓宽中小企业融资渠道。在融资市场上,中小企业多为资金的需求方,但这些企业的抵押品和信用评级与实力雄厚的大企业有一定差距,抵押和信用贷款都存在劣势,融资困难。因此,应当构建多层次的金融市场体系,鼓励普惠金融,健全民营企业信用评级体系和数据库建设,减少金融机构和企业之间的信息不对称难题,以更好地满足民营和中小企业资金需求,服务实体经济。第三,要加快金融创新,丰富金融产品类型。鼓励银行和其他金融机构健全授信体系,增加中小企业的信用贷款,并鼓励银行深入考察企业的融资需求,综合运用区块链、云计算等技术,开发出适宜的产品和服务,以满足不同规模、期限的企业需求。例如,针对国家重点扶持的高科技企业,可以开发新型知识产权质押和担保模式,为企业发展和运转提供保障。同时,也要鼓励新三板、科创板和区域性股权市场完善企业孵化体系,鼓励企业通过股权进行融资,并根据发展和融资需要进行转板,不仅能降低自身负债率,还有利于不同市场间形成互联互通的健康机制。第四,针对加工贸易企业,设立专门的资金池,为加工企业多提供信用而非抵押贷款,以保障其融资需求。

五、重点鼓励一般贸易企业积极参与全球价值链

当今国际贸易已经是一个由外贸等全球价值链不断普及形成的国际分工体系。融入全球价值链促使发展中国家实现了从大宗商品出口到基本制造业的飞跃,企业生产率得到大幅提升。本书研究结论表明,企业全球价值链参与度提高有利于增强汇率升值对生产率的积极影响,一般贸易企业受到的增强作用大于加工贸易企业。因此,应当鼓励出口企业尤其是一般贸易企业积极提高价值链嵌入度,这对于我国贸易升级转型和经济高质量发展至关重要。当前,部分出口企业未参与全球价值链或者参与度低的原因主要在于出口竞争力低,产品质量不符合市场要求和标准。因此,国家应当以提升出口竞争力为主要目标,在此基础上鼓励企业积极融入全球价值链活动。

具体地,针对行业特征和要求,国家应当制定具体的国际标准,在"一带一

路"建设背景下加快与沿线国家的对接步伐,不断扩大对接国家范围,建立国际合作交流的长效机制,不仅提高中国出口商品在国际上的认可度,还能为企业提升产品质量提供有力的技术支撑。还应当出台政策,为中小企业提供培训,提醒企业防范国际市场的政治风险,提高风险预警和应对能力。另外,在信贷、基础设施建设以及行政流程方面也应努力为出口企业创造便利条件,鼓励企业参与全球生产和供应链。

第二节 企业层面

一、提升自主创新能力,重视治理结构改革

对于出口企业来说,要适应人民币汇率变化新形势,抓住人民币长期升值的有利时机,加快培养创新能力,提高风险应对能力。第一,要加大研发投入,培养关键核心技术。大中型企业应当把握新一轮科技革命带来的机遇,瞄准关键核心技术,加大研发投入,争取在国际市场中占据有利地位。中小企业应当积极响应供给侧改革的各项要求,通过学习新技术来促进效益提升和生产率改进。第二,要建立现代企业制度,优化资源配置,提升规模经济效应。现代企业制度以市场经济为基础,是企业发展壮大的重要路径。因此,企业应进一步实现产品规格和生产流程标准化,促进规模经济,从而提升生产效率和国际竞争力。当前,我国较多出口企业经济效益差、市场集中度低,尚未实现规模经济,这是出口企业在未来较长时间应当重点关注和调整的方向。第三,要搭建信息化服务平台,提高管理效率。搭建信息化服务平台是企业实现信息化管理的关键步骤。在人工智能与大数据迅速发展的时代,企业应当充分发挥新一代信息技术的重要作用,实现内部多个业务系统的协同合作和交互分析,有效打破数据孤岛,促进企业智能化决策和管理效率提升,增强市场竞争力。第四,要加快产品结构升级。出口企业应通过从发达国家引进先进的技术和设备助力自身产品结构升级,提高出口产品的国内增加值率。

另外,在全面深化改革进程中,面临国际环境的不确定性,出口企业还应当完善公司治理结构,以适应我国进入更高层次的开放型经济发展新阶段的新要求。首先,要完善激励体制。企业的行政配置应充分发挥市场的作用,强化股东管理和董事会职能。对于员工,应设置合理的奖惩机制,完善并充分发

挥员工持股制度的作用,加强员工与企业的利益一致性,降低委托代理和信息不对称问题。其次,要优化董事会结构。国内外公司治理经验表明,董事会成员应当具备多元化知识储备和背景,为企业发展提供战略支持。因此,企业应当对董事会结构进行合理配置,既需要能力突出的技能人员,也需要能对利益冲突事件进行有效判断的价值人员,还要引入独立董事,加强对董事会的监督,确保董事会积极、正当地行使权力。最后,要健全监督管理制度。根据《公司法》,监事会负责监督企业日常经营活动以及员工和管理者相关行为,及时发现企业运营可能存在的问题。但实际上,许多企业的监事会处于可有可无的地位,对管理层毫无约束能力。因此,企业应当给予监事会更高职权,加强其监督职能,并在此基础上设立责任制,对未充分履行监管义务的相关人员给予一定惩罚。

二、增强内源融资能力,为生产率提升创造条件

出口企业中存在大量中小企业,难以从外部金融机构获得足够贷款来支持企业发展。然而,当前诸多出口企业依然将银行贷款作为融资的主要渠道,而对利润的分配过程中存在重消费、轻积累等诸多问题,不能较好地用内部资金来应对企业发展过程中的资金约束难题,限制了汇率变化的生产率效应。为解决这一问题,出口企业应当从三个方面出发。第一,完善资金管理,深刻认识内源融资的重要性。企业应当纠正已有观念,对业务经营做好长期规划,用留存收益来补充外部贷款的不足。与此同时,还应完善资金、资产管理,最大化资金的利用效率。首先,不仅要准确估算资金的支出与回收时间,还应尽量保证来源与使用途径相匹配。例如,在对资金、资产进行合理分类的基础上,企业应合理预测资金到位时间以确定进货时间,而且应当避免利用短期借款购买固定资产的行为,以防后期借款偿还困难而导致资金链出现问题。其次,对存货和应收账款加强管理。对于存货,应准确计算最佳存货数量,避免存货积压过多或供应不足;对于应收账款,应及时评估债务人的信用等级,一旦出现可能违约的苗头就立刻采取应对措施。第二,拓宽债务融资渠道,合理利用内部集资和应付账款融资。首先是内部集资。企业可吸引员工入股,不仅能解决一定的资金困难,还可以将员工与企业利益相融合,鼓励员工利用所持股份参与企业的经营决策、监督管理等各项事宜,提高员工工作积极性。需要注意的是,部分企业采取借款方式,并按照约定向员工支付利息。由于此类

企业资金短缺程度大,集资过程一定要遵守各项法律规定,避免损害员工的切身利益。其次是应付账款融资。这是一种典型的商业信用形式,是指企业通过延期向供货商支付货款而在短期内获得一定的资金来源。此类融资容易获得,与企业在经营过程中获得的持续性信用挂钩,不需要办理额外的手续即可获得短期资金。若企业因资金困难欲使用应付账款筹资,应认真衡量放弃现金折扣带来的机会成本,以做出正确抉择。第三,完善内部股权融资。首先,企业可以通过股权出让,即让渡部分股权来吸引外来投资,以筹集所需资金。根据出让价格,可分为溢价、平价和折价出让三类;根据出让比例,可分为出让全部、大部分和少部分股权三类。由于引入外来投资者或合作者可能会对原有的经营管理模式产生较大影响,因此企业必须谨慎选择股权出让对象,避免失去控制权而处于被动状态。其次,具有相当规模的企业集团可以考虑通过股权联结来构建内部资本市场进行融资。集团下属各企业之间可以实现资金互通,不仅提高了资金利用效率,还能利用集团优势控制信息处理成本,保证了信息传递质量。

三、重视贸易类型差异,合理嵌入全球价值链

对于加工贸易企业来说,在嵌入全球价值链过程中应当注重产业上下游之间的学习效应,以充分利用价值链参与度对汇率变化的生产率效应的正向调节作用。对于一般贸易企业来说,价值链参与度的这一调节效应显著为正。因此,一般贸易企业应当从两个方面出发来提高全球价值链参与度,提升出口竞争力。

第一,应扩大企业规模。出口企业中存在大量的中小型企业,它们虽然参与国际贸易,但受到规模限制,对全球经济做出的贡献非常有限。企业规模在一定程度决定了企业的全球价值链参与度以及在价值链所处的环节。因此,企业应当采取措施有效扩大规模,实现规模经济,为融入全球价值链奠定基础。首先,应意识到并购和重组对扩大规模的重要性,并合理开展相关活动。并购指两家或者更多的企业合并为一家企业,可以发生在同产业或跨产业,利于构建合理的企业结构,是企业扩大规模的重要途径。出口企业应当控制并购规模,既要避免企业规模太小造成资源浪费,又要避免行业垄断。为了提高核心竞争力,企业在并购过程中要进行详细的市场调研,做好风险分析,通过并购实现协同效应和规模经济。更重要的是,并购中应当看重产品质量,增加

研发,以有效扩大规模。重组是指企业根据市场环境变化对现有生产要素进行调整,以达到优化资源配置、提升经济效益、扩大规模进而实现可持续发展的目的。对于规模相对较大的企业来说,可通过重组实现上市,拓宽资金来源渠道,进而有效扩大规模。其次,实施人才发展战略,提升品牌影响力。人才是企业发展壮大的根本,企业应从可持续发展的战略高度进行人才选拔和培养,不断建立健全人才管理制度,以形成良好的人才梯度,为企业的可持续发展提供丰富的人才储备。品牌代表企业形象,若一家企业提供了优质的产品和服务并为社会所认同,其品牌力已经形成,是企业重要的无形资产,可以反过来促进企业进行市场拓展,继续扩大用户群体。最后,组建专业的企业集团。在激烈的市场竞争中,出口企业应重点关注主营业务发展,并加大在关键核心产品上的研发力度,提高产品的市场竞争力,这样有利于提高资源的利用效率,带动企业实现规模化和可持续发展。

第二,向智能制造转型。对于出口导向型企业来说,产品在走向国际市场中具有个性化以及独创性至关重要。我国拥有充沛的劳动力资源,改革开放初期的出口企业以劳动密集型产品为主,随着金融市场的逐步完善和科学技术的发展,有必要从劳动密集型转向技术密集型,以更有效地融入全球价值链。知识产权是企业融入全球价值链的金钥匙,但诸多企业依然面临保护力度不足、创新有限等方面问题,而向智能制造转型是解决上述问题的关键。当前,全球产业链面临重构,出口企业更是有必要向智慧化和智能化转型,深度参与全球价值链,保证在全球产业链中的生产供应稳定。对于中小型和民营企业来说,向智慧制造转型过程中应当从点开始,而不是全面铺开。这是因为,智能制造尚处于起步阶段,方案的实施效果很难进行准确评估,若短期无法收回成本将对企业资金链造成致命打击。因此,此类企业可以从点开始,并逐步渗透到其他方面。对于大企业来说,应当在前期做好规划,厘清企业当前存在的问题及未来的发展方向,并对现有的数字化、智能化项目落地情况进行详细调研,之后再进行投资。无论是何类型企业,在转型过程中应当做到以下两个方面:首先,将人工和自动化相结合,重视转型方案的成本和可能带来的收益;其次,考虑工业企业制造过程中的定制化特点以及各细分领域的业务特点,将转型方案的通用性与定制化相结合。

参考文献

[1] 巴文浩,热比亚·吐尔逊.供应链关系、制度压力与企业全要素生产率[J].投资研究,2023,42(09):55-71.

[2] 才国伟,杨豪.外商直接投资能否改善中国要素市场扭曲[J].中国工业经济,2019(10):42-60.

[3] 蔡昉.认识中国劳动力市场及其变化趋势[A].吴敬琏.比较30[C].北京:中信出版社,2007.

[4] 曹伟,冯颖姣,陈煌杰.人民币汇率传递、行业进口价格与进口定价能力[J].国际金融研究,2021,(12):74-83.

[5] 曹伟,倪克勤.人民币汇率变动的不完全传递——基于非对称性视角的研究[J].数量经济技术经济研究,2010,27(07):105-118.

[6] 曹伟,申宇.人民币汇率传递、行业进口价格与通货膨胀:1996~2011[J].金融研究,2013(10):68-80.

[7] 曹伟,万谍,钱水土,金朝辉."一带一路"背景下人民币汇率变动的进口价格传递效应研究[J].经济研究,2019,54(06):136-150.

[8] 曹伟,赵颖岚,倪克勤.汇率传递与原油进口价格关系——基于非对称性视角的研究[J].金融研究,2012(07):123-136.

[9] 曹伟.依市定价与汇率传递不完全:发展历史与研究进展评述[J].世界经济,2016,39(09):53-73.

[10] 陈奉先,王晨,赵颖岚.汇率变动如何影响企业全要素生产率?:基于市场竞争、企业创新与中间品进口渠道的实证考察[J].世界经济研究,2022(01):14-29+134.

[11] 陈勇兵,仉荣,曹亮.中间品进口会促进企业生产率增长吗——基于中国企业微观数据的分析[J].财贸经济,2012(03):76-86.

[12] 戴觅,施炳展.中国企业层面有效汇率测算:2000~2006[J].世界经济,2013,36(05):52-68.

[13] 戴觅,余淼杰,Madhura Maitra.中国出口企业生产率之谜:加工贸易的作用[J].经济学(季刊),2014,13(02):675-698.

[14] 范剑勇,冯猛,李方文.产业集聚与企业全要素生产率[J].世界经济,2014(05):51-73.

[15] 范剑勇,冯猛.中国制造业出口企业生产率悖论之谜:基于出口密度差别上的检验[J].管理世界,2013(08):16-29.

[16] 范立夫,周继燕.利率平价理论评析[J].经济与管理,2010,24(08):79-83.

[17] 高翔,黄建忠,袁凯华.价值链嵌入位置与出口国内增加值率[J].数量经济技术经济研究,2019,36(06):41-61.

[18] 耿伟,王亥园.制造业投入服务化与中国出口企业加成率[J].国际贸易问题,2019(04):92-108.

[19] 宫健,高铁梅,张泽.汇率波动对我国外汇储备变动的非对称传导效应——基于非线性LSTARX-GARCH模型[J].金融研究,2017(02):84-100.

[20] 谷克鉴,陈福中.净出口的非线性增长贡献——基于1995—2011年中国省级面板数据的实证考察[J].经济研究,2016,51(11):13-27.

[21] 谷克鉴,李晓静,崔旭.生产性投入进口与企业全要素生产率:水平影响与垂直溢出[J].国际贸易问题,2020(10):1-16.

[22] 顾夏铭,陈勇民,潘士远.经济政策不确定性与创新——基于我国上市公司的实证分析[J].经济研究,2018,53(02):109-123.

[23] 郭小年,邵宜航.行政审批制度改革与企业生产率分布演变[J].财贸经济,2019,40(10):142-160.

[24] 韩剑,郑秋玲,邵军.多产品企业、汇率变动与出口价格传递[J].管理世界,2017(08):14-26+187.

[25] 何暑子,范从来,康志勇.汇率与出口企业"生产率悖论"[J].世界经济与政治论坛,2022,(04):66-89.

[26] 胡翠,林发勤,唐宜红.基于"贸易引致学习"的出口获益研究[J].经济研究,2015,50(03):172-186.

[27] 胡再勇,张弘.Redux模型与人民币升值压力研究[J].中央财经大学学报,2004(09):33-37+59.

[28] 黄新飞,高伊凡,柴晟霖.中间投入品进口与企业生产率:短期效应与长期影响[J].国际贸易问题,2018(05):54-67.

[29] 江春,刘春华.利率平价理论的分析与探讨[J].经济管理,2007(20):18-23.

[30] 江艇,孙鲲鹏,聂辉华.城市级别、全要素生产率和资源错配[J].管理世界,2018,34(03):38-50+77+183.

[31] 蒋灵多,陆毅.最低工资标准能否抑制新僵尸企业的形成[J].中国工业经济,2017(11):118-136.

[32] 金中夏,陈浩.利率平价理论在中国的实现形式[J].金融研究,2012(07):63-74.

[33] 郎金焕,史晋川.加工贸易、一般贸易与外部需求冲击的传导机制[J].浙江大学学报(人文社会科学版),2013(01):179-190.

[34] 李春顶,尹翔硕.我国出口企业的"生产率悖论"及其解释[J].财贸经济,2009(11):84-90+111+137.

[35] 李春顶.中国出口企业是否存在"生产率悖论":基于中国制造业企业数据的检验[J].世界经济,2010(07):64-81.

[36] 李春顶.中国企业"出口-生产率悖论"研究综述[J].世界经济,2015,38(05):148-175.

[37] 李钢.中国迈向贸易强国的战略路径[J].国际贸易问题,2018(02):11-15.

[38] 李宏彬,马弘,熊艳艳,徐嫄.人民币汇率对企业进出口贸易的影响——来自中国企业的实证研究[J].金融研究,2011(02):1-16.

[39] 李辉.人民币实际有效汇率对我国加工贸易影响的实证分析[J].国际贸易问题,2008(05):114-118.

[40] 李磊,冼国明,包群."引进来"是否促进了"走出去"?——外商投资对中国企业对外直接投资的影响[J].经济研究,2018(03):142-156.

[41] 李平,韩彩霞.人民币汇率变动对企业生产率的影响——基于技术进步与要素配置的双重视角[J].经济与管理评论,2021,37(03):58-70.

[42] 李小平,卢现祥,朱钟棣.国际贸易、技术进步和中国工业行业的生产率增长[J].经济学(季刊),2008(02):168-183.

[43] 李玉红,王皓,郑玉歆.企业演化:中国工业生产率增长的重要途径[J].经济研究,2008(06):12-24.

[44] 李元旭,谭云清.国际服务外包下接包企业技术创新能力提升路径——基于溢出效应和吸收能力视角[J].中国工业经济,2010(12):66-75.

[45] 刘德学,李晓姗.加工贸易升级机制实证分析[J].国际经贸探索,2010(08):4-9.

[46] 刘海云,王利霞,王雪峰.跨境电子商务与出口企业全要素生产率[J].世界经济研究,2024(07):43-57+134-135.

[47] 刘沁清.产品改进、产业升级和内涵经济增长——比较优势的视角[J].复旦学报(社会科学版),2007(02):50-56.

[48] 刘晴,徐蕾.对加工贸易福利效应和转型升级的反思——基于异质性企业贸易理论的视角[J].经济研究,2013(09):137-148.

[49] 娄伶俐.人民币升值对出口企业技术进步的作用区间分析——基于调研结果的理论分析[J].产业经济研究,2008(04):44-51+65.

[50] 鲁晓东,连玉君.中国工业企业全要素生产率估计:1999—2007[J].经济学(季刊),2012(02):541-558.

[51] 吕延方,崔兴华,王冬.全球价值链参与度与贸易隐含碳[J].数量经济技术经济研究,

2019(02):45-64.

[52] 吕越,陈帅,盛斌.嵌入全球价值链会导致中国制造的"低端锁定"吗?[J].管理世界,2018,34(08):11-29.

[53] 吕越,高媛,田展源.全球价值链嵌入可以缓解企业的融资约束吗?[J].产业经济研究,2018(01):1-14+38.

[54] 吕越,黄艳希,陈勇兵.全球价值链嵌入的生产率效应:影响与机制分析[J].世界经济,2017(07):28-51.

[55] 吕越,罗伟,刘斌.异质性企业与全球价值链嵌入:基于效率和融资的视角[J].世界经济,2015,38(08):29-55.

[56] 吕越,吕云龙,包群.融资约束与企业增加值贸易——基于全球价值链视角的微观证据[J].金融研究,2017(05):63-80.

[57] 吕越,吕云龙.全球价值链嵌入会改善制造业企业的生产效率吗——基于双重稳健-倾向得分加权估计[J].财贸经济,2016(03):109-122.

[58] 马林,章凯栋.外商直接投资对中国技术溢出的分类检验研究[J].世界经济,2008(07):78-87.

[59] 马述忠,张洪胜,王笑笑.融资约束与全球价值链地位提升——来自中国加工贸易企业的理论与证据[J].中国社会科学,2017(01):83-107+206.

[60] 毛其淋,方森辉.外资进入自由化如何影响中国制造业生产率[J].世界经济,2020,43(01):143-169.

[61] 毛其淋,盛斌.中国制造业企业的进入退出与生产率动态演化[J].经济研究,2013,48(04):16-29.

[62] 毛其淋.人力资本推动中国加工贸易升级了吗?[J].经济研究,2019(01):52-67.

[63] 毛日昇,余林徽,武岩.人民币实际汇率变动对资源配置效率影响的研究[J].世界经济,2017,40(04):29-54.

[64] 苗文龙,张德进.资本约束下汇率变动与企业生产率关系[M].北京:中国社会科学出版社,2017.

[65] 苗文龙,张德进.行业汇率、销售规模与制造业生产率[R].首届全国数量经济技术经济研究博士后论坛,2016.

[66] 倪克勤,曹伟.人民币汇率变动的不完全传递研究:理论及实证[J].金融研究,2009(06):44-59.

[67] 聂辉华,江艇,杨汝岱.中国工业企业数据库的使用现状和潜在问题[J].世界经济,2012,35(05):142-158.

[68] 潘长春.人民币汇率变动的价格传递效应——基于TVP-SV-VAR模型的实证检验[J].国际贸易问题,2017(04):141-152.

[69] 綦建红,尹达.外商直接投资提高中国工业企业生产率了吗?[J].上海经济研究,2017

(11):55-67.

[70] 钱学锋,王菊蓉,黄云湖,王胜.出口与中国工业企业的生产率——自我选择效应还是出口学习效应?[J].数量经济技术经济研究,2011(02):37-51.

[71] 钱学锋,王胜,黄云湖,等.进口种类与中国制造业全要素生产率[J].世界经济,2011(05):3-25.

[72] 钱学锋,王胜.汇率与出口退税的政策协调及其资源再配置效应[J].财贸经济,2017,38(08):66-79.

[73] 邱斌,刘修岩,赵伟.出口学习抑或自选择:基于中国制造业微观企业的倍差匹配检验[J].世界经济,2012(04):23-40.

[74] 曲建.我国加工贸易转型升级的战略思考[J].开放导报,2012(06):19-23.

[75] 任曙明,吕镯.融资约束、政府补贴与全要素生产率——来自中国装备制造企业的实证研究[J].管理世界,2014(11):10-23+187.

[76] 任永磊,李荣林,高越.人民币汇率与全球价值链嵌入度提升——来自中国企业的实证研究[J].国际贸易问题,2017(04):129-140.

[77] 尚妍,郑桂环,邵燕敏.汇率对中国出口的非对称影响——基于MRSTR模型的研究[J].系统工程理论与实践,2016,36(09):2240-2247.

[78] 邵海燕,卢进勇,杨杰.外商直接投资是否提高了内资企业的生产率——基于高技术产业的实证检验[J].国际商务(对外经济贸易大学学报),2015(04):36-44+160.

[79] 申广军,陈斌开.中国制造业企业的全要素生产率:新数据、新方法与新发现[J].经济学(季刊),2024,24(04):1048-1065.

[80] 沈琪,周世民.进口关税减免与企业全要素生产率:来自中国的微观证据[J].管理世界,2014(09):174-175.

[81] 沈玉良,孙楚仁,徐美娜.贸易方式、生产控制与加工贸易企业转型升级[J].世界经济研究,2009(10):3-7+87.

[82] 沈筠彬,伏玉林,丁锐.人民币实际有效汇率变动对中国制造业企业绩效的影响:来自制造业微观层面的证据[J].世界经济研究,2018(05):25-36+135.

[83] 盛丹,刘竹青.汇率变动、加工贸易与中国企业的成本加成率[J].世界经济,2017(01):3-24.

[84] 盛丹,王永进.中国企业低价出口之谜——基于企业加成率的视角[J].管理世界,2012(05):8-23.

[85] 石峰,王忏,龚六堂.汇率传递异质性、中间品贸易与中国货币政策[J].世界经济,2018(07):25-48.

[86] 宋超,谢一青.人民币汇率对中国企业出口的影响:加工贸易与一般贸易[J].世界经济,2017(08):78-102.

[87] 宋建,郑江淮.资本深化、资源配置效率与全要素生产率:来自小企业的发现[J].经济

理论与经济管理,2020(03):18-33.
[88] 苏立峰,彭飞.人民币汇率变动对加工贸易的影响:国内价值率提高的放大效应[J].财贸经济,2016(07):107-120.
[89] 孙福伟,江春.全球价值链嵌入如何影响出口价格汇率传递——基于中国微观经验数据[J].国际金融研究,2023(09):3-15.
[90] 孙立坚,李安心,吴刚.开放经济中的价格传递效应:中国的例证[J].经济学(季刊),2003(04):125-146.
[91] 孙浦阳,侯欣裕,盛斌.服务业开放、管理效率与企业出口[J].经济研究,2018,53(07):136-151.
[92] 孙少勤,邱斌,唐保庆,等.加工贸易存在"生产率悖论"吗?——一个经验分析与理论解释[J].世界经济与政治论坛,2014(02):75-91.
[93] 孙少勤,左香草.汇率变动、进口中间品质量与我国全要素生产率[J].东南大学学报(哲学社会科学版),2020,22(01):71-80+147.
[94] 孙玉琴,孙倩,王辉.我国加工贸易的历史考察[J].国际贸易问题,2013(04):167-176.
[95] 孙早,刘李华.资本深化与行业全要素生产率增长——来自中国工业1990—2013年的经验证据[J].经济评论,2019(04):3-16.
[96] 汤二子,刘海洋.中国出口企业的"生产率悖论"与"生产率陷阱"——基于2008年中国制造业企业数据实证分析[J].国际贸易问题,2011(09):34-47.
[97] 汤二子.中国企业"出口—生产率悖论":理论裂变与检验重塑[J].管理世界,2017(02):30-42+187.
[98] 田素华.人民币汇率变动投资效应的企业特征[J].世界经济,2008(05):44-55.
[99] 田巍,余淼杰.企业出口强度与进口中间品贸易自由化:来自中国企业的实证研究[J].管理世界,2013(01):28-44.
[100] 王碧珺,谭语嫣,余淼杰,等.融资约束是否抑制了中国民营企业对外直接投资[J].世界经济,2015,38(12):54-78.
[101] 王晋斌,李南.中国汇率传递效应的实证分析[J].经济研究,2009(04):17-27+140.
[102] 王乃嘉.汇率波动、企业异质性与中国对外直接投资[D].北京:对外经济贸易大学,2018.
[103] 王胜,郭汝飞.不完全汇率传递与最优货币政策[J].经济研究,2012(A2):131-143.
[104] 王雅琦,戴觅,徐建炜.汇率、产品质量与出口价格[J].世界经济,2015(05):17-35.
[105] 王雅琦,卢冰.汇率变动、融资约束与出口企业研发[J].世界经济,2018,41(07):75-97.
[106] 王雅琦,谭小芬,张金慧,等.人民币汇率、贸易方式与产品质量[J].金融研究,2018(03):71-88.

[107] 王永进,冯笑.中国混合出口企业生产率研究:经验事实与理论解释[J].世界经济,2019(07):71-93.

[108] 魏浩,李翀,赵春明.中间品进口的来源地结构与中国企业生产率[J].世界经济,2017(06):48-71.

[109] 温建东.人民币购买力平价研究[J].金融研究,2005(04):44-56.

[110] 温忠麟,张雷,侯杰泰,等.中介效应检验程序及其应用[J].心理学报,2004(05):614-620.

[111] 吴菲菲,李睿毓,黄鲁成,等.跨产业技术溢出识别与效应测度研究——以无人机技术为例[J].科学学与科学技术管理,2018(06):84-98.

[112] 吴国鼎.企业有效汇率变动对企业利润的影响[J].世界经济,2017(05):49-72.

[113] 吴敏,曹婧,毛捷.地方公共债务与企业全要素生产率:效应与机制[J].经济研究,2022,57(01):107-121.

[114] 肖文,薛天航.劳动力成本上升、融资约束与企业全要素生产率变动[J].世界经济,2019(01):76-94.

[115] 邢予青.加工贸易、汇率和中国的双边贸易平衡[J].金融研究,2012(02):18-29.

[116] 徐惠儿,姜翔程,曹家和.技术进步促进经济增长和福利的机制研究——基于REDUX模型扩展后的实证分析[J].南方经济,2008(05):43-55.

[117] 徐建炜,戴觅.人民币汇率如何影响员工收入?[J].经济学(季刊),2016,15(04):1603-1628.

[118] 徐奇渊.人民币汇率对CPI的传递效应分析[J].管理世界,2012(01):59-66.

[119] 许和连,王翔宇.融资约束对企业出口贸易模式的影响[J].湘潭大学学报(哲学社会科学版),2018(04):69-73.

[120] 许家云,佟家栋,毛其淋.人民币汇率与企业生产率变动——来自中国的经验证据[J].金融研究,2015(10):1-16.

[121] 许家云.人民币汇率与中国制造业出口企业行为研究[D].天津:南开大学,2015.

[122] 许宪春,张钟文,常子豪,等.中国分行业全要素生产率估计与经济增长动能分析[J].世界经济,2020,43(02):25-48.

[123] 阳佳余.融资约束与企业出口行为:基于工业企业数据的经验研究[J].经济学(季刊),2012,11(04):1503-1524.

[124] 杨明秋,郝敬鑫.固定汇率制度下的财政政策:开放经济宏观经济学的拓展[J].世界经济研究,2012(10):15-21.

[125] 杨汝岱.中国制造业企业全要素生产率研究[J].经济研究,2015,50(02):61-74.

[126] 杨文溥.汇率波动、融资约束对企业全要素生产率的影响——基于中国工业企业数据的经验研究[J].国际商务(对外经济贸易大学学报),2019(05):116-130.

[127] 杨长江,钟宁桦.购买力平价与人民币均衡汇率[J].金融研究,2012(01):36-50.

[128] 易靖韬,傅佳莎.企业生产率与出口:浙江省企业层面的证据[J].世界经济,2011(05):74-92.

[129] 易靖韬,刘昕彤,蒙双.中国出口企业的人民币汇率传递效应研究[J].财贸经济,2019(05):112-126.

[130] 易靖韬.企业异质性、市场进入成本、技术溢出效应与出口参与决定[J].经济研究,2009(09):106-115.

[131] 余静文.汇率冲击与企业生产率——基于市场竞争传导机制的分析[J].统计研究,2018(02):75-84.

[132] 余淼杰,崔晓敏.人民币汇率和加工出口的国内附加值:理论及实证研究[J].经济学(季刊),2018,17(03):1207-1234.

[133] 余淼杰,李晋.进口类型、行业差异化程度与企业生产率提升[J].经济研究,2015(08):85-97+113.

[134] 余永定.现行汇率制度的主要特点分析[J].新世纪周刊,2010(08).

[135] 余泳泽,容开建,苏丹妮,等.中国城市全球价值链嵌入程度与全要素生产率——来自230个地级市的经验研究[J].中国软科学,2019(05):80-96.

[136] 余子良,佟家栋.所有制、出口行为与企业融资约束[J].世界经济,2016,39(03):26-48.

[137] 曾晓文,刘金山.人民币汇率变动对制造业企业全要素生产率的影响研究——基于贸易路径的微观实证检验[J].学术研究,2021(11):115-121.

[138] 张斌.汇改之鉴——德国、日本汇率波动的经验与启示[J].中国改革,2011(03):41-42.

[139] 张杰,陈志远,刘元春.中国出口国内附加值的测算与变化机制[J].经济研究,2013(10):124-137.

[140] 张杰,李勇,刘志彪.出口促进中国企业生产率提高吗?——来自中国本土制造业企业的经验证据:1999~2003[J].管理世界,2009(12):11-26.

[141] 张杰,芦哲,郑文平,等.融资约束、融资渠道与企业R&D投入[J].世界经济,2012(10):66-90.

[142] 张杰,郑文平,陈志远.进口与企业生产率——中国的经验证据[J].经济学(季刊),2015(03):1029-1052.

[143] 张佳佳,陈璐瑶.汇率冲击与中国出口行业生产率分布[J].南开经济研究,2016(05):74-88.

[144] 张军,陈诗一,Gary H. Jefferson.结构改革与中国工业增长[J].经济研究,2009(07):205-240.

[145] 张军.资本形成、工业化与经济增长:中国的转轨特征[J].经济研究,2002(06):3-13+93.

[146] 张梦婷,俞峰,钟昌标,等.高铁网络、市场准入与企业生产率[J].中国工业经济,2018(05):137-156.

[147] 张涛,严肃,陈体标.汇率波动对企业生产率的影响——基于中国工业企业数据的实证分析[J].华东师范大学学报(哲学社会科学版),2015(03):110-118+170-171.

[148] 张维迎,周黎安,顾全林.经济转型中的企业退出机制——关于北京市中关村科技园区的一项经验研究[J].经济研究,2003(10):3-14+90.

[149] 张翊,陈雯,骆时雨.中间品进口对中国制造业全要素生产率的影响[J].世界经济,2015(09):107-129.

[150] 周黎安,张维迎,顾全林,等.中关村科技园区制造业生产率的动态变化及其分解:1995—2003[J].经济学报,2006(01).

[151] 朱松平,叶阿忠,郑万吉.区域异质性视角下原油价格和人民币汇率的价格传递效应研究[J].国际贸易问题,2019(04):157-174.

[152] 祝树金,喻紫陌,李江.汇率变动与出口产品加成率:影响机制和资源配置效应[J].财经理论与实践,2024,45(04):109-118.

[153] Acemoglu D, Finkelstein A. Input and Technology Choices in Regulated Industries: Evidence from the Health Care Sector [J]. Journal of Political Economy, 2008, 116(5):837-880.

[154] Aghion P, Bacchetta P, Ranciere R, et al. Exchange Rate Volatility and Productivity Growth: The role of Financial Development [J]. Journal of Monetary Economics, 2009,56(4):494-513.

[155] Ahmed S. Are Chinese Exports Sensitive to Changes in the Exchange Rate? [R]. FRB International Finance Discussion Paper, 2009, No.987.

[156] Alesina A F, Wagner A F. Choosing (and Reneging on) Exchange Rate Regimes [J]. Social Science Electronic Publishing. Journal of the European Economic Association, 2006,4(4):770-799.

[157] Altomonte C, Békés G. Trade Complexity and Productivity [R]. FEEM Working Paper, 2009, No.62.

[158] Amiti M, Itskhoki O, Konings J. Importers, Exporters, and Exchange Rate Disconnect [J]. American Economic Review, 2014,104(7):1942-78.

[159] Amiti M, Khandelwal A K. Import Competition and Quality Upgrading [J]. Review of Economics and Statistics, 2013,95(2):476-490.

[160] Amiti M, Konings J. Trade Liberalization, Intermediate Inputs, and Productivity: Evidence from Indonesia [J]. American Economic Review, 2007,97(5):1611-1638.

[161] Antoniades A. Heterogeneous Firms, Quality, and Trade [J]. Journal of International Economics, 2015,95(2):263-273.

[162] Antweiler W, Trefler D. Increasing Returns and All That: A View from Trade [J]. American Economic Review, 2002, 92(1): 93 – 119.

[163] Atkeson A, Burstein A. Pricing-to-Market, Trade Costs, and International Relative Prices [J]. American Economic Review, 2008, 98(5): 1998 – 2031.

[164] Auer R A, Chaney T, Philip Sauré. Quality Pricing-to-Market [J]. Journal of International Economics, 2018, 110(JAN.): 87 – 102.

[165] Aw B Y, Chen X, Roberts M J. Firm-level Evidence on Productivity Differentials and Turnover in Taiwanese Manufacturing [J]. Journal of Development Economics, 2001, 66(1): 51 – 86.

[166] Baggs J, Beaulieu E, Fung L. Firm Survival, Performance, and the Exchange Rate [J]. Canadian Journal of Economics/Revue Canadienne D'économique, 2009, 42(2): 393 – 421.

[167] Baggs J, Beaulieu E, Fung L. Are Service Firms Affected by Exchange Rate Movements? [J]. Review of Income and Wealth, 2010, 56(s1): 156 – 176.

[168] Baggs J, Beaulieu E, Fung L, et al. Firm Dynamics in Retail Trade: The Response of Canadian Retailers to Exchange Rate Shocks [J]. Review of International Economics, 2016, 24(3): 635 – 666.

[169] Balassa B. The Purchasing-power Parity Doctrine: A Reappraisal [J]. Journal of Political Economy, 1964, 72(6): 584 – 596.

[170] Baldwin R. Hysteresis in Import Prices: The Beachhead Effect [R]. National Bureau of Economic Research, 1988.

[171] Baldwin J R, Gu W. Plant Turnover and Productivity Growth in Canadian Manufacturing [J]. Industrial and Corporate Change, 2006, 15(3): 417 – 465.

[172] Baldwin R, Krugman P. Persistent Trade Effects of Large Exchange Rate Shocks [J]. The Quarterly Journal of Economics, 1989, 104(4): 635 – 654.

[173] Baldwin R E, Okubo T. Heterogeneous Firms, Agglomeration and Economic Geography: Spatial Selection and Sorting [J]. Journal of Economic Geography, 2005, 6(3): 323 – 346.

[174] Baron R M, Kenny D A. The Moderator-Mediator Variable Distinction in Social Psychological Research: Conceptual, Strategic, and Statistical Considerations [J]. Journal of Personality and Social Psychology, 1986, 51(6): 1173.

[175] Bas M, Strauss-Kahn V. Does Importing More Inputs Raise Exports? Firm-Level Evidence from France [J]. Review of World Economics, 2014, 150(2): 241 – 275.

[176] Basile R, de Nardis S, Girardi A. Pricing to Market, Firm Heterogeneity and the Role of Quality [J]. Review of World Economics, 2012, 148(4): 595 – 615.

[177] Bellone F, Musso P, Nesta L, et al. Financial Constraints and Firm Export Behaviour [J]. World Economy, 2010,33(3):347-373.

[178] Bénassy-Quéré A, Fontagné L, Lahrèche-Révil A. Exchange-Rate Strategies in the Competition for Attracting Foreign Direct Investment [J]. Journal of the Japanese and International Economies, 2001,15(2):178-198.

[179] Berman N, Martin P, Mayer T. How Do Different Exporters React to Exchange Rate Changes? [J]. The Quarterly Journal of Economics, 2012,127(1):437-492.

[180] Bernard A B, Eaton J, Jensen J B, et al. Plants and Productivity in International Trade [J]. American Economic Review, 2003,93(4):1268-1290.

[181] Bernard A B, Jensen J B. Exceptional Exporter Performance:Cause, Effect, or Both? [J]. Journal of International Economics, 1999,47(1):1-25.

[182] Bernard A B, Jensen J B, Lawrence R Z. Exporters, Jobs, and Wages in US Manufacturing: 1976-1987 [R]. Brookings Papers on Economic Activity. Microeconomics, 1995(1995):67-119.

[183] Bernard A B, Redding S J, Schott P K. Multiple-product Firms and Product Switching [J]. American Economic Review, 2010,100(1):70-97.

[184] Bernard A B, Redding S J, Schott P K. Multiproduct Firms and Trade Liberalization [J]. The Quarterly Journal of Economics, 2011,126(3):1271-1318.

[185] Betts C, Devereux M B. The Exchange Rate in A Model of Pricing-to-Market [J]. European Economic Review, 1996,40(3-5):1007-1021.

[186] Betts C, Devereux M B. Exchange Rate Dynamics in A Model of Pricing-to-Market [J]. Journal of International Economics, 2000,50(1):215-244.

[187] Blalock G, Veloso F M. Imports, Productivity Growth, and Supply Chain Learning [J]. World Development, 2007,35(7):1134-1151.

[188] Brandt L, Van Biesebroeck J, Zhang Y. Creative Accounting or Creative Destruction? Firm-Level Productivity Growth in Chinese Manufacturing [J]. Journal of Development Economics, 2012,97(2):339-351.

[189] Brandt L, Van Biesebroeck J, Zhang Y. Challenges of Working with the Chinese NBS firm-level data [J]. China Economic Review, 2014,30:339-352.

[190] Branson W H. Asset Markets and Relative Prices in Exchange Rate Determination [M]. International Finance Section, Department of Economics, Princeton University, 1980.

[191] Brodsky D A. Arithmetic versus Geometric Effective Exchange Rates [J]. Weltwirtschaftliches Archiv, 1982,118(3):546-562.

[192] Caglayan M, Demir F. Firm Productivity, Exchange Rate Movements, Sources of

Finance, and Export Orientation [J]. World Development, 2014, 54(2): 204 – 219.
[193] Calvo G A, Reinhart C M. Fear of Floating [J]. The Quarterly Journal of Economics, 2002, 117(2): 379 – 408.
[194] Campa J, Goldberg L S. Investment in Manufacturing, Exchange Rates and External Exposure [J]. Journal of International Economics, 1995, 38(3 – 4): 297 – 320.
[195] Campa J M, Goldberg L S. Investment, Pass-Through, and Exchange Rates: A Cross-Country Comparison [J]. International Economic Review, 1999, 40(2): 287 – 314.
[196] Campa J M, Goldberg L S. Exchange Rate Pass-through into Import Prices [J]. Review of Economics and Statistics, 2005, 87(4): 679 – 690.
[197] Campbell K, Hunter D M. Exchange Rate Exposure, Competition and Investments: Firm-Level Evidence from around the World [J]. Financial Review, 2010, 45(3): 825 – 843.
[198] Caselli M, Chatterjee A, Woodland A. Multi-Product Exporters, Variable Markups and Exchange Rate Fluctuations [J]. Canadian Journal of Economics/Revue Canadienne D'économique, 2017, 50(4): 1130 – 1160.
[199] Caselli F G, Roitman A. Nonlinear Exchange-Rate Pass-through in Emerging Markets [J]. International Finance, 2019, 22(3): 279 – 306.
[200] Cassel G. Money and Foreign Exchange after 1914 [M]. Constable and Company Limited, London, 1922.
[201] Caves R E. Multinational Firms, Competition, and Productivity in Host-Country Markets [J]. Economica, 1974, 41(162): 176 – 193.
[202] Chatterjee A, Dix-Carneiro R, Vichyanond J. Multi-Product Firms and Exchange Rate Fluctuations [J]. American Economic Journal: Economic Policy, 2013, 5(2): 77 – 110.
[203] Cheung Y W, Chinn M D, Fujii E. China's Current Account and Exchange Rate [R]. National Bureau of Economic Research, 2009.
[204] Cheung Y W, Chinn M D, Qian X W. Are Chinese Trade Flows Different? [J]. Journal of International Money and Finance, 2012, 31(8): 2127 – 2146.
[205] Chinn M D. A Primer on Real Effective Exchange Rates: Determinants, Overvaluation, Trade Flows and Competitive Devaluation [J]. Open economies review, 2006, 17(1): 115 – 143.
[206] Chinn M, Frankel J. Patterns in Exchange Rate Forecasts for Twenty-five Currencies [J]. Journal of Money, Credit and Banking, 1994, 26(4): 759 – 770.
[207] Choi B Y, Pyun J H. Does Real Exchange Rate Depreciation Increase Productivity?

Analysis Using Korean firm-Level data [J]. The World Economy, 2018, 41(2): 604 – 633.

[208] Choudhri E U, Hakura D S. Exchange Rate Pass-through to Domestic Prices: Does the Inflationary Environment Matter? [J]. Journal of International Money and Finance, 2006, 25(4): 614 – 639.

[209] Corsetti G, Pesenti P. Welfare and Macroeconomic Interdependence [J]. The Quarterly Journal of Economics, 2001, 116(2): 421 – 445.

[210] Dai M, Maitra M, Yu M. Unexceptional Exporter Performance in China? The Role of Processing Trade [J]. Journal of Development Economics, 2016(121): 177 – 189.

[211] Daudin G, Rifflart C, Schweisguth D. Who Produces for Whom in the World Economy? [J]. Canadian Journal of Economics/Revue Canadienne D'économique, 2011, 44(4): 1403 – 1437.

[212] De Loecker J, Goldberg P K. Firm Performance in a Global Market [J]. Annu. Rev. Econ., 2014, 6(1): 201 – 227.

[213] Dean J M, Fung K C, Wang Z. Measuring Vertical Specialization: The Case of China [J]. Review of International Economics, 2011, 19(4): 609 – 625.

[214] Del Gatto M, Ottaviano G I P, Pagnini M. Openness to Trade and Industry Cost Dispersion: Evidence from a Panel of Italian Firms [J]. Journal of Regional Science, 2008, 48(1): 97 – 129.

[215] Devereux M B, Engel C. Monetary Policy in the Open Economy Revisited: Price Setting and Exchange-Rate Flexibility [J]. The Review of Economic Studies, 2003, 70(4): 765 – 783.

[216] Devereux M B, Lane P R, Xu J. Exchange Rates and Monetary Policy in Emerging Market Economies [J]. The Economic Journal, 2006, 116(511): 478 – 506.

[217] Devereux M B, Yetman J. Price Setting and Exchange Rate Pass-through: Theory and Evidence [R]. HKIMR Working Paper, 2002, No. 22.

[218] Disney R, Haskel J, Heden Y. Restructuring and Productivity Growth in UK Manufacturing [J]. The Economic Journal, 2003, 113(489): 666 – 694.

[219] Dixit A K, Pindyck R S. Investment under Uncertainty [M]. Princeton University Press, 1994.

[220] Dornbusch R. Expectations and Exchange Rate Dynamics [J]. Journal of political Economy, 1976, 84(6): 1161 – 1176.

[221] Dornbusch R. The Theory of Flexible Exchange Rate Regimes and Macroeconomic Policy [J]. The Scandinavian Journal of Economics, 1976, 78(2): 255 – 275.

[222] Dornbusch R. Exchange Rates and Prices [J]. The American Economic Review,

1987,77(1):93-106.

[223] Dornbusch R, Fischer S. Exchange Rates and the Current Account [J]. The American Economic Review, 1980,70(5):960-971.

[224] Ekholm K, Moxnes A, Ulltveit-Moe K H. Manufacturing Restructuring and the Role of Real Exchange Rate Shocks [J]. Journal of International Economics, 2012,86(1): 101-117.

[225] Engel C M. On the Relationship between Pass-through and Sticky Nominal Prices [R]. HKIMR Working Paper, 2004, No.11.

[226] Engel C, Rogers J H. How Wide is the Border? [R]. National Bureau of Economic Research, 1994.

[227] Evenson R E, Westphal L E. Technological Change and Technology Strategy [J]. Handbook of Development Economics, 1995(3):2209-2299.

[228] Faggio G, Silva O, Strange W C. Heterogeneous Agglomeration [J]. Review of Economics and Statistics, 2017,99(1):80-94.

[229] Feenstra R C. New Product Varieties and the Measurement of International Prices [J]. The American Economic Review, 1994,84(1):157-177.

[230] Feenstra R C. Product Variety and the Gains from International Trade [M]. Cambridge, MA: MIT Press, 2010.

[231] Feenstra R C, Li Z, Yu M. Exports and Credit Constraints under Incomplete Information: Theory and Evidence from China [J]. Review of Economics and Statistics, 2014,96(4):729-744.

[232] Felice G, Tajoli L. Innovation and the International Fragmentation of Production: Complements or Substitutes? [R]. Unpublished Working Paper, 2015.

[233] Foster L, Haltiwanger J C, Krizan C J. Aggregate Productivity Growth: Lessons from Microeconomic Evidence [M]//New developments in productivity analysis. University of Chicago Press, 2001.

[234] Frenkel J A. A Monetary Approach to The Exchange Rate: Doctrinal Aspects and Empirical Evidence [J]. Scandinavian Journal of Economics, 1976,78(2):200-224.

[235] Froot K A, Klemperer P. Exchange Rate Pass-through When Market Share Matters [R]. National Bureau of Economic Research, 1988.

[236] Fung L. Large Real Exchange Rate Movements, Firm Dynamics, and Productivity Growth [J]. Canadian Journal of Economics/Revue Canadienne D'économique, 2008, 41(2):391-424.

[237] Fung L, Baggs J, Beaulieu E. Plant Scale and Exchange-Rate-Induced Productivity Growth [J]. Journal of Economics & Management Strategy, 2011, 20(4):1197-

1230.

[238] Fung L, Liu J T. The Impact of Real Exchange Rate Movements on Firm Performance: A Case Study of Taiwanese Manufacturing Firms [J]. Japan and the World Economy, 2009, 21(1): 85 - 96.

[239] Gao H. Real Exchange Rate in China: A Long-run Perspective [J]. China & World Economy, 2006, 14(4): 21 - 37.

[240] Goldberg L S. Industry-Specific Exchange Rates for the United States [J]. Federal Reserve Bank of New York Economic Policy Review, 2004, 10(1): 1 - 16.

[241] Goldberg P K, Hellerstein R. A Structural Approach to Explaining Incomplete Exchange-Rate Pass-through and Pricing-to-Market [J]. American Economic Review, 2008, 98(2): 423 - 29.

[242] Goldberg P K, Knetter M M. Causes and Consequences of the Export Enhancement Program for Wheat [M] // The Effects of US Trade Protection and Promotion Policies. University of Chicago Press, 1997.

[243] Gorodnichenko Y, Svejnar J, Terrell K. Does Foreign Entry Spur Innovation? [R]. National Bureau of Economic Research, 2015.

[244] Greenaway D, Kneller R. Firm Heterogeneity, Exporting and Foreign Direct Investment [J]. The Economic Journal, 2007, 117(517): 134 - 161.

[245] Ha Y, Reddell M. What do forward interest and exchange rates tell us? Reserve Bank of New Zeal-and [J]. Bulletin, 1999, 61(2): 420 - 447.

[246] Haddad M, Harrison A. Are There Positive Spillovers from Direct Foreign Investment?: Evidence from Panel Data for Morocco [J]. Journal of Development Economics, 1993, 42(1): 51 - 74.

[247] Hadlock C J, Pierce J R. New Evidence on Measuring Financial Constraints: Moving beyond the KZ index [J]. The Review of Financial Studies, 2010, 23(5): 1909 - 1940.

[248] Harris R G. Is There a Case for Exchange Rate Induced Productivity Changes? [M]. Centre for International Economic Studies, 2001.

[249] Helpman E. Trade, FDI, and the Organization of Firms [J]. Journal of economic literature, 2006, 44(3): 589 - 630.

[250] Helpman E, Itskhoki O, Muendler M A, et al. Trade and inequality: From theory to estimation [J]. The Review of Economic Studies, 2017, 84(1): 357 - 405.

[251] Helpman E, Melitz M J, Yeaple S R. Export versus FDI with Heterogeneous Firms [J]. American Economic Review, 2004, 94(1): 300 - 316.

[252] Herrero A G, Koivu T. China's Exchange Rate Policy and Asian Trade [J].

Économie Internationale, 2008(4):53 – 92.

[253] Hirsch F, Higgins I. An Indicator of Effective Exchange Rates [J]. Staff Papers, 1970,17(3):453 – 487.

[254] Hoffmann M, MacDonald R. A Real Differential View of Equilibrium Real Exchange Rates and Misalignments [R]. CFS Working Paper, 2000.

[255] Howell S T. Financing Innovation: Evidence from R&D Grants [J]. American Economic Review, 2017,107(4):1136 – 1164.

[256] Hu A G Z, Jefferson G H. FDI Impact and Spillover: Evidence from China's Electronic and Textile Industries [J]. The World Economy, 2002, 25(8): 1063 – 1076.

[257] Hummels D, Ishii J, Yi K M. The Nature and Growth of Vertical Specialization in World Trade [J]. Journal of International Economics, 2001,54(1):75 – 96.

[258] Humphrey J, Schmitz H. How Does Insertion in Global Value Chains Affect Upgrading in Industrial Clusters? [J]. Regional Studies, 2002,36(9):1017 – 1027.

[259] Jasova M, Moessner R, Takáts E. Exchange Rate Pass-through: What Has Changed Since the Crisis? [J]. BIS Working Paper, 2016, No. 583.

[260] Jeanneney S G, Hua P. How Does Real Exchange Rate Influence Labour Productivity in China? [J]. China Economic Review, 2011,22(4):628 – 645.

[261] Kabundi A, Mbelu A. Has the Exchange Rate Pass-through Changed in South Africa? [J]. South African Journal of Economics, 2018,86(3):339 – 360.

[262] Kasahara H, Rodrigue J. Does the Use of Imported Intermediates Increase Productivity? Plant-Level Evidence [J]. Journal of Development Economics, 2008, 87(1): 106 – 118.

[263] Klein M W, Rosengren E. The Real Exchange Rate and Foreign Direct Investment in the United States: Relative Wealth vs. Relative Wage Effects [J]. Journal of International Economics, 1994,36(3 – 4):373 – 389.

[264] Kleinknecht A. Is Labour Market Flexibility Harmful to Innovation? [J]. Cambridge Journal of Economics, 1998,22(3):387 – 396.

[265] Knetter M M. Is Export Price Adjustment Asymmetric?: Evaluating the Market Share and Marketing Bottlenecks Hypotheses [J]. Journal of International Money and Finance, 1994,13(1):55 – 70.

[266] Kohlhagen S W. Exchange Rate Changes, Profitability, and Direct Foreign Investment [J]. Southern Economic Journal, 1977:43 – 52.

[267] Koopman R, Wang Z, Wei S J. Estimating Domestic Content in Exports When Processing Trade is Pervasive [J]. Journal of Development Economics, 2012,99(1):

178-189.

[268] Krugman P R. Increasing Returns, Monopolistic Competition, and International Trade [J]. Journal of International Economics, 1979, 9(4): 469-479.

[269] Krugman P. Scale Economies, Product Differentiation, and the Pattern of Trade [J]. The American Economic Review, 1980, 70(5): 950-959.

[270] Krugman P R. Pricing to Market When the Exchange Rate Changes [R]. National Bureau of Economic Research, 1986.

[271] Krugman P. Differences in Income Elasticities and Trends in Real Exchange Rates [J]. European Economic Review, 1989, 33(5): 1031-1046.

[272] Krugman P. Increasing Returns and Economic Geography [J]. Journal of Political Economy, 1991, 99(3): 483-499.

[273] Kumar S, Russell R R. Technological Change, Technological Catch-up, and Capital Deepening: Relative Contributions to Growth and Convergence [J]. American Economic Review, 2002, 92(3): 527-548.

[274] Lafrance R, Schembri L L. The Exchange Rate, Productivity, and the Standard of Living [J]. Bank of Canada Review, 2000, 1999(Winter): 17-28.

[275] Lafrance R, Tessier D. Exchange Rate Uncertainty, Investment, and Productivity [C]//Bank of Canada Conference Session 4 Discussion Paper. 2008: 239-275.

[276] Landon S, Smith C E. The Exchange Rate and Machinery and Equipment Imports: Identifying the Impact of Import Source and Export Destination Country Currency Valuation Changes [J]. The North American Journal of Economics and Finance, 2007, 18(1): 3-21.

[277] Leung D, Yuen T. Do Exchange Rates Affect the Capital-Labour Ratio? Panel Evidence from Canadian Manufacturing Industries [J]. Applied Economics, 2010, 42(20): 2519-2535.

[278] Lev B, Radhakrishnan S. The Valuation of Organization Capital [M]//Measuring Capital in the New Economy. University of Chicago Press, 2005: 73-110.

[279] Levinsohn J, Petrin A. Estimating Production Functions Using Inputs to Control for Unobservables [J]. The Review of Economic Studies, 2003, 70(2): 317-341.

[280] Liu X, Siler P, Wang C, et al. Productivity Spillovers from Foreign Direct Investment: Evidence from UK Industry Level Panel Data [J]. Journal of International Business Studies, 2000, 31(3): 407-425.

[281] Lööf H, Andersson M. Imports, Productivity and Origin Markets: The Role of Knowledge-Intensive Economies [J]. the World Economy, 2010, 33(3): 458-481.

[282] Lu D. Exceptional Exporter Performance? Evidence from Chinese Manufacturing

Firms [J]. Manuscript, University of Chicago, 2010.
[283] Mann C L. Prices, Profit Margins, and Exchange Rates [J]. Fed. Res. Bull., 1986 (72):366.
[284] Manova K, Wei S J, Zhang Z. Firm Exports and Multinational Activity under Credit Constraints [J]. Review of Economics and Statistics, 2015, 97(3):574 – 588.
[285] Manova K, Yu Z. How Firms Export: Processing vs. Ordinary Trade with Financial Frictions [J]. Journal of International Economics, 2016, 100(2):120 – 137.
[286] Manova K, Zhang Z. China's Exporters and Importers: Firms, Products and Trade Partners [R]. National Bureau of Economic Research, 2009.
[287] Manova K, Zhang Z. Export Prices across Firms and Destinations [J]. The Quarterly Journal of Economics, 2012, 127(1):379 – 436.
[288] Marazzi M, Sheets N, Vigfusson R, et al. Exchange Rate Pass-through to US Import Prices: Some New Evidence [J]. International Finance Discussion Papers, 2005.
[289] March J G. Exploration and Exploitation in Organizational Learning [J]. Organization Science, 1991, 2(1):71 – 87.
[290] Marquez J, Schindler J. Exchange-Rate Effects on China's Trade [J]. Review of International Economics, 2007, 15(5):837 – 853.
[291] Mayer T, Melitz M J, Ottaviano G I P. Market Size, Competition, and the Product Mix of Exporters [J]. American Economic Review, 2014, 104(2):495 – 536.
[292] Melitz M J. The Impact of Trade on Intra-Industry Reallocations and Aggregate Industry Productivity [J]. Econometrica, 2003, 71(6):1695 – 1725.
[293] Melitz M J, Ottaviano G I P. Market Size, Trade, and Productivity [J]. The Review of Economic Studies, 2008, 75(1):295 – 316.
[294] Melitz M J, Polanec S. Dynamic Olley-Pakes Productivity Decomposition with Entry and Exit [J]. The Rand Journal of Economics, 2015, 46(2):362 – 375.
[295] Midrigan V, Xu D Y. Finance and Misallocation: Evidence from Plant-Level Data [J]. American Economic Review, 2014, 104(2):422 – 458.
[296] Monacelli T. Monetary Policy in a Low Pass-through Environment [J]. Journal of Money, Credit and Banking, 2005, 37(6):1047 – 1066.
[297] Mussa M. The Exchange Rate, the Balance of Payments and Monetary and Fiscal Policy under a Regime of Controlled Floating [M]//Flexible Exchange Rates and Stabilization Policy. Palgrave Macmillan, London, 1977:97 – 116.
[298] Musso P, Schiavo S. The Impact of Financial Constraints on Firm Survival and Growth [J]. Journal of Evolutionary Economics, 2008, 18(2):135 – 149.
[299] Nakamura E, Zerom D. Accounting for Incomplete Pass-through [J]. The Review of

Economic Studies, 2010, 77(3):1192 – 1230.

[300] Nguyen A T, Parsons C R. Import Variety and Productivity in Japan [R]. Yokohama National University CITS Working Paper, 2009.

[301] Obstfeld M, Rogoff K. Exchange Rate Dynamics Redux [J]. Journal of Political Economy, 1995, 103(3):624 – 660.

[302] Obstfeld M, Rogoff K. Risk and Exchange Rates [R]. National Bureau of Economic Research, 1998.

[303] Obstfeld M, Rogoff K S, Wren-Lewis S. Foundations of International Macroeconomics [M]. Cambridge, MA: MIT press, 1996.

[304] Olley G S, Pakes A. The Dynamics of Productivity in the Telecommunications Equipment Industry [R]. National Bureau of Economic Research, 1992.

[305] Olper A, Curzi D, Raimondi V. Imported Intermediate Inputs and Firms' Productivity Growth: Evidence from the Food Industry [J]. Journal of Agricultural Economics, 2017, 68(1):280 – 300.

[306] Ottaviano G I P. Agglomeration, Trade and Selection [J]. Regional Science and Urban Economics, 2012, 42(6):987 – 997.

[307] Ottaviano G, Tabuchi T, Thisse J F. Agglomeration and Trade Revisited [J]. International Economic Review, 2002, 43(2):409 – 435.

[308] Özyurt S. Has the Exchange Rate Pass through Recently Declined in the Euro Area? [R]. ECB Working Paper, 2016, No.1955.

[309] Pollard P S, Coughlin C C. Size Matters: Asymmetric Exchange Rate Pass-through at the Industry Level [R]. University of Nottingham Research Paper, 2004 (2004/13).

[310] Porter M E. The Competitive Advantage of Nations [J]. Harvard Business Review, 1990, 68(2):73 – 93.

[311] Reinhart C M, Rogoff K S. The Modern History of Exchange Rate Arrangements: A Reinterpretation [J]. the Quarterly Journal of Economics, 2004, 119(1):1 – 48.

[312] Rhomberg R R. Indices of Effective Exchange Rates [J]. Staff Papers, 1976, 23(1):88 – 112.

[313] Roberts B M, Thompson S. Firm Turnover, Restructuring and Labour Productivity in Transition: The Case of Poland [J]. Applied Economics, 2009, 41(9):1127 – 1136.

[314] Rogoff K. The Purchasing Power Parity Puzzle [J]. Journal of Economic Literature, 1996, 34(2):647 – 668.

[315] Samuelson P A. Theoretical Notes on Trade Problems [J]. The Review of Economics and Statistics, 1964, 46(2):145 – 154.

[316] Schnabl G, Baur D. Purchasing Power Parity: Granger Causality Tests for the Yen-

Dollar Exchange Rate [J]. Japan and the World Economy, 2002,14(4):425-444.

[317] Solow R M. Technical Progress, Capital Formation, and Economic Growth [J]. The American Economic Review, 1962,52(2):76-86.

[318] Syverson C. Product Substitutability and Productivity Dispersion [J]. Review of Economics and Statistics, 2004,86(2):534-550.

[319] Tang B. Real Exchange Rate and Economic Growth in China: A Cointegrated VAR Approach [J]. China Economic Review, 2015,34:293-310.

[320] Tang Y. Does Productivity Respond to Exchange Rate Appreciations? A Theoretical and Empirical Investigation [R]. Economics Department Working Paper Series, 2010.

[321] Tomlin B, Fung L. The Effect of Exchange Rate Movements on Heterogeneous Plants: A Quantile Regression Analysis [R]. Bank of Canada Working Paper, 2010.

[322] Topalova P, Khandelwal A. Trade Liberalization and Firm Productivity: The Case of India [J]. Review of Economics and Statistics, 2011,93(3):995-1009.

[323] Upward R, Wang Z, Zheng J. Weighing China's Export Basket: The Domestic Content and Technology Intensity of Chinese Exports [J]. Journal of Comparative Economics, 2013,41(2):527-543.

[324] Venables A J. Productivity in Cities: Self-Selection and Sorting [J]. Journal of Economic Geography, 2010,11(2):241-251.

[325] Wang Z, Wei S J, Zhu K. Quantifying International Production Sharing at the Bilateral and Sector Levels [R]. National Bureau of Economic Research, 2013.

[326] Whited T M, Wu G. Financial Constraints Risk [J]. The Review of Financial Studies, 2006,19(2):531-559.

[327] Yan B, Zhang Y, Shen Y, et al. Productivity, Financial Constraints and Outward Foreign Direct Investment: Firm-level Evidence [J]. China Economic Review, 2018, 47:47-64.

[328] Yang S F, Chen K M, Huang T H. Outward Foreign Direct Investment and Technical Efficiency: Evidence from Taiwan's Manufacturing firms [J]. Journal of Asian Economics, 2013(27):7-17.

[329] Yeaple S R. Firm Heterogeneity and the Structure of US Multinational Activity [J]. Journal of International Economics, 2009,78(2):206-215.

[330] Zhao X, Lynch Jr J G, Chen Q. Reconsidering Baron and Kenny: Myths and Truths about Mediation Analysis [J]. Journal of Consumer Research, 2010,37(2):197-206.

附　　录

附录 A

1. 国外市场消费者

国外市场与国内市场对称,国外消费者的支出份额和需求弹性为:

$$\varepsilon_d^* = 1 + \frac{\gamma^*}{\bar{N} s_d^*} = 1 + \gamma^* \left[1 - \frac{N_f \gamma^*}{(\bar{N}-1)} \ln p_d^* + \frac{N_f \gamma^*}{(\bar{N}-1)} \ln p_f^* \right]^{-1}$$

$$\varepsilon_f^* = 1 + \frac{\gamma^*}{\bar{N} s_f^*} = 1 + \gamma^* \left[1 - \frac{N \gamma^*}{(\bar{N}-1)} \ln p_f^* + \frac{N \gamma^*}{(\bar{N}-1)} \ln p_d^* \right]^{-1} \quad (A.1)$$

$$s_d^* = \frac{1}{\bar{N}} \left[1 - \frac{N_f \gamma^*}{(\bar{N}-1)} \ln p_d^* + \frac{N_f \gamma^*}{(\bar{N}-1)} \ln p_f^* \right]$$

$$s_f = \frac{1}{\bar{N}} \left[1 - \frac{N \gamma^*}{(\bar{N}-1)} \ln p_f^* + \frac{N \gamma}{(\bar{N}-1)} \ln p_d^* \right]$$

其中,p_d^* 和 p_f^* 分别表示以外币计价的国内品和进口品价格,ε_d^* 和 ε_f^* 分别表示国外消费者对国内品和进口品的需求弹性。所有产品均为可贸易的,因此国内和国外市场的产品种类的总数($\bar{N}$)相同。

2. 国外市场生产者

国外市场代表性生产者的生产成本可以表示为:$l^* = f^* + \beta^* x^*$,f^* 和 β^* 分别代表固定成本和边际成本。与国内厂商类似,国外厂商出口需要支付额外的固定成本(f_x^*),并且在国内和国外销售产品,销量分别为 x_f 和 x_f^*,厂商的 PMC 和 ZPC 条件可以表示为:

$$\ln\frac{p_f}{q} \simeq \frac{1}{\varepsilon_f - 1} + \ln(\beta^* w^*)$$

$$\ln p_f^* \simeq \frac{1}{\varepsilon_f^* - 1} + \ln(\beta^* w^*) \quad (A.2)$$

$$\frac{p_f}{q}x_f + p_f^* x_f^* = w^*[f^* + f_x^* + \beta^*(x_f + x_f^*)]$$

3. 均衡

将方程(3.13)和(A.2)代入式(3.4)—(3.7),可求得消费者的支出份额和产品的需求弹性:

$$\varepsilon_d = 1 + \frac{\gamma(2\bar{N}-1)}{(2\bar{N}-1) + N_f\gamma[\ln q - \ln(\beta w) + \ln(\beta^* w^*)]}$$

$$\varepsilon_f = 1 + \frac{\gamma(2\bar{N}-1)}{(2\bar{N}-1) - N\gamma[\ln q - \ln(\beta w) + \ln(\beta^* w^*)]} \quad (A.3)$$

$$s_d = \frac{(2\bar{N}-1) + N_f[\ln q - \ln(\beta w) + \ln(\beta^* w^*)]}{\bar{N}(2\bar{N}-1)}$$

$$s_f = \frac{(2\bar{N}-1) + N[\ln q - \ln(\beta w) + \ln(\beta^* w^*)]}{\bar{N}(2\bar{N}-1)}$$

经过汇率换算之后,若国内和国外的边际成本相等,即 $q\beta^* w^* = \beta w$,那么所有厂商的市场份额都相等,产品的需求弹性取决于消费者的偏好系数。若本币升值,国内的边际成本相对于国外的边际成本升高,国内产品的相对价格随之升高,进而导致国内产品的需求弹性增加,而进口品的需求弹性降低。假设产品种类($\bar{N}$)保持不变,则 $Ns_d + N_f s_f = 1$,因此需求弹性的变化导致厂商的市场份额变化。

附录 B

附表 B-1　　第三章 2000—2016 年名义有效汇率测算结果

年份	算术平均			几何平均		
	贸易加权	出口加权	进口加权	贸易加权	出口加权	进口加权
2000	102.20	102.20	101.30	101.90	101.90	101.20
2001	108.80	108.20	109.50	107.40	106.80	109.20
2002	110.80	110.70	109.30	108.40	108.30	108.90
2003	107.20	107.80	102.70	104.00	104.50	102.10
2004	104.50	105.50	98.30	100.70	101.50	97.65
2005	105.10	106.10	97.71	100.80	101.70	97.04
2006	110.30	111.40	100.40	105.00	105.90	99.70
2007	113.30	114.30	102.20	106.80	107.80	101.30
2008	129.60	130.00	115.10	118.20	119.10	112.50
2009	137.10	138.50	117.20	127.30	128.60	115.70
2010	137.90	139.30	115.20	127.20	128.60	113.40
2011	145.10	146.90	117.60	132.00	133.70	115.20
2012	204.50	208.30	145.30	171.50	174.90	138.50
2013	250.90	256.20	166.20	200.40	205.50	156.20
2014	285.30	291.00	182.00	222.40	228.30	170.60
2015	324.10	333.30	198.50	246.80	255.00	186.60
2016	331.60	338.40	186.90	255.40	261.30	173.80

资料来源：作者计算整理所得。

附表 B-2　　　　　　　　　变量定义表

中文名称	英文名称	变量定义
名义有效汇率（算术加权）	larith_nrate	基于算术加权平均法的企业层面名义有效汇率，回归过程取自然对数。
实际有效汇率（算术加权）	larith_rrate	基于算术加权平均法的企业层面实际有效汇率，回归过程取自然对数。
名义有效汇率（几何加权）	lgeo_nrate	基于几何加权平均法的企业层面名义有效汇率，回归过程取自然对数。

续表

中文名称	英文名称	变量定义
实际有效汇率（几何加权）	lgeo_rrate	基于几何加权平均法的企业层面实际有效汇率,回归过程取自然对数。
企业年龄	lage	用当前年份与成立年份之差衡量,回归过程取自然对数。
企业年龄的平方	lage2	企业年龄的二次项,回归过程取自然对数。在企业成熟期,随着年龄的不断增加,企业可能会出现管理不善、人员冗余等情况,加之设备老化问题出现,生产率可能会下滑。
是否进口商	import	企业当年是否发生进口,若发生则取值为1,否则为0。
行业集中度	hhi	用赫芬达尔指数衡量,多采用四分位行业层面各企业销售收入占比计算,具体公式为：赫芬达尔指数越大,产业集中度越高。
资产收益率	roa	用利润与总资产之比表示,可以衡量企业单位资产所创造的利润。
资产负债率	lev	用负债总额与资产总额之比表示,用以衡量企业的负债水平。
企业规模	scale	用工业总产值(取对数)表示,用工业品出厂价格指数进行平减处理。

资料来源：作者整理所得。

附表 B-3　　　　第六章融资约束统计性描述（CF2）

年份	总体	加工贸易	一般贸易	国有	民营	高科技	非高科技
2000	34.95	35.94	33.65	32.65	35.61	33.50	35.46
2001	34.82	35.76	33.66	32.97	36.08	33.27	35.37
2002	34.35	35.13	33.46	32.55	35.64	32.74	34.91
2003	34.23	34.75	33.68	32.21	35.82	32.60	34.75
2004	35.41	35.90	34.96	32.34	37.49	34.11	35.83
2005	34.38	34.78	34.03	31.65	36.06	33.35	34.70
2006	34.21	34.44	34.04	31.56	35.91	33.36	34.49
2007	34.13	34.21	34.08	31.53	35.86	33.16	34.44
2008	34.46	34.81	34.27	31.94	35.51	33.64	34.75
2009	33.44	33.56	33.37	30.86	34.62	32.58	33.74
2010	34.02	33.93	34.07	31.11	35.95	33.08	34.34
2011	30.61	31.17	30.35	28.66	31.55	30.35	30.72

续表

年份	总体	加工贸易	一般贸易	国有	民营	高科技	非高科技
2012	30.99	31.50	30.77	29.25	31.74	30.71	31.10
2013	30.83	31.38	30.61	29.92	31.47	30.80	30.84
总计	33.26	33.92	32.84	31.78	34.13	32.38	33.57

资料来源:作者计算整理所得。

图书在版编目（CIP）数据

贸易类型视角下的汇率变化与出口企业全要素生产率提升 / 李晓静著. -- 上海：上海社会科学院出版社，2025. -- ISBN 978-7-5520-4750-9

Ⅰ. F832.63；F279.24

中国国家版本馆 CIP 数据核字第 2025SW1196 号

贸易类型视角下的汇率变化与出口企业全要素生产率提升

著　　者：	李晓静
责任编辑：	袁钰超　张钦瑜
封面设计：	右序设计
出版发行：	上海社会科学院出版社
	上海顺昌路 622 号　邮编 200025
	电话总机 021-63315947　销售热线 021-53063735
	https://cbs.sass.org.cn　E-mail: sassp@sassp.cn
照　　排：	南京前锦排版服务有限公司
印　　刷：	上海颛辉印刷厂有限公司
开　　本：	720 毫米×1000 毫米　1/16
印　　张：	14.25
字　　数：	243 千
版　　次：	2025 年 5 月第 1 版　2025 年 5 月第 1 次印刷

ISBN 978-7-5520-4750-9/F·808　　　　　定价：78.00 元

版权所有　翻印必究